职业教育教学改革丛书：改革·创新·发展

丛书主编：刘子林　甘金明

产创耦合　专创融合
——基于企业一线问题库的高职双创教育研究与实践

鞠红霞　等　编著

北京理工大学出版社
BEIJING INSTITUTE OF TECHNOLOGY PRESS

版权专有　侵权必究

图书在版编目（CIP）数据

产创耦合　专创融合：基于企业一线问题库的高职双创教育研究与实践 / 鞠红霞等编著. --北京：北京理工大学出版社，2022.8
（职业教育教学改革丛书）
ISBN 978-7-5763-1618-6

Ⅰ. ①产⋯　Ⅱ. ①鞠⋯　Ⅲ. ①大学生-创业-教学研究-高等职业教育　Ⅳ. ①G717.38

中国版本图书馆 CIP 数据核字（2022）第 151666 号

出版发行 / 北京理工大学出版社有限责任公司
社　　址 / 北京市海淀区中关村南大街 5 号
邮　　编 / 100081
电　　话 / （010）68914775（总编室）
　　　　　（010）82562903（教材售后服务热线）
　　　　　（010）68944723（其他图书服务热线）
网　　址 / http://www.bitpress.com.cn
经　　销 / 全国各地新华书店
印　　刷 / 三河市华骏印务包装有限公司
开　　本 / 710 毫米×1000 毫米　1/16
印　　张 / 20.75　　　　　　　　　　　　　　责任编辑 / 徐艳君
字　　数 / 306 千字　　　　　　　　　　　　　文案编辑 / 徐艳君
版　　次 / 2022 年 8 月第 1 版　2022 年 8 月第 1 次印刷　责任校对 / 周瑞红
定　　价 / 98.00 元　　　　　　　　　　　　　责任印制 / 李志强

图书出现印装质量问题，请拨打售后服务热线，本社负责调换

职业教育教学改革丛书编委会

丛书主编：刘子林　甘金明

丛书编委

主　任：刘子林　甘金明
副主任：阳　旭　瞿　凡　鞠红霞　韦　林
委　员：（按姓氏笔画排序）
　　　　王大红　韦林华　左妮红　冯雪萍　李　革
　　　　杨　琳　吴　星　邱福明　何志忠　陈文勇
　　　　黄　宁　覃宗万　蒙　飚　雍　佳　黎　华
　　　　黎凤环　黎渝林

序　言

创新是引领发展的第一动力。作为产业技术工人后备军，高职学生实践创新能力的培养对企业高质量发展具有极其重要的意义。本书以高职创新创业教育问题为导向，提出高职创新教育"小问题，大志向"理念，立足服务区域企业转型升级中生产、管理和服务一线的"小改小革"，探索基于企业一线问题库、校企相长的高职学生创新能力培养体系，具有理论创新与实践应用意义，对我国高职创新创业人才培养具有借鉴价值。从总体上看，本书具有以下三个鲜明特点：

首先，作者以企业一线问题为高职创新创业教育载体，树立高职实践创新创业教育"小问题，大志向"的理念。作者认为创新要走出校门，摒弃"大而空"的创新项目，与地方产业企业紧密结合，聚焦来自企业生产、经营管理一线的实际"小问题"；主张高职创新教育要紧密结合专业技术，侧重实践创新，通过"小有作为"的创新实践提高学生的实践应用能力；提出通过解决实际问题，在真实的创新项目情境中，养成进行创造革新的意志、信心和勇气，掌握改进或创造新事物的方法，树立"大志向"，实现个人价值和社会价值。

其次，作者以企业现场问题为载体，提出政校行企共同构建"五类三层"企业一线问题库。学校紧密对接区域主导产业和特色产业，与总工会、团市委、科协等部门和区域主导企业及行业组织紧密合作，校企共建、共管、共享由企业一线真实问题组成的企业问题数据库。企业一线问题库包含产品和技术升级、设备革新、工艺优化、服务改进和管理优化五个类型模块，分为Ⅰ、Ⅱ和Ⅲ三个技术难度层级，以及小发明、小创造、小革新、小设计、小建议解决方案。企业一线问题库成为企业"小改小革"的助推器、学校实践创新教育的活力源、学生创新能力的加油站。

再次，作者基于企业一线问题库，努力探索高职学生实践创新能力培养模式。针对高职学生实践创新能力培养定位不准确、职教类型特色不突出、教学载体不系统、教师创新能力不强等问题，本书在人才培养模式、创新创业课程、师资、平台、第二课堂活动、学生创新创业实践、创新创业管理制度等方面介绍了实践经验，为高职院校开展学生实践创新能力培养提供了实践案例。

随着时代发展，我国高校创新创业教育面临着不少新难题、新挑战，也迎来了许多新机遇。如何根据时代发展需求，探索新时期高校创新创业教育模式是高校共同关注与思考的问题。本书既探索了高职院校创新创业教育的理论问题，又呈现了许多行之有效的实践案例，具有较强的理论性与操作性，是一部值得阅读的创新创业教育著作。书中提出的许多问题与策略反映了高职院校创新创业教育改革动向，值得人们进一步思考。

是为序。

徐小洲

目　　录

第一部分　理　论　篇

第一章　创新创业教育的研究概述 …………………………………… 3
　　第一节　创新创业教育的内涵 ………………………………………… 3
　　第二节　国内外创新创业教育现状 …………………………………… 11

第二章　高职院校创新创业教育新理念研究 …………………………… 23
　　第一节　内涵和意义 …………………………………………………… 23
　　第二节　理论依据 ……………………………………………………… 24

第三章　高职教育校企合作理论研究 …………………………………… 29
　　第一节　高职教育校企合作存在的主要问题 ………………………… 29
　　第二节　高职教育校企合作的理论依据及影响因素 ………………… 31
　　第三节　高职教育校企合作需求理论的基本假设和主要观点 ……… 35
　　第四节　高职教育校企合作需求理论的基本内容 …………………… 36

第四章　高职院校创新创业教育新载体研究 ……………………………… 45
第一节　企业一线问题库的界定、产生背景和意义 ……………………… 45
第二节　企业一线问题库的基本原则和建设路径 ………………………… 49
第三节　企业一线问题库信息化建设的研究 ……………………………… 54

第五章　高职院校创新创业教育新模式研究 ……………………………… 59
第一节　高职院校创新创业教育"课赛训研"一体化培养模式 ………… 59
第二节　高职院校创新创业教育教师研究 ………………………………… 64
第三节　高职院校创新创业教育教材开发研究 …………………………… 67
第四节　高职院校创新创业教育教法研究 ………………………………… 70
第五节　高职院校创新创业教育第二课堂活动研究 ……………………… 75

第六章　高职院校创新创业教育新机制研究 ……………………………… 83
第一节　构建高职院校创新创业教育"三耦合"机制——以柳州职业技术学院为例 ……………………………………………………………… 83
第二节　高职院校创新创业教育的质量评价 ……………………………… 85
第三节　高职院校创新创业教育的激励机制 ……………………………… 88
第四节　高职院校创新创业教育的保障机制 ……………………………… 90

第二部分　实　践　篇

第七章　双创人才培养模式改革实践 ……………………………………… 97
第一节　基于企业一线问题库的高职创新创业教育"课赛训研"一体化培养模式实践 ……………………………………………………………… 97
第二节　高职特色人才培养的研究与实践 ………………………………… 102
第三节　高职院校创新型拔尖人才培养的研究与实践 …………………… 107

第八章　双创课程建设实践 ……………………………………………… 112
第一节　柳州职业技术学院创新创业课程建设实践 ………………… 112
第二节　创新与创业实务课程思政案例 ……………………………… 119
第三节　童装设计课程"项目主导，专创融合"教学模式研究 ……… 125
第四节　"农用地土壤环境监测与修复"专创融合案例 ……………… 131
第五节　以价值管理为主线的"精益生产管理"专创融合课程改革与实践案例 ……………………………………………………… 135
第六节　依托财税产业学院，对接柳州特色产业的"管理会计"专创融合课程改革实践 …………………………………………… 141
第七节　项目主导，专创融合，构建新能源汽车后市场服务生态圈 … 154
第八节　"焊匠"一站式工业机器人焊接引领者 ……………………… 159

第九章　双创师资建设实践 ……………………………………………… 164
第一节　智能装备类专业教学创新团队建设实践报告 ……………… 164
第二节　智能网联汽车技术专业教学创新团队建设与实践 ………… 171
第三节　就业与创业系列课程教学团队建设与实践 ………………… 173

第十章　双创平台建设实践 ……………………………………………… 178
第一节　创新创业教育生态圈构建研究 ……………………………… 178
第二节　协同创新研究院创新实践探索 ……………………………… 182
第三节　大学生科技园/大学生创业园建设实践 ……………………… 187
第四节　大众创业万众创新示范基地建设方案 ……………………… 195
第五节　产创耦合、专创融合，培养具有创业精神的创新型工匠 … 209
第六节　打造"三融合"创新创业育人生态圈实践 …………………… 218

第十一章　双创社团建设案例 …………………………………………… 221
第一节　KAB创业俱乐部建设案例 …………………………………… 221
第二节　博奥机械协会建设案例 ……………………………………… 223

第三节　电子科技小组建设案例 ……………………………… 227
　　第四节　家电维修部建设案例 …………………………………… 229
　　第五节　柳创车队建设案例 ……………………………………… 231
　　第六节　手工艺术协会建设案例 ………………………………… 234

第十二章　学生创新创业实践案例 …………………………………… 237
　　第一节　为智能制造产业赋能助攻的高职生黄浩 ……………… 237
　　第二节　在沙特成功创业的"海外打工仔"陆利雁 …………… 240
　　第三节　想把公司做上市的桂林仔吕文刚 ……………………… 244
　　第四节　为群众办实事的"创业百强"大学生马付恒 ………… 248
　　第五节　赋能乡村振兴的"香蕉大王"文连军 ………………… 252
　　第六节　从"90后"高职生到企业 CEO 的肖杰夫 …………… 257

参考文献 ………………………………………………………………… 261

附录　柳州职业技术学院创新创业管理制度 ………………………… 265

后记 ……………………………………………………………………… 321

第一部分
理 论 篇

第一章
创新创业教育的研究概述

第一节 创新创业教育的内涵

一、概念界定和基本观点

"概念明确,是正确思维的首要条件。"尽管创新创业(即"双创")教育已经成为教育领域的实践热点,当前创新创业教育的研究也十分活跃,但是理论界还亟待进一步阐释和澄清"创新创业教育"的概念。从概念上来看,"创新创业"是限定"创新创业教育"这种教育形态的基本要素,因此,对创新、创业、创新教育、创业教育、创新创业教育等相关概念的澄清,是认识和研究创新创业教育的基础和逻辑起点。

(一)创新

《新华词典》将"创新"解释为"创造新的从而抛弃旧的",即淘汰旧的事物,创造新的事物。创新作为一个专业术语,用英文表达是"Innovation",指引入新的事物、思想或方法。美籍奥地利经济学家熊彼特在其《经济发展理论》(1912)一书中首次提出了"创新"概念,此后逐步形成了完整的创新理论。按照熊彼特的阐释,"创新是生产函数的变化",可以采用一种新的产品或新特性,新的生产方法，开辟新的市场，一种新的供给来源，一种新的工业组织。①受到熊彼特关于创新理论的影响，随着社会的发展变化，创新的内涵在不断丰富，外延在不断扩展。学者们依据创新活动的内容不同，把创新分为观念创新、理论创新、科学创新、技术创新、工程创新、产业创新、制度创新、文化创新等。本书采用最广泛意义上的"创新"概念，认为创新是产生新思想、新事物、新产品的复杂的人类思维活动和实践过程。

（二）创业

在《辞海》里，"创业"表述为"开创基业"，是指开拓或创立个人、集体、国家的各项事业以及所取得的成就。汉语中"创业"的含义比较宽泛，其主要强调开端和创新的艰辛过程，突出过程的开拓和创新，侧重在前人的基础上有新的成就和贡献。关于创业的定义，国外学者霍华德·斯蒂文森认为，"创业是不拘泥于当前资源条件的限制下对机会的追寻，将不同的资源组合以利用和开发机会并创造价值的过程"。综合国内外学者的研究，创业有广义和狭义之分，广义的创业指开创新的事业的活动，包括公司内部创业和创办新的企业；狭义的创业仅指创办新的企业，以牟取商业利益的活动。②本书中的"创业"是指通过一定的方式或组织形式来实现价值创造的过程，既包括新企业的创办，也包括在岗位上的创业，侧重于具有创新意义的新的成就和贡献，而不仅仅是经济活动和财富增长。

（三）创新教育、创业教育与创新创业教育

1. 创新教育

国外很少用创新教育这个概念，因为创新教育已经融入了日常教育教学活动之中，因此也就没有独立的创新教育课程。20世纪90年代创新教育这个概念在中国的提出和使用，是当时中国社会的政治经济环境使然。面对知识经济已经初见端倪，党和国家高度重视和强调创新的重要性和增强中华民族创新能力的紧迫性。因为"象牙塔"式的教育已经不能适应新时代的发展，所以学界提出创新教育的概念，认为"创新教育是以培养人的创新精神和创新能力为基本价值取向的

---

① [美] 约瑟夫·熊彼特. 经济发展理论 [M]. 何畏，易家详，等译. 北京：商务印书馆，1990：73-74.
② 雷家骑. 国内外创新创业教育发展分析 [J]. 中国青年科技，2007（2）：25.

教育……培养学生的创新意识、创新精神和创新能力"。[①]

2. 创业教育

联合国教科文组织认为，创业教育"从广义上来说是指培养具有开创性的个人，它对于拿薪水的人同样重要，因为用人机构或个人除了要求受雇者在事业上有所成就，正在越来越重视受雇者的首创和冒险精神、创业和独立工作能力，以及技术、社交、管理技能。"我国学者胡晓风、姚文忠最早提出和使用"创业教育"概念，并系统阐释了创业教育，"创业教育就是在人生历程之中进行创造和职业相结合的教育"，其宗旨是培养合理的人生，内容包括三方面：即培养生活力、培养劳动力、发挥创造力。[②]20世纪90年代初中期，我国开始在继续教育、基础教育和职业教育领域开展创业教育的理论研究和实践，到了1997年创业教育才开始在高校起步。

3. 创新创业教育

"创新创业教育"概念是在"创业教育"的基础提出来的。在"创新创业教育"概念提出之前，我国学界一直用"创业教育"这个词。在我国创业教育发展初期，不少人认为创业教育的目的在于解决我国大学生就业难的问题，创新创业教育的目的是培养创业者和生产企业，甚至在具体的实践中出现了片面解读创业教育、过度关注商业发展的倾向等教育观念。

当前，李家华认为，我国提出的创新创业教育有两个层次目标：第一个层次目标，是唤醒大学生的创新创业意识、培养大学生的创新创业精神，让大学生努力成为各行各业的高素质人才。第二次层次目标，是提高学生创新创业所必需的综合能力，包括创意思维、商业模式设计、团队组建、资源整合、市场运营、企业申办、新创企业管理等，从而更好地助力大学生自主创业。中国高校创新创业教育联盟认为，创新创业教育不能近似或者直接等同于"创业教育"，实际上它的目标已经超越了传统意义上对就业教育、创业教育的补充和代替，是更高要求的教育改革活动，是让青年人迸发创新热情与创业活力的实践活动，是助推经济社会转型与创新型国家建设的基础和保证。

---

① 王磊. 实施创新教育培养创新人才[J]. 教育研究, 1999（7）：37.
② 胡晓风, 姚文忠. 创业教育简论[J]. 四川师范大学学报, 1989（4）：18.

基于上述定义，我们认为创新创业教育是以创新为基础，以激发人的创造力为核心，以培养学生创新精神和创业能力为主要目标，同时指向未来事业创新、创业发展的一种新的教育理念和教育实践。创新创业教育的核心在于面向未来世界发展趋势、面向人的全面发展，按照教育的规律，培养新型的自己、改造社会的创新创业人才。创新创业教育尽管是在广义的创业教育上的一种扩展和延伸，但是，创新创业教育不是简单为自己或他人创造就业机会或者岗位，重要的是使学生具备包括创新精神和创业意识在内的创业者的基本素质，而并非人人都成为现实的创业者。它的核心价值在于通过创新、创业精神、意识和能力的培养，提升学生面向未来发展的竞争力和胜任力。

二、创新创业教育的目标和原则

（一）创新创业教育的目标

目前，就创新创业教育的目标存在不同的看法：一种看法主要是强调对创新意识进行有效培养，另一种看法则是强调培养专业知识技能。

我们认为，高职院校创新创业教育的培养目标应有三个方面，即：创新创业精神和意识的养成，创新创业知识的习得和内化，创新创业能力的培养和实践。其中，意识养成是创新创业的观念前提，是创新创业教育的基本目标；知识内化是对传统意义上知识目标的深化，是创新创业教育的核心目标；经验生成是对创新创业能力层面目标的操作性表达，是创新创业教育的根本目标。

1. 创新创业的精神和意识的养成

在创新创业教育中，创新创业观念的形成是基础性目标，该目标的设定有两个关键内容：

第一，逻辑先在性。学生是否有创新创业意识，主要考量其对创新创业价值的认识与态度。以这种认识态度规范调整自身的行为活动，有助于人才素质结构的形成；同时，在创新创业意识导向下，学生在创新创业知识与能力方面得以提高，积极性因此被调动。

第二，层次性。若从心理学角度出发对创新创业意识进行剖析，价值观、理想信念、兴趣、动机等都可作为创新创业的意识层次表现，其中价值观为最终目标，兴趣为意识核心，而动机则是创新创业的着力点。

2. 创新创业知识的习得和内化

对于创新创业教育，在目标设定中，应将知识的掌握作为重要目标。这种知识掌握并非体现在简单的显性知识掌握层面，更需要在培养中将意会知识内化。所谓意会知识，亦可被理解为缄默知识，指无法用言语系统表示的知识。这种知识内容是当前世界各国在关于创新创业教育中强调的主要部分。因此，创新创业教育在目标上应注重学生缄默知识的丰富，在教育中做好知识的内化。

3. 创新创业能力的培养和实践

体验性、实践性是创新创业能力的重要表现，也是对能力目标的一种表达。其中的能力在概念上较为复杂，既涉及知识的掌握，也包含知识技能的养成等。尽管在一定程度上这种能力的形成、实践操作与知识内化目标相近，但事实上却完全不同于知识与意识的培养形成，而是更强调经验的生成。在创新创业教育目标设定中，应正确认识经验的生成是在实践中实现的，其意味着学生在接受创新创业教育中，应被提供更多实践机会，经过不断理解、构造，使经验形成。

（二）创新创业教育原则

1. 创新创业教育的方向引导

当前高职院校实施创新创业教育教学时，其主体为创新教育，并辅以创业教育。高等教育的重要组成部分包括国情教育、职业能力和职业素养教育，并在这一前提下，为我们国家提供更多的创新型人才，从而使社会拥有高素质创新型技术技能人才。高职院校在有效培养学生思想道德、专业技能、专业素养的基础上，将创新创业的相关知识以及实施计划等融入教育方案中。

2. 创新创业教育的通识普及

高职院校创新创业教育开始实施的时间不算早，需要尽快在高职院校开展全方面、全员式的创新创业教育。同时，需要将创新创业教育融入学生的学习以及生活中，并在一段时间内有效培养学生的综合素质，确保创新创业教育计划的实施长效且连续。

3. 创新创业教育的协同配合

高职院校创新创业教育如果脱离专业以及通识教育，而自行开设单独的教育课程是难以实现的，它需要同校内有关课程进行有机结合，更需要同外部社会进行交流互动，只有这样才能挑起高职院校创新创业教育的大梁。

三、高职院校开展创新创业教育的意义

（一）顺应时代需求，职业教育与时俱进

创新是知识经济的重要特征。创新创业的实质是用知识创造价值，发挥知识的经济效用。在知识经济时代，创新创业教育受到国际社会的高度重视。联合国教科文组织在1998年巴黎世界高等教育会议上发表的《21世纪的高等教育学：展望与行动世界宣言》中明确提出："高等教育主要关心的问题应该是培养学生的创业技能"[1]，"毕业生将愈来愈不再是求职者，而首先将成为工作岗位的创造者"[2]。我国自上而下倾力推动"大众创业、万众创新"离不开这些会议上传达的相关理念与思想的影响。

（二）响应国家号召，助推经济社会发展

创新创业是推动我国经济结构转型升级的内生力量。2013年5月4日，习近平总书记在同各界优秀青年代表座谈时的讲话中强调："创新是民族进步的灵魂，是一个国家兴旺发达的不竭源泉。"[3]国务院总理李克强在2014年夏季达沃斯论坛开幕式上的致辞中指出："只要大力破除对个体和企业创新的种种束缚，形成'人人创新''万众创新'的新局面，中国发展就能再上新水平。"[4]"大众创业，万众创新"由此开始引发全面关注。创新创业教育概念的提出明确地表明

---

[1] 董晓红. 高校创业教育管理模式与质量评价研究[D]. 天津：天津大学，2009.
[2] 王丽娟，高志宏. 大学生创新创业教育研究[J]. 中国青年研究，2012(10)：96-99.
[3] 佟富春，曾曙才. 大学生科技创新活动与专业教学科研相结合[J]. 教育教学论坛，2017(5)：56-57.
[4] 吴勇. "双创"背景下高校毕业生创业现状、制约因素及对策研究——以西部分高校为例[J]. 科技创业月刊，2016(14)：52-54.

了高等教育与知识经济之间的紧密联系。高职院校开展创新创业教育，是践行党的二十大报告提出的"实施创新驱动发展战略"的具体体现，也符合党的十七大报告中提出的"以创业带动就业"发展战略的要求。

（三）服务高校发展，提升学校竞争水平

创新创业不仅是未来中国经济发展的动力源，还是高校战略发展的新部署。高职院校开展创新创业教育，是深化教育教学改革，完善学校教育教学体系的重要举措。近年来，创新创业教育受到前所未有的重视，国内出现越来越多高度关注、支持创新创业教育的高职院校。这一方面是因为发展创新创业教育符合政府和行业企业的需求，能为高职院校的办学和发展争取更多的外部资源；另一方面是因为高职院校开展创新创业教育的水平，越来越成为衡量高职院校办学质量的一项重要指标。提升高职院校创新创业教育水平，对提升高职院校整体竞争力有着重要意义。

（四）培养创新人才，促进学生就业创业

高校具有人才培养、科学研究和社会服务三大基本职能。大学生作为最具创新、创业潜力的群体之一，是未来企业创新创造的主力军。高职院校开展创新创业教育，是培养学生创新精神和实践能力的重要途径；是落实以创业带动就业，促进高校毕业生充分就业的重要措施。高职学生实践创新能力的培养对企业高质量发展和准员工成长具有重要意义，也是学校落实社会服务职能的重要体现。

四、高等职业教育创新创业教育的特点

高职创新创业教育同时具有高等职业教育的属性和创新创业教育的特点。高等职业教育与高等普通教育相比，既有共通之处，又有自己的特点。共通之处在于两种教育体系的教育层次都属于高等教育，培养的都是高级人才，都要求受教育者应具备高中文化水平。不同之处在于，普通高等教育更注重知识的传承和创新，尤其是研究型大学承担着培养高水平学术型人才的使命；而高等职业教育更注重职业技能的习得和传承，高职院校承担着培养技术技能型、应用型人才的使命，强调教育的职业性和专门性。高职教育的职业性是指通过职业技能教育，向

生产、建设、管理、服务等经济建设的第一线输送实用型技术人才。高职教育的专门性是指教育形式是专门教育，有专门的职业面向，包括有学历的专业教育和非学历的专门培训，使受教育的个体能够从事专门的劳动。高等职业教育的培养目标和教学内容是具有实际的、技术的、职业的特殊专业课程[①]。

作为一个系统的工程，创新创业教育需要与学校内部的专业教育融合，并且与外部的地方产业耦合对接，这需要学校处理好创新创业教育与专业教育、地方产业发展的关系，做到"专创融合""产创耦合"。首先，创新创业教育的根基在于专业教育[②]，推进创新创业教育与专业教育融合能为创新创业教育的发展提供知识文化基础，而创新创业教育的发展成果也会反过来促进专业教育向前推进。其次，地方产业是创新创业教育的源头，能为创新创业教育提供支撑，而创新创业教育的成果（科技成果转化、创新型技术技能人才培养、创业活动等）以各种形式直接或间接地服务于地方产业发展。

高职院校的创新创业教育，即在高等职业教育的基础上，围绕培养具有创新创业意识和创新创业实践能力的高素质专门人才展开的教育，具有地方性与行业性、技术技能性等特点。

不同的高职院校在办学目标、办学定位、办学风格和办学条件方面都有所不同，因此其创新创业教育也应具有不同的特色。刘慧认为，高职院校创新创业教育特色是指高职院校在开展创新创业教育过程中，逐渐形成的、明显区别于其他办学主体的教育风格和优良特点，表现在教育理念特色、治理结构特色、教育实施特色和创新创业文化特色等方面。高职院校创新创业教育特色是其生命力和竞争力所在。[③]本书总结柳州职业技术学院创新创业教育特色，探究其创新创业教育特色形成的理念、机制和可推广性，以期为我国高职院校创新创业教育的开展提供经验借鉴。

---

① 英杰. 中国高等职业教育发展史研究［M］. 郑州：中州古籍出版社，2007：3.
② 刘小廷. 论创业教育与专业教育的关系：历史与逻辑的分析［J］. 职业教育，2014（2）：6-9.
③ 刘慧. 高职创新创业教育特色探索［D］. 厦门：厦门大学，2018.

第二节 国内外创新创业教育现状

一、国外创新创业教育现状

（一）美国经验：全阶段成熟的培养体系

美国是全世界最早开展创新创业教育的国家。早在1947年，美国哈佛商学院就开设了全美第一门高校创业学课程——新创业管理，这标志着美国创新创业教育的开始[①]。经过半个多世纪的发展，美国的创新创业教育已经形成一套十分成熟的培养体系。首先，美国的创新创业教育已经覆盖全学龄各个阶段，从基础教育的K12阶段，再到大学高等教育阶段，都有相关的课程及培训。这种从学龄前儿童开始的创新精神、创新思维以及创新能力的培养，为后续的培养打下了良好的基础。其次，在美国，创新创业教育属于通识教育。它区别于那些由学校商学院开设、专门针对本学院学生进行的创新创业课程。它面向全校各个专业学生开放，并结合各专业知识形成一门综合性课程，真正将创新创业知识落于实处。最后，除提供基础课程外，各种贴近创业场景的模拟、比赛、演讲等，使学生在校园内就能接触和体会到真实的创业情境，最大限度减少学校教育与社会工作的脱节。

1. 良好的社会创业文化基础与社会保障体系

一是在美国85%的人口为欧洲移民后裔，现在各国精英也不断涌向美国，整个社会崇尚勇于挑战、敢于冒险，强调个人奋斗、机会均等的思想观念，对创新创业接受度非常高，并且允许失败，良好的社会创业文化促进了大学生创新创业行为，极大地推动了高校大学生创新创业教育的发展。

二是政府非常重视，出台了许多有利于大学生创业的政策和法律文件，保证了创新创业活动的有序进行。比如简便的新公司申请手续、较低的税率保证、健全的信用制度等。同时各种创新创业组织机构种类很多，主要有各级各类创业教育中心、创业研究会、企业家协会、创业智囊团等。

[①] 陈强胜，高俊山. 中美高校创业教育的比较及启示[J]. 湖北社会科学，2018（9）：147-151.

三是金融支持力度大。美国的创业教育资金来源多样，渠道宽广；风险资本市场完善；美国政府设立了专门的国家创业教育基金；成功的企业家会向高校的创业教育中心捐款以支持创业教育的开展；很多公益性基金也会通过提供经费的形式资助创新创业教育活动，比如美国的考夫曼创业流动基金中心、国家独立企业联合会等机构通过提供经费支持创业大赛、奖励优秀学生、开发创业课程与实践活动等方式对高校的创业教育提供资金和智力支持。

四是高校与企业的联系紧密，企业的支持和帮助力度大。比如庞大的校友关系网是哈佛商学院引以为豪的财富，每年哈佛大学都会邀请众多在实业界做出突出贡献的著名企业家到校讲学并介绍给学生认识，编织宝贵的创业关系网。

五是组织与支撑网络强大。比如美国中小企业管理局，可以为准备创业和正在创业的组织与个人提供低收费或者免费的技术支持。大学内部的中小企业发展中心，为创业者提供各类咨询，并通过举办研究讨论会为创业活动提供各种服务。

2. 科学的创新创业教育评价体系

自 20 世纪 90 年代初开始，美国的权威创业专业期刊如《商业周刊》《企业周刊》《成功》每年都对大学的创业教育进行评估，涉及课程、师生成就、社会影响、创新创业教育项目、毕业生创业情况等各项内容，有力地促进了高校创新创业教育的开展。[1]

（二）英国经验：政府大力支持与大学生科创园建设促进双创成果转换

英国的创新创业教育大概从 1980 年开始。21 世纪初，英国采取的是"聚焦性"的大学生创新创业教育，课程仅针对商学院开展；经过逐步发展，转变为针对全校学生开设课程的学科交叉型"普及性"创新创业教育。英国政府对创新创业教育十分重视，大力支持创新创业教育的发展，通过一系列的措施对创新创业教育进行引导规范，鼓励创新创业实践，营造了热烈的社会氛围。2004 年，英国成立了全国大学生创新创业委员会；2012 年，英国高等教育质量保障署在报告中指出创新创业教育要在实践中学习，并提出了由意识、思维、能力、效率四方面构建的大学生创新创业教育培养体系[2]。同时，建设大学生科创园的做法在英国

---

[1] 许德涛. 大学生创新创业教育研究 [D]. 济南：山东大学，2013.
[2] 谢萍，石磊. 英国创新创业教育的现状及其启示 [J]. 世界教育信息，2018（14）：42-47.

十分流行,据统计,英国的大学生科创园建设数量超过 25 个[①]。其中,以牛津大学科创园为首,为学生提供了进行创业活动所必需的实践基地、启动资金等条件。企业通过科创园与学校开展合作,获取技术支持,而科创园在承担学生创新创业教学实践功能的同时,促进了创新创业科技成果的有效转化,达到双赢局面。科技成果转化盈余资金继续孵化园内新项目,形成了良性循环。

英国高校的创新创业教育历经近年的发展,在普及程度、课程设置与活动实践等方面都有了很大提高。创业文化氛围趋向宽容,配套设施更加完善。但总体上与美国相比,英国民众在创业机会的把握和不怕失败、敢于冒险的精神上有所欠缺。而且高校创新创业教育课程设置相对狭窄,多集中于商业课程,社会科学领域欠缺。创新创业教育的地区发展还不均衡,需要进一步去改进和完善。

(三)德国经验:注重创新创业实践教育

德国的创新创业教育发展首先起源于职业院校。20 世纪 50 年代,由于实训课程需要,德国的职业院校开始萌发创业教育的萌芽;70 年代,创新创业教育由职业院校推广至高校[②]。从实践需求开始的创新创业发展历程以及多年的实践经验,让德国高校特别重视双创教育的实践指导,设置了完善的创新创业教育体系作为学生创新创业活动的实践支撑。如德国慕尼黑工业大学,非常注重对学生基础双创能力与务实素质的培养,对创新创业课程定义广泛,与创新创业环节相关的学科或专业课程也并入创新创业教育之列,不但为学生提供创新创业课程学习与理论探究,还设置了专门的技术咨询与资金帮扶部门,为学生创新创业提供必要的支持和帮助。德国高校鼓励专业课程教师进行创新创业的研究与授课,也邀请企业导师参与创新创业课程教学,增强学生的创新创业实践运用转化能力。

(四)印度经验:注重岗位职业教育培训和企业家的速成

早在 1966 年,印度就提出了"自我就业教育"的观念。1986 年,政府在《国家教育政策》中就要求大学应当培养学生"自我就业所需的态度、知识和技能"。印度目前的高等教育规模仅小于美国和中国,而且印度人在美国硅谷创办的企业

---

① DRUCKER P F. Innovation and entrepreneurship: practice and principles [M]. London: Routledge, 2015.
② 刘学春,徐红玉. 发达国家创新、创业教育的经验及其启示 [J]. 湖北成人教育学院学报,2018(6): 59-63.

最多，34%的微软雇员是印度人，28%的 IBM 雇员是印度人，印度培养的大量的高校毕业生，有一些很容易在大公司找到一份高薪工作，有一些却为找到一份工作而发愁。印度的报告称，大量的劳动力处于自我就业或从事临时性工作状态，这都促使印度大学生产生了创新创业的需求。现在印度高校的学生创业意识渐醒，创业文化初显。比如印度管理学院将"追逐你的梦想，而非一份工作"作为办学理念；印度政府也通过创建科技园、教育园和企业孵化器的方式推动创业型大学的形成。印度的大学基本上建立了创业中心，能将师生的科研成果及时地与企业对接，并完成转化。

印度的创业教育多以岗位职业教育培训为内涵，以企业家的速成为目标，只有少数大学和机构提供创业教育的专业学历。其特点如下：

一是课程开放，师资外化。印度的创业课程是与其他课程整合的。印度经济发展中有家族企业的特点，因此部分大学的创业课程便迎合了这种特点，为家族企业创新、再创业服务。印度大学的创业类课程由本校教师和访问教授共同负责，分别教授理论和实践部分。师资的外化得益于印度长期以来形成的访问制度。

二是理工院校的创业教育明显。印度理工学院是亚洲著名理工院校之一。校方设立信息技术学院，密切与工业界互动联系，重视创业教育教学，支持学生创建具有潜在价值的企业，激励学生的创业意识、创新精神和创业活动，撒下创业的种子。

三是创业活动与创新结合不够紧密。印度是创业活跃的国家，据 GEM 的观察报告，其活跃度排在 37 个国家的第二位，但与西方国家的机会性、技术型创业不同，印度大学生创业更多的是以生存型创业为主，创新很少。[①]

（五）新加坡经验：国际化的创业教育体系，灵活的教学模式

新加坡创业教育已被纳入其社会和教育研究体系中。在新加坡，创业教育的发展与其经济的发展密不可分。1997 年的金融风暴让新加坡意识到经济发展不能单靠跨国企业，于是大力扶持和促进本地企业尤其是中小企业的发展，因而采取了一系列政策举措鼓励创业活动，教育界也积极开展创业教育的研究，创业教育得到了飞速发展。

---

① 许德涛. 大学生创新创业教育研究 [D]. 济南：山东大学，2013.

新加坡高校创新创业教育起步较晚,但经历了跨越式发展,有自己的鲜明特色、鲜明的教育理念和政策环境。早在 20 世纪 60 年代新加坡就确立了"发展实用教育以配合工业化和经济发展的需要"的指导思想,后来又确立了"教育必须配合经济发展"的教育方针,反对脱离国家需要或追求纯学术而盲目发展高等教育,还制定了多项优惠扶持计划促进创业活动的实施,创造了良好的创业环境。扶持计划包括新公司税务减免计划,企业投资优待计划等。国际化的创业教育体系,首先其课程设置要与国际接轨。新加坡大学为了适应国际化的需要,改革了课程,采取学分制,并不断更新课程设置及内容。例如,新加坡国立大学在国外与印度科学研究院、美国的斯坦福大学和宾夕法尼亚大学、中国复旦大学、瑞典皇家技术学院合作创建了五个分院,所举办的学科专业都具有强烈的创新创业特征,这种国际化的跨国办学模式博采众长,融汇创新,形成了具有前瞻性和国际水准的课程体系。其次,教师队伍国际化,新加坡每年需安排教师到世界一流名校深造,培养教师国际化教学水平。通过严把高校理工学院教师入口关,教师既有企业的锻炼经历,又具有高学历高技术,在一定程度上解决了双师型教师培养的问题。现代化的教学手段和灵活的教学模式,将各种互联网、远程会议、多媒体等高科技的教学手段应用在创业教育之中。同时,教师的教学采取互动的方式,让学生浸入创业环境,并突出个性辅导,师生在交流的过程互相启迪。另外,新加坡高校重视创业实践教学,采取案例分析、角色模拟、企业考察等多种形式,将学生带入创业环境。并以创新创业计划大赛为契机形成产、学、研一体化的实践平台,让学生在实践中不断深化创业理念,并学以致用。例如,南阳理工大学与新加坡联合创办的南洋创业中心,提倡教师、学生、校友以及风险投资人的交流与合作,其培养的学生,都创办了自己的公司。[①]

二、我国创新创业教育研究现状

(一)我国创新创业教育发展历程

1. 高职创新创业教育起步发展阶段(2002—2008)

为了更好地将我国高等教育工作和社会、经济发展相结合,在 2002 年,教

---

① 许德涛. 大学生创新创业教育研究[D]. 济南:山东大学,2013.

育部首次批准了九所大学开设创业教育课程,由此展开了国内高校创业教育的新篇章。在试点工作中,不同高校分别运用了不同的工作形式来开展创业教育工作,形成了"提高学生创业意识、创业技能为重点""课堂教学为主导"以及"综合式"的创业教育模式。试点工作的顺利开展,给国内其他地区和高校开展创业教育工作提供了更多理论基础和实践经验。2008年我国教育部又开设了32个创新教育实验区。经过不断摸索,实验区创业教育得到了广泛认可。试点工作以及实验工作的顺利实施,给国内众多高校推广创新创业教育提供了更多保障。柳州职业技术学院属于国内较早重视创新创业教育的高职院校之一,1998年面向毕业生开设就业指导讲座,2004年引入中国国际劳工组织KAB创新创业教育课程体系,形成了符合职业院校学生特点的就业创业教育课程,2005年将就业创业教育作为全校公共必修课程,2007年和2013年先后建成全国高职院校第一门国家精品课程和国家精品在线课程,创新性提出"1+X"教学模式,为高职创新创业教育做了有益尝试。

2. 高职创新创业教育迅速发展阶段(2010—2012)

2010年我国正式将创业教育模式转变为创新创业教育模式。2010年教育部《关于大力推进高等学校创新创业教育和大学生自主创业工作的意见》的推出使国内创新创业教育工作更具有了方向性,同时对创新创业教育的理念以及价值、定位等进行了统一规划和部署。创新教育以及创业教育发展模式获得了党和政府的认可,也成为我国未来教育行业的发展战略。2009年深圳职业技术学院高度重视创新创业教育,成立专门的工作小组,发布《深圳职业技术学院关于加强大学生创业工作的意见》,以保障创新创业教育工作的顺利实施。2012年深圳职业技术学院创业学院正式成立,2016年升级为创新创业学院。深圳职业技术学院在召开第三次党代会时,将创新创业学院设定为学院未来企业家的打造场所,为其提供了精准定位。

3. 高职创新创业教育规范发展阶段(2015年至今)

在2015年国务院《关于深化高等学校创新创业教育改革的实施意见》中对创新创业教育有了更为深入的分析和界定,指出了国内高等院校在开展创新创业教育中所需要的指导思想、原则以及总体目标。通过多项改革任务以及多种举措把创新创业教育推广工作作为国家教育行业长期发展方向。

（二）创新创业教育研究的路径

1. 早期研究（1965—1986）

创新创业教育的早期基本是以"创业者特质"的研究为主要研究方向。研究的结果呈现为创业者应具备以下四个典型的特质：① 成就需求；② 自我控制；③ 高风险承担；④ 不确定性的容忍。此后的文献显示在此领域的研究再无新的发现。

2. 创新创业教育的中期研究（1988—2008）

此阶段创新创业教育研究的方向为"创业过程研究"。比较典型的为美国学者杰弗里·迪蒙斯研究的"创业过程理论"，研究的结论是创业者是谁并不是最重要的，重要的是创业者在创业过程中都做了什么。

据文献内容显示，此时的创业教育更多关注创业过程，从发现机会到整合资源再到组建团队，在这个可预知的线性研究过程中，似乎可以预判出创业的结果。创业教育却成为另一个版本的管理——计划、组织、领导、控制，差别在于前者适用于新创建的组织。市场调研显示，目前市场上45种以上的创业教材，80%强调创业过程。

3. 创新创业教育的新阶段研究（2008年至今）

创新创业教育现阶段的研究，是将创业作为一种方法来教授的研究。其定位是从关注创业者特质到关注创业者的思维模式。假定创业者的特定思维模式是竞争优势和个体差异的来源，那么研究的结论可能就是某个个体如何才能变得富有创业精神、创造机会并针对机会开展行动。此种研究的难点在于，理论与实践如何有机结合。

中国国际"互联网＋"大学生创新创业大赛的职教赛道，是将创新创业教育的理论与实践进行有机结合并集中展示的过程。它促进了高职院校创新创业教育的发展，并且给予了高职院校创新创业教育发展的方向。

（三）我国高职院校创新创业教育现状

我国高职院校的创新创业教育相比发达国家起步较晚。20世纪90年代末我国高校的创新创业教育才逐步兴起，比美国创新创业教育起步晚了整整50年。

2010年，教育部在《关于大力推进高等学校创新创业教育和大学生自主创业工作的意见》中，首次将"创新教育"与"创业教育"相结合。2015年，教育部印发《关于做好2016届全国普通高等学校毕业生就业创业工作的通知》，首次提出明确要求，创新创业教育课程要纳入学分管理并面向全体学生开设。[①]高职院校的创新创业教育更是处于初级阶段。大部分高职院校已逐渐意识到创新创业教育的重要性，"双高计划"建设单位的高职院校更是将创新创业教育列为"双高建设"重点工作。总体来说，高职院校的创新创业教育还存在以下问题：

1. 高职创新创业教育重理论轻实践

在高职院校的创新创业教育中，还较为普遍存在着重创新知识、创新方法和创新理论，轻创新实践、创新精神和创新能力的问题。在大多数高职院校，创新创业教育还停留在开设创新创业课程、举办创新创业比赛、写报告和听讲座的理论阶段，对创新创业实践能力的培养重视不够，重理论轻实践不利于学生创新创业能力的实质性提高。

2. 高职创新创业教育对"立德树人"的价值重视不够

立德树人作为教育的根本任务，是高职创新创业教育的根本指导和基本遵循。缺乏创新创业目标引领，造成高职学生创新创业学习的动力不足。只有重新确立目标定位，才能引导创新创业教育初心的回归。"德育性""教育性""创新性"应是创新创业教育的核心内涵，"德育性"强调社会主义核心价值观引领，"教育性"注重主体自主性生成，"创新性"着力能力培养，三者均衡发展才有利于创新型人才培养质量的提高。

3. 高职创新创业教育与产业融合不深

目前，高职创新创业教育大多是关起门来的"象牙塔"式的教育，没有紧密对接产业需求、和企业一起开展创新创业实践。产教融合不深入，一方面不能有效发挥职业教育的特点和优势，另一方面导致高职创新创业活动出现一些脱离实际的现象，例如缺乏成本意识、市场和质量观念等，不能产生良好的效益回馈，在很大程度上阻碍了创新创业教育的持续提升发展。

---

① 王波，张崎静，方学良，等. 高职创新创业教育与专业教育深度融合的路径[J]. 宁波职业技术学院学报，2021（6）：15-18.

4. 高职创新创业教育与专业教育结合不紧

目前，高职学生对于创新创业教育的认知仍普遍处于较浅层化，不管什么专业的学生，其目标大多是开店"做老板"。创新创业实践内容普遍存在浅层化、同质化的现象，与学生所学专业结合度不高，创新创业实践的载体较空泛，学生缺乏核心竞争力。因此，创新创业教育不能脱离专业实践而独立存在，专业教育应成为创新创业教育的支撑和基础，创新创业教育是专业教育的灵魂和核心。大部分高职院校已经意识到了专创融合的重要性，将创新创业教育列入了专业人才培养计划。专创融合理念横向范围已经普及，但由于创新创业教育课程体系与师资力量等原因，纵向空间还不够深入。

5. 双创师资力量与创新创业教育发展力度不匹配

创新创业教育需要理论对接实践、双创融合专业的跨学科复合型高层次人才，对师资的要求非常高，但目前大部分高职院校的师资却难以达到要求。首先，许多高职院校中创新创业专业教师数量不足，没有专门的双创师资队伍，创新创业教育课程由辅导员、行政兼课人员或临时转型人员担任，任课教师缺乏专业背景。其次，同时具备双创理论与双创实践经验的教师也较少。目前大多数高职院校常用的方法以校内教师授课为主，同时邀请具备实战经验的企业嘉宾举办讲座论坛作为补充，这对师资类别的完整度与师资水平的提升起到了一定作用。但企业嘉宾授课次数与时间有限，不能完全弥补校内师资力量的欠缺。再者，缺乏同时具备双创认知与专业理论储备的教师。创新创业教师不懂专业知识，专业教师缺乏创新创业认知，使得创新创业与专业的结合运用不够理想。国内高职院校对教师的评价，往往以论文科研、比赛成绩为主，这对于创新创业教师并不完全适用。总之，国内高职院校创新创业教育无论是在师资数量配备还是师资质量提升上，都有很大提升空间。

6. 各类创新创业竞赛繁多，参赛项目质量参差不齐

以"互联网+""挑战杯"为代表的各类创新创业类比赛促进了高职院校创新创业教育蓬勃发展。近年来，双创比赛为创新创业教育的发展起到了毋庸置疑的积极推动作用，但高职院校在参赛过程中也暴露出一些问题。各级各类创新创业竞赛数量繁多，国家各部委办局大都举办双创类的竞赛，同样，省级或市级也举办同样的选拔赛,各行业又举办行业内的双创类竞赛,经不完全统计,每年有30余项双创类竞赛。大部分高职院校已能普及创新创业教育的影响力,挖掘出众多创新创业项目,但项目培养、孵化能力有限,项目质量参差不齐。虽然每年高职院校参赛项目数量众多,但往往是多而不精,具备较高创新性、可行性及良好商业模式的项目还是少数。

(四)高职创新创业教育存在问题的解决对策

1. 构建完善的创新创业教育课程体系,与专业教育深度融合

美国从基础教育到高等教育阶段,都伴随着创新创业认知和培训。我国基础教育中创新创业占比相对薄弱,因此高等教育阶段更要注重创新创业教学的系统性,涵盖创新创业意识树立、思维培养、理论掌握、能力提升及实践训练各个方面,给予合理的进度安排与学时安排,切忌走马观花式教学。创新创业教育不同于一般的通识基础学科,更强调"因材施教",依据不同学生群体与专业的需求,将创新创业的意识融入专业教育与日常生活,启发学生通过创新创业思维发现问题、解决问题,将创新创业运用到实处。因此,在课程的设计上,专业课程需要融入创新创业理念,而创新创业基础类课程也要考虑具体学科专业,在通识教育的基础上做到定制化和个性化。同时,也要同步提升双创队伍教师素质。专业教师需要提升创新创业方向的知识储备,具备引导学生结合本专业进行创新创业的能力;创新创业课程教师也需要了解学科专业,加强实践经验,做到理论对接实践、双创融合专业。在创新创业授课过程的特定阶段及实践过程中,可跨学科安排学生学习,鼓励学生跨学科、跨专业、跨领域交流探讨,打破学科壁垒和专业屏障。

2. 构建专兼职双创教育师资队伍,多途径提高教师双创能力

师资队伍建设是创新创业能力培养的重中之重,参与创新创业教育的教师的能力与水平,对创新创业教育起到关键的作用。为此,需要明确全体教师创新创业教育责任,推进专兼职教师队伍建设。配齐配强创新创业教育与就业创业指导专职教师队伍,建立考评淘汰制度。聘请技能大师、技术专家、创业教育专家、企业家、创业成功者、风险投资人等各行各业优秀人才担任创新创业教育指导教师,担任专业课程教师,指导创新创业教育工作。完善专业教师到

行业企业挂职锻炼的管理考核办法，鼓励教师以技术开发合作、承担企业项目的方式到企业挂职。鼓励教师带学生参与科研项目，有学生参与的科研项目在申报与立项上给予优先照顾。将提高教师创新创业教育的意识和能力作为教师入职培训、骨干教师研修培训的重要内容，每名教师每年至少参加一次创新创业教育培训或专题活动。

3. 以大赛为载体，开展高职院校创新创业教育实践活动

建立双创大赛参赛的顶层设计，遴选学校重点参赛项目，组织师生积极参与以"互联网＋""挑战杯"为代表的各类创新创业类比赛。以创新创业大赛为实践引领，充分发挥创新创业大赛"以赛促教、以赛促学、以赛促创、以赛促改"的作用，积极组织参与各类创新创业竞赛，为双创项目提供更多的机会，营造良好的双创社会氛围。邀请具有企业背景和双创实战经验的嘉宾开展论坛、讲座；组织学生开展双创相关社团活动；加大大学生科创园的利用率，让更多的学生参与到科创园的实践中来。

4. 改进双创评价体系，注重创新创业过程与实践

建立多维度、全方位的立体评价体系。创新创业教育有别于传统的学科教育，无法以理论考试成绩来作有效评价。目前，部分高职院校对于创新创业的评价已能做到从"理论＋实践"的角度出发，理论从课程教学情况、作业情况、考试情况来评定，而实践则以创新创业类活动参与、创新创业类大赛获奖、实际创业情况作为参考。这种评价方式在目前来说已经比较全面，但比较偏向于结果导向性。创新创业不只是导向创业，也导向在各专业领域、各行业岗位的改进创新。评价体系应当以能力为本，注重过程性评价。比如澳大利亚国立大学在考察学生双创实践能力时，不是简单地以"创业成功"作为标准，而是以评价体系的改进带动学生双创实践能力的培养，促进学生参与课堂以外的双创活动、双创比赛、创业实践，以解决实际问题。

5. 搭建创新创业平台，促进成果转化，推动项目孵化

充分利用大数据时代便捷的资源模式，搭建线上资源平台，便于学生获取双创相关的资源、信息、数据，教师在线答疑，解决学生实践中遇到的困惑，也方便学生互相沟通交流。汲取英国高校经验，建设大学生科创园，组建学生、企业、

学校、政府参与的四合一高效平台，为学生提供创新创业的实践园区。参照德国经验做法，设置专门的部门机构为学生提供政策、技术、资金方面的咨询和支持。学生可在科创园内进行创业实践，教师对学生项目进行指导孵化。同时，加强与企业间的合作，解决企业运营过程中的实际问题，为企业提供专业支撑与科技支持，促进科创成果有效转化，实现商业价值变现。

第二章
高职院校创新创业教育新理念研究

随着高职院校持续开展创新创业教育,我们通过理论探索、实践验证,提出把企业一线问题作为创新教育的载体,形成了高职实践创新教育"小问题,大志向"、产创耦合、专创融合的理念。

第一节 内涵和意义

一、"小问题,大志向"教育理念的观点

主张创新要走出校门,和地方产业企业紧密结合,聚焦来自企业生产、经营管理一线的实际"小问题",而不能关起门来培养创新能力;摒弃"大而空"的创新项目,不做"空中楼阁"的创新。主张高职的创新教育要结合专业技术来开展,侧重于实践性的创新,而不是理论性的创新。在"小有作为"的创新实践过程中,提高高职学生探索未知领域的自信心,提高学生自主学习的积极性。主张在真实的创新项目情境中,通过解决实际问题,养成进行创造革新的意志、信心和勇气,掌握改进或创造新事物的方法,提高创新能力,树立"大志向",实现个人价值和社会价值。

二、产创耦合教育理念的观点

主张以产学研合作开展创新创业教育。企业作为合作中活跃的主体,能满足生产需要;高职院校侧重人才培养和提供科研理论知识,承载着服务社会的功能;科研所是科学技术的源头,能提供丰富前沿的科研技术,满足创新技术支持。除此之外,政府也是产学研合作中非常重要的一员,起到协调、监管和推动的作用。对高等院校和研究机构而言,这是一种具有学术性质的实践,能够直接触发科技成果的转化。从企业的角度来看,这是一个具有产业性质的合作教育过程,能实现高科技产业、科研技术开发、生产经验、市场营销创新和统一。

三、专创融合教育理念的观点

主张将创新创业教育与专业教育融合,全面提高学生的基本素质与素养,使高等职业教育的教育教学改革不断向前推进,促进高职院校发展。

主张以创新体制机制为先导,以优化人才培养方案为抓手,以平台建设为重点,以创新创业需求为导向,多重保障、多措并举、多方协同,培养兼具工匠精神和创新创业能力的高素质技术技能人才,形成"课赛训研"一体化培养模式:将"全方位"的双创课程融入学校"卓越工匠"培养课程体系,将"全生命周期"的双创实践活动融入学校实践教学体系,将"全链条式"双创服务区域发展的模式融入学校"区园企校共发展"的办学机制。

第二节 理论依据

一、"小问题,大志向"教育理念的理论基础

"小问题,大志向"的创新教育理论,认为创新教育是一种基于问题的学习,其心理学基础是建构主义的学习理论。皮亚杰的建构主义学习理论主张"知识不是客观的东西(经验论),也不是主观的东西(活力论),而是个体在与环境交互作用的过程中逐渐建构的结果。"创新能力不是通过单向传授获得的,而是学生

在一定的情境中,通过各方面的支持和帮助,通过意义构建而获得的。基于问题的学习(Problem-Based Learning)是以学生为中心,以问题为载体,在具体化的情境中学习,这是建构主义学习的一种形式。该学习形式的基本特征是强调学生自主学习,着眼解决现实问题,重视合作学习,提倡教师角色由单向传授转为引导促进。

"小问题,大志向"的创新教育理论,认为创新教育是一种知识、能力和观念合一的学习。首先,这源自中国传统教育思想。在中国几千年的教育历史中,道德教育一直占据重要的地位,儒家的教育理想就是"修身齐家治国平天下",《大学》提出了"大学之道,在明明德,在亲民,在止于至善"的思想,后世的教育思想一直沿着这个方向,重视人才的"德"的教育。其次,源自党的教育方针。《中华人民共和国教育法》提出"教育必须为社会主义现代化建设服务、为人民服务,必须与生产劳动和社会实践相结合,培养德智体美劳全面发展的社会主义建设者和接班人"。习近平总书记指出"要坚持把立德树人作为中心环节,把思想政治工作贯穿教育教学全过程,实现全程育人、全方位育人,努力开创我国高等教育事业发展新局面"。教育部全面推进高校课程思政建设,要求把思政教育的理论知识、价值理念以及精神追求等融入各门课程中。总之,立德树人是所有教育的应有之义,是教育的根本任务。

二、产创耦合的理论基础

(一)共生理论的内涵

在生态学领域中,"共生"概念的精髓就是各种不同的生物集群彼此间不断紧密地相互依存、共进、互利多赢和协作发展。在人类的经济和社会以及文化等诸多领域也存在这种共生关系现象,本书将其运用于高职院校创业教育生态系统的研究中。

共生的要素通常包括三个方面的内容,一是共生单元,二是共生环境,三是共生模式。这三个基本要素间彼此影响、彼此作用就形成了共生关系。首先,共生关系的主体部位和物质基础都是作为共生构成要素的共生单元,它在不同的共生关系中和同一共生关系的各个层面中具有不同效能与特性。其次,共生关系的关键环节是各个共生单元彼此间不断互动和作用的方式的共生模式,所以共生模式又可称共生关系。最后,共生关系的外部条件是促使共生发生的共生环境。由于各个共生单元间充满着各式各样的互动形式,所以学者对共生模式主要进行了以下方面的分类:一是依据共生单元间的行为方式,分为互惠共生和偏利共生以及寄生;二是按照其组织程度,分为点共生、一体化共生和间歇共生等。又由于共生单元能够生存的环境和背景是共生环境,所以,共生的环境和单元彼此间不断进行着各种类型的作用从而对外产生不同的影响。总之,不管何种共生关系,都蕴含着共生的三要素,由其决定着共生系统的发展方向与变化规律。

"共生系统"是指由各种不同的共生单元按照一定共生关系而构成的集合体,它的状态取决于共生组织与行为模式共同作用的结果,它的发展基础是共生关系中产生的能量,而这些能量全是由共生单元、模式、环境等一起发生作用而产生的。同时,它的进化主要表现为点共生到一体化共生和寄生到对称互惠共生两种形式,但应特别注意的是,一体化的对称性互惠共生是最稳健、高效的发展模式,也是共生系统向前发展的最好结果。所以,在共生系统中,积极发挥共生各个要素的作用并强化相互间的配合力度,就能使得生态系统稳健地运行及发展。

(二)共生理论对产创融合的指导意义

协同共存与合作互赢是共生的要义,社会与自然发展的根本动力是协同共存。社会与自然共生现象的主流趋势是合作互赢。政府及其部门、社会企业、高等院校、学生及其家庭等之间的协同共存与合作互赢能够推动高校创业教育生态系统的稳健运行;同时,高校创业教育生态系统的稳健运行又反过来强化政府及其部门、社会企业、高等院校、学生及其家庭等之间的联系、共生和发展。因此,将共生理论应用于高校创业教育生态系统相关的研究中具有相当的可行性。[1]

---

[1] 葛江. 基于共生理论的江西省高校创业教育生态系统研究 [D]. 南昌:江西科技师范大学,2016.

三、专创融合的理论基础

（一）三螺旋理论的内涵

"三螺旋"这一理念最开始被美国的遗传学家用来描述环境、生物体和基因之间互相依存的关系。1997年，亨利·埃茨科威兹借鉴了这一思想，首次提出大学、产业和政府三者的三螺旋理论，并指出其就是一种大学、产业和政府在创新过程中形成的新型关系，三者彼此合作并互相影响，与此同时又各自保持相对独立的地位。①勒特·雷德斯道夫在此基础上给出了三螺旋模型的理论体系（见图2-1），是由大学、政府和企业共同构成的三螺旋模型，三者除了承担各自职能，相互间还有交叉和重叠的部分互相影响，呈现出螺旋上升推进创新活动发展的一种组织结构。在三螺旋创新理论模型中，政府—企业—大学三个主体在保持独立身份及各自职能的同时，又支持其他主体职能的完成，三个主体如同"螺旋上升的螺旋线一样互动、交叉、重叠和融合演变出层出不穷的关联模式和组织结构，从而推动整个创新活动的螺旋式上升"。②

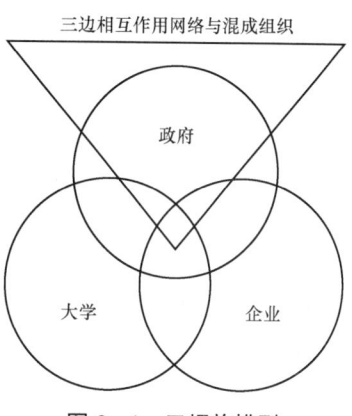

图2-1 三螺旋模型

三螺旋理论内涵主要有：在螺旋体形成过程中，政府、大学、企业既相互独立，又相互作用；在螺旋体内部，三者既能进行整合又可能实现部分角色职能的转化；三者通过三条螺旋链的相互作用产生新的三边相互作用网络与混成组织，并通过相互作用为创造政产学合作提供新平台。③在创新系统中，政府、大学、企业三者发挥着各自的职能：政府作为公共管理主体，承担维护共同影响与沟通的职责，为三者合作提供必要的政策支持；大学作为知识与技能的创新主体，承担传播知识和科技创新的主要职能；企业作为市场主体，是进行创新的主要场所，

---

① 亨利·埃茨科威兹. 三螺旋[M]. 周春彦, 译. 北京: 东方出版社, 2005.
② 孙祥冬, 姚祎明. 双三螺旋模型理论与人才培养模式的创新[J]. 南京社会科学, 2012 (12): 124.
③ 王书素. 政产学合作模式研究——基于"三螺旋"理论视角[M]. 广州: 广东教育出版社. 2017.

推动科技创新成果的市场化。在三者相互作用影响的过程中，三个主体在不同的发展阶段不断发生变化，三者各自独立又彼此互动，同时又相互补充，建立起紧密联系，以加强资源、信息的沟通，从根本上提高整体运转效率，使整个互动过程呈现不断向上发展的态势。

（二）三螺旋理论对专创融合的指导意义

三螺旋理论下的互动合作框架中，高校和企业、政府三者相互作用，通过构建互相支撑的创新组织机构与网络，形成稳固而紧密的联系，实现持续向上发展。因此，基于三螺旋理论，分析创新创业教育发展过程中的三者关系，有助于明确高职院校创新创业教育与专业教育融合过程中政府、大学、企业三者的主体地位与各自角色，从而更大限度地提升资源利用率，减少融合过程中的摩擦，有序推进两者的融合。本书基于理论与实际，构建高职院校创新创业教育与专业教育融合模型（见图 2-2），在高校、政府、企业的共同合作下，推进校内师资、课程、实践基地等因素的融合构建，最终以学生的知识、能力、素质提升为落脚点，促进学生的全面发展。[①]

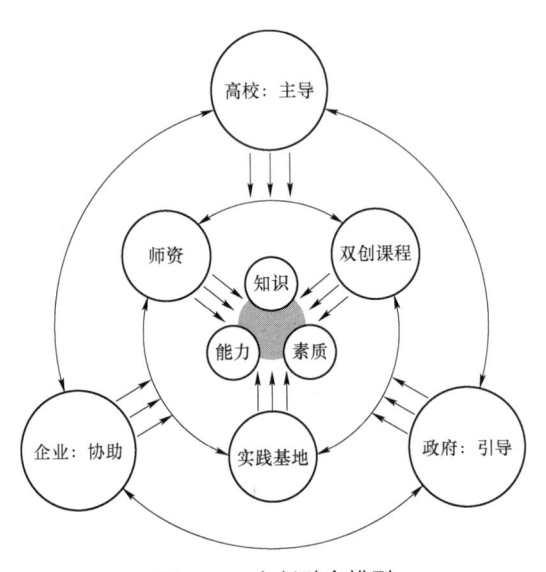

图 2-2 专创融合模型

[①] 居萌. 高职院校创新创业教育与专业教育融合的实践与问题研究 [D]. 扬州：扬州大学，2021.

第三章
高职教育校企合作理论研究

第一节　高职教育校企合作存在的主要问题

党的十九届五中全会对职业技术教育提出了"增强适应性"的要求。职业教育是一种教育类型,高职教育的人才培养目标定位于培养生产和管理一线的高素质高端技能型人才,校企合作是高职教育人才培养模式改革的重大突破口,如何把握校企合作需求,始终是继续深化高职教育改革的热点和难点课题。认真分析目前高职教育校企合作中存在的问题,找准校企合作需求规律,将有助于我们更好地提升人才培养质量,进一步提高职业教育适应性。

随着高职教育的快速发展,校企合作实践案例越来越丰富,一些深层次问题和矛盾也随之暴露出来。一般来说,有两大类问题:一类是学校不可控的问题,如政府、行业和企业的政策、制度和具体行为;另一类是学校自身可以控制和改变的问题。本书探讨的问题主要侧重于后者。

一、校企合作建设主体和建设理念问题

目前在职业教育的校企合作建设过程中,存在"学校中心"和"伪企业中心"两种倾向。无论是"学校中心"倾向,还是"伪企业中心"倾向,都在不同程度

上阻碍了校企深度合作进程和效果，无益于高职人才培养质量的提高。

"学校中心"倾向一般出现在高职教育发展初期，主要表现为：一方面，学校不主动考虑如何服务区域经济和企业的实际需求，热心开办招生情况好的专业，忽略区域经济、地方企业和学生需求的调研，忽略办学基础条件的建设，存在"学校我办我的学，企业你用你的人"现象，导致高职教育中专业同质化严重，特色不明显，人才培养质量脱离社会需求，毕业生距离社会用人单位要求较远等。另一方面，在具体合作过程中，学校趋向于单方面要求企业适应学校的培养目标和教学安排，对于企业的不积极主动合作的态度，抱怨居多。同时，学校更希望政府和企业提供相关政策支持，能够无偿或低成本共享企业资源，而不思考如何优化自身资源，换取企业资源，"以有为争取有位"。

"伪企业中心"倾向一般也是出现在高职教育发展初期，主要表现为：学校过于夸大企业的地位，不重视学生发展需求和人才培养规律，完全以企业需求为中心。如学生到企业去顶岗实习，存在企业需要就马上安排学生去的现象，学校没有调整和论证人才培养方案和教学计划异动的合理性和可行性，对学生没有动员、没有明确顶岗实习的教学要求，学生感觉自己像廉价劳动力，思想波动大，容易导致学生与学校、学生与企业之间的矛盾。这种倾向貌似处处以"企业中心"，其本质上根本没有真正重视企业需求，实际合作的效果于企业、学校和学生都不好。究其原因，是因为学校自身没有真正的校企合作、工学结合人才培养模式理念并贯彻在专业建设过程中。首先，专业的社会调研不够深入，对企业用工要求和用工需求以及一般规律不够了解。其次，专业人才培养方案制定缺乏行业企业专家和教育专家的充分论证，专业人才培养方案的实施缺乏企业土壤。面临企业临时的用工需求时，学校信心不足，担心没有完全按照企业要求会失去企业资源。

二、校企合作需求研究的问题

目前高职院校的校企合作开展得非常积极，但是在提出重视企业需求、互惠共赢的同时，对于学校自身和企业的校企合作需求是什么、有何特点和规律，企业合作办学的内在动力是什么，存在"盲人摸象"的现象，缺乏从实践中对理论加以提升和用理论反哺于实践的做法，学校继续热情主动，企业仍然被动甚至不动。

三、校企合作模式研究的问题

目前校企合作模式分类标准不统一，存在"模式满天飞"现象，缺乏对校企合作模式的分类、特点、影响因素的研究，对校企合作运作模式和保障机制的研究仍处在探索阶段，缺乏具有指导作用的校企合作模式建设方案。

四、校企合作工作绩效评价体系的问题

目前高职教育校企合作工作开展得如火如荼，但是对于企业在合作中的满意程度，以及校企合作工作绩效评价体系的构建缺乏专门研究，存在"单一评价主体"现象。

第二节 高职教育校企合作的理论依据及影响因素

一、高职教育校企合作的理论依据

（一）马斯诺需求层次理论

心理学中，需求是指人体内部一种不平衡的状态，对维持发展生命所必需的客观条件的反应。美国人本主义心理学家马斯洛（Maslow）1954年提出需求层次理论。该理论基于三个基本假设：① 人要生存，他的需求能够影响他的行为。只有未满足的需求能够影响行为，满足了的需求不能充当激励工具。② 人的需求按重要性和层次性排成一定的次序，从基本的（如食物和住房）到复杂的（如自我实现）。③ 当人的某一级的需求得到最低限度满足后，才会追求高一级的需求，如此逐级上升，成为推动继续努力的内在动力。

马斯洛把人类需求分成五类，由较低层次到较高层次依次为生理需求、安全需求、社交需求（归属与爱的需求）、尊重需求和自我实现需求。各层次需求的基本含义如下：

1. 生理需求

这是个人生存的基本需求。如吃、喝、住、性方面的需要。如果这些需求得不到满足，人类的生存就成了问题。在这个意义上说，生理需求是推动人们行动的最强大的动力。马斯洛认为，只有这些最基本的需求满足到维持生存所必需的程度后，其他需求才能成为新的激励因素，而到了此时，这些已相对满足的需求也就不再成为激励因素了。

2. 安全需求

安全需求包括心理上与物质上的安全保障，如不受盗窃的威胁，预防危险事故，职业有保障，有社会保险和退休金等。马斯洛认为，整个有机体是一个追求安全的机制，人的感受器官、效应器官、智能和其他能量都是寻求安全的工具，甚至可以把科学和人生观都看成满足安全需求的一部分。当然，当这种需求一旦相对满足后，也就不再成为激励因素了。

3. 社交需求（情感和归属的需求）

社交需求包括两个方面的内容：一是友爱的需求，即人人都需要伙伴之间、同事之间关系融洽或保持友谊和忠诚；人人都希望得到爱情，希望爱别人，也渴望接受别人的爱；二是归属的需求，即人都有一种归属于一个群体的感情，希望成为群体中的一员，并相互关系和照顾。感情上的需求比生理上的需求来得细致，它和一个人的生理特性、经历、教育、宗教信仰都有关系。

4. 尊重需求

尊重需求包括要求受到别人的尊重和自己具有内在的自尊心。马斯洛认为，尊重需求得到满足，能使人对自己充满信心，对社会满腔热情，体验到自己活着的用处和价值。

5. 自我实现需求

自我实现需求指通过自己的努力，实现自己对生活的期望，从而对生活和工作真正感到很有意义。马斯洛提出，为满足自我实现需求所采取的途径是因人而异的。自我实现的需求是在努力实现自己的潜力，使自己越来越成为自己所期望的人物。

五种需求可以分为两级，其中生理需求、安全需求和社交需求属于低一级的需要，这些需要通过外部条件就可以满足；而尊重需求和自我实现需求是高级需要，它们必须通过内部因素才能满足，而且一个人对尊重和自我实现的需求是无止境的。同一时期，一个人可能有几种需求，但每一时期总有一种需求占支配地位，对行为起决定作用。任何一种需求都不会因为更高层次需求的发展而消失。各层次的需求相互依赖和重叠，高层次的需求发展后，低层次的需求仍然存在，只是对行为影响的程度大大减小。

影响一个组织发展的因素是很多的，如人、环境、资金、原材料等，但最终决定组织发展的是人，一个组织的管理和发展都通过人来体现。当组织处在起步阶段时，全体员工一起思考组织的发展，组织中成员的个人需求在很大程度上影响着组织的需求。当这个组织逐步发展后，就越来越依靠主要核心领导（核心领导是由一个或几个人组成的群体），他们的需求，在很大程度上影响着组织需求。也就是说，人的需求，将在很大程度上影响着组织需求，而组织的需求决定组织的目标，进而影响组织管理行为。

高职院校和行业企业是不同的组织，有着不同的组织目标与利益追求，虽然两者之间存在着清晰的边界，主要表现为物理边界（如高教园区和产业园区在地理位置上的差异）、社会边界（如高职院校与行业企业对社会公益的诉求不同）和心理边界（表现为不同的组织特定的认知、学习与文化氛围对人的行为、心理及思维上的影响也不同），但是，与马斯洛关于人的需求层次观点相似，我们认为，高职院校与企业的需求同样具有不同层次。

（二）生命周期理论

生命周期理论由卡曼（A. K. Karman）于1966年首先提出。生命周期的概念应用很广泛，特别是在政治、经济、环境、技术、社会等诸多领域经常出现，其基本含义可以通俗地理解为"从摇篮到坟墓"的整个过程。

生命周期理论有两种主要的生命周期方法：一种是传统地、相当机械地看待市场发展的观点（产品/行业生命周期）；另外一种更富有挑战性，观察顾客需求是怎样随着时间演变而由不同的产品和技术来满足的（需求生命周期）。

产品/行业生命周期是一种非常有用的方法，能够帮助企业根据行业是否处于成长、成熟、衰退或其他状态来制定适当的战略。这种方法假定企业在生命周期

（发展、成长、成熟、衰退）的每一阶段中的竞争状况是不同的。例如：发展阶段，产品/服务由那些"早期采纳者"购买，他们对于价格不敏感，因此利润会很高；而另一方面，需要大量投资用于开发具有更好质量和大众化价格的产品，这又会侵蚀利润。在这种方法中，由于假定事情必然会遵循一种既定的生命周期模式，这种方法可能导致可预测的而不是有创意的、革新的战略。

生命周期概念更有建设性的应用是需求生命周期理论，这个理论假定顾客（个人、私有或公有企业）有某种特定的需求（娱乐、教育、运输、社交、交流信息等）希望能够得到满足，在不同的时候会有不同的产品来满足这些需求。

马森·海尔瑞（MasonHaire，1959）首先提出了可以用生物学中的"生命周期"观点来看待企业，认为企业的发展也符合生物学中的成长曲线。邱吉尔和刘易斯（Churchill N.C 和 Lewis V.L，1983）从企业规模和管理因素两个维度描述了企业各个发展阶段的特征，提出了一个五阶段成长模型，即企业生命周期包括创立阶段、生存阶段、发展阶段、起飞阶段和成熟阶段。葛雷纳（L.E.Greiner，1985）根据企业在组织规模和年龄两方面的不同表现组合成一个五阶段成长模型：创立阶段、指导阶段、分权阶段、协调阶段和合作阶段。企业生命周期理论中最有代表性的人物之一伊查克·爱迪思（Adizes，1989）在《企业生命周期》一书中，把企业成长过程分为孕育期、婴儿期、学步期、青春期、盛年期、贵族期、官僚初期、官僚期以及死亡期共十个阶段，认为企业成长的每个阶段都可以通过灵活性和可控性两个指标来体现：当企业初建或年轻时，充满灵活性，做出变革相对容易，但可控性较差，行为难以预测；当企业进入老化期，企业对行为的控制力较强，但缺乏灵活性，直到最终走向死亡。在国外学者的基础上，我国学者陈佳贵（1995）对企业生命周期进行了重新划分，他将企业生命周期分为孕育期、求生存期、高速发展期、成熟期、衰退期和蜕变期。李业（2000）指出企业生命的各阶段均应以企业生命过程中的不同状态来界定，他将企业生命周期依次分为孕育期、初生期、发展期、成熟期和衰退期。这不同于以往以衰退期为结束的企业生命周期研究，而是在企业衰退期后加入了蜕变期，这个关键阶段对企业可持续发展具有重要意义。

我们认为，高职院校发展也具有不同发展周期。

二、高职教育校企合作的影响因素

影响校企合作的因素有很多，政府主导和行业发展水平是两个重要的客观因素。但是在具体实施中，什么因素对高职教育校企合作的成功最重要呢？我们认为应该从企业和学校两方面进行分析。

于企业而言，主要影响因素是管理层的管理理念和重视程度、企业的发展阶段、企业的管理水平、企业的技术力量和指导水平。

于学校而言，主要影响因素是管理层的教育思想和重视程度、学校/专业的发展阶段、学校的管理水平、学校的师资力量、学生综合素质和专业能力等。

第三节 高职教育校企合作需求理论的基本假设和主要观点

一、高职教育校企合作需求理论的基本假设

本书提出的高职教育校企合作需求理论基于三个基本假设：首先，企业和高职院校是两个不同价值取向的组织，但企业和学校是由人组成的组织机构，其发展合乎理性经济人的假设。即双方都会以利己为动机，企业力图以最小的付出去获取最大的经济利益，学校力图以最小的投入去获得最好的人才培养效果。其次，企业和学校是由人组成的组织机构，其发展合乎社会人假设。即各自都不是孤立存在的，企业和学校的资源是有限的，其发展需要与他人共同合作，以及依赖他人协助。双方不仅有追求经济利益的动机和需求，还需要得到友谊、安全、尊重和归属等，具有追求社会效益的动机和需求。最后，企业和学校的需求是可以描述和衡量的。

二、高职教育校企合作需求理论的主要观点

高职教育校企合作需求理论的主要观点是："紧密依托区域经济，需求互补，资源共享，服务地方"是校企合作成功的重要合作理念和前提条件，高职院校和企业在不同发展阶段具有不同发展需求规律，通过恰当的合作模式和运

行机制，二者的部分需求可以互补，双方资源可以实现互享共赢。具体包括：① 企业需求具有"三阶段、四层次"的发展规律，对高职院校资源的需求随着企业规模和发展阶段而有所侧重。② 学校需求具有"从单向需求到双向需求"的发展规律，处于不同发展阶段高职院校的人才培养工作有不同需求，且这些需求的主要满足途径是通过校企合作方式获得的。③ 高职教育校企合作呈现从单一到整体、从低层次到高层次、从松散到紧密合作的发展趋势，具有合作主体多元化、合作内容涉及领域宽、合作形式多样化、合作模式多层次四个特点。

第四节 高职教育校企合作需求理论的基本内容

一、企业校企合作需求的特点和规律

（一）企业校企合作需求具有不同类型

企业的校企合作需求，是指在企业与高职院校开展校企合作的过程中，企业对学校资源的需求。在校企合作中，企业校企合作需求是否得到充分满足，企业利益能否最大化，是校企合作成功的重要影响因素。由于高职院校的办学目标和人才培养目标与本科、中职不同，高职教育校企合作具有独特性，企业针对高职教育的合作需求亦不同。在高职教育校企合作中，根据需求的特点，企业的校企合作需求分为不同类型。

按照企业对高职院校资源需求的内容来分，主要有人力资源、生产设备、生产场地、技术研发、员工继续教育、管理咨询六种需求。

按照企业对高职院校资源需求的时间长短来分，主要有长期需求、中期需求、短期需求（或临时需求）。

按照企业对高职院校资源需求的形式来分，主要有整体需求、组合需求、单一需求。

按照企业对高职院校资源需求的重要性来分，主要有主要需求和次要需要。

这些需求不存在层级关系。六种需求（人力资源需求、生产设备需求、生产

场地需求、技术研发需求、员工继续教育需求、管理咨询需求）都可能因为合作时间长短的区别，成为长期需求、中期需求、短期需求（或临时需求）。在企业发展的每个阶段，这些需求可能会同时存在或以不同组合形式存在，但一般在每个阶段都会有一个最需要高职院校满足的主要需求。主要需求会随着企业发展进程和企业规模大小发生变化。

（二）企业校企合作需求发展存在"三阶段"

企业生命周期主要分为四个发展阶段：创业期、成长期、成熟期及衰退期。我们认为，根据企业所处的生命周期不同，企业校企合作需求发展存在三阶段：临时性合作需求阶段、单项稳定型合作需求阶段、综合稳定型合作需求阶段。每个阶段的合作呈现不同特点。

临时性合作需求阶段一般出现在创业期的企业。处于创业期的企业首要目标是生存，其关注点在于资金投入、市场拓展、节约成本，企业的需求层次是基本的生存需求，最需要的是资金投入、市场渠道和廉价劳动力。因此，企业没有动力和精力与高职院校建立制度化的合作关系，双方的合作是一种松散型的状态，企业想实现的目的在于高职院校为其提供临时性的用工需求、技术服务等。处于其他生命周期的企业也会因为生产需要产生临时性校企合作需求。

单项稳定型合作需求阶段一般出生在成长期的企业。处于成长期的企业除了需要资金投入和市场开拓，还更多地关注人才培养和储备、技术创新和管理规范。因此，高职院校在人才培养、技术服务、管理咨询和员工培训上的作用对企业的发展显得日趋重要。企业倾向于和高职院校建立稳固型的合作关系，表现为确定长期的战略合作关系、建立长效的合作机制、全方位实现合作内容。

综合稳定型合作需求阶段一般出现在成熟期的企业。处于成熟期的企业除了维持成长期需求，还更多地关注技术的自主创新、企业品牌和企业价值理念的推广，并希望通过履行企业的社会责任来实现自身价值。因此，企业倾向于与高职院校或政府联合办学，通过建设职业教育集团、学校董事会制度等，校企双方均成为办学的主体，实现产权共有、责任共担、利益共享的一体化校企合作办学，真正成为战略性合作伙伴。

当然，企业在不同发展阶段中的校企合作需求并不是绝对一一对应、一成不变的。创业起点比较高、基础条件比较成熟的企业,生存需求不是很紧迫,对校企合作需求可能会很快从临时性发展为稳定型。

(三)企业的校企合作需求发展具有"四层次"

我们认为,与马斯洛需求理论类似,企业的校企合作需求分为以下四个层次:基本生存需求、安全和社交需求、企业文化和尊重需求、自我实现需求。其中,基本生存需求、安全和社交需求属于较低一级的需求,这些需求可以通过外部条件满足;而企业文化和尊重需求、自我实现需求属于高级需求,它们必须通过内部因素才能满足。同一时期,一个企业可能有几种需求,但每一时期总有一种需求占主导地位,对行为起决定作用。企业的各层次需求的终极目标是使企业存在和发展下去。不同阶段的企业需求会导致不同的企业目标及管理行为,其校企合作的主要表现和常见形式也不同。

1. 第一层次:基本生存需求

企业存在首先就要获取满足生存的基本条件——这里指企业为了自己的存在而必须获得的资源、知识、人力、资本、环境等。当企业要向更高层次发展前,必须先满足这个基本需求。这个层次的需求是最强烈的,没有了这些条件,企业就会因破产而消失。基本生存需求是各企业起步阶段必须满足的基本需求,而且是各个成长阶段必须满足的基本需求,一个企业在没有满足自己生存发展的足够需求时,是不会对其他任何事务感兴趣的。

企业的管理行为表现为:实现劳动、资本和自然物质资源的合理而高效的配置与运用,尽一切可能获得最大的利润,以实现最大利润化的目标,让企业生存下来。

基本生存需求层次的企业校企合作需求主要包括人力资源需求(用工需求)、生产场地需求、生产设备需求,其中,以人力资源需求(用工需求)为主,常见形式是学生去企业开展顶岗实习。

2. 第二层次:安全和社交需求

当企业形成生产的良性循环后,企业会将自己的注意力转移到如何持续稳定地保证企业发展,减少企业发展风险,免受破产、效益严重下滑等危险,也就是为自己的企业建立一个安全的环境,实现可持续发展。这就是企业的安全需要。

同时在企业安全需求的同时，企业越来越认识到，企业的存在不是孤立的，企业需要更多的合作伙伴，为了自己的利益，必须要与不同的团体或组织结盟，营造良好的发展环境，获取更多的社会资源。这就是企业的社交需求。企业的安全需求与社交需求在企业持续平稳发展时同时存在。

安全和社交需要促使企业将目标定在实现企业最满意的利润和建立最优化的关系网上。企业的管理行为表现为：充分考虑影响企业发展的各项因素，尤其是长远发展的需要，合理配置各项资源让企业的发展处在一个更加安全的环境中，建立比较完善的企业关系网、学校关系网。企业可以为了可持续发展而牺牲局部或短期利益，换取长期利益。

在企业安全和社交需求层次中，企业倾向于与校方资源实现互补，在可以合作的项目上确定稳定的合作关系、建立一定的合作机制、逐步扩大合作范围，逐步建立良好的学校关系网。

企业安全和社交需求层次的企业校企合作需求主要包括人力资源需求（用工需求）、生产场地需求、生产设备需求、技术服务需求、员工继续教育需求、管理咨询需求。常见形式有"企业订单班""校中厂""厂中校""企业托管""植入式工作站""技术研发""培训员工"等。

3. 第三层次：企业文化和尊重需求

企业文化和尊重需要包括企业内部对自身成就和文化的认可，还包括社会对企业的认可和尊重。企业主要的关注点已经转移到社会效益、政治效益、文化效益等管理、精神、文化方面的效益，这种需求是一个比较高级的层次。企业文化和尊重需求在企业内部主要是由员工一起努力长期积累形成的企业文化来表现，对外主要以企业品牌建立、企业获得荣誉和代表人物通过企业成就获得社会地位来体现。

企业文化和尊重需求将企业的目标定位在注重企业文化和企业形象、影响力的建设上。企业的管理行为表现为更注重文化层面和社会层面的发展。对内，形成了一套经过实践证明可行的企业文化，并用此文化氛围引导、规范新员工自觉地履行企业目标；对外，企业急切需要获得较高的社会知名度和美誉度，激励和促进内部文化的发展。

在企业文化与尊重需求层次中，企业倾向于与高职院校全方位合作。一方面加强对员工的继续教育，全面提高员工的综合素质和对企业的文化认同；另一方面希望与高职院校建立稳定的战略合作伙伴关系，通过共同建立职业教育集团等形式，成为办学主体，实现产权共有、责任共担、利益共享的一体化校企合作办学，在满足企业安全和社交需求的基础上，进一步扩大企业知名度和美誉度。

企业文化与尊重需求层次的企业校企合作需求主要包括人力资源需求（用工需求）、生产场地需求、生产设备需求、技术服务需求、员工继续教育需求、人才需求、管理咨询需求、联合办学需求。常见形式有员工"订单培训班""企业冠名的系部或专业""校企共建职教集团"等。

4. 第四层次：自我实现需求

企业自我实现需求指企业的社会价值实现的需要。达到自我实现需求的企业会自觉发挥自己的潜能，为了企业核心人物或所有员工共同的理想和追求，投入自身企业需求以外的工作中去。整个企业已形成了统一的价值观，或者企业核心人员掌握企业控制权。有些企业可能过分关注这种高层次的需要，以至于自觉或不自觉地放弃满足较低层次的需求。

企业自我实现需求使企业目标定为：为企业核心人物自我价值实现或企业所有员工统一的自我价值实现服务。企业的管理行为表现为：在充分满足企业前三层需求的前提下，为核心人物（核心集团）的自我实现需求提供财、物支持。该层次需求表现形式多种多样，有的企业期望成为民族英雄式的企业，有的企业为了核心人物的宗教信仰而存在，有的企业期望将收入用于公益事业等。

企业自我实现需求层次的企业校企合作需求主要表现为：企业倾向于将职业教育作为社会公益事业。常见形式有企业捐献设备或技术或资金给高职院校，企业核心人物成为校企合作委员会成员或者高职院校兼职系主任等。

（四）不同规模的企业对校企合作需求不同

大型企业大多是以服务区域主导产业市场为主的龙头企业，为地方经济做出突出贡献，企业文化深厚，管理规范，战略发展规划清晰，技术力量雄厚。在校企合作过程中，大型企业的主要特点是：非常明确自己的校企合作需求，选择合作院校的空间大，对人才需求的层次多，人才专业化程度要求高，大多数拥有自己的培训师，资金和技术需求不明显，人员、设备和场地需求较大；校企合作经验很丰富，校企合作的管理制度和流程较完善和成熟；在校企合作中，具备优势心态。其对学校资源的需求主要体现在以下方面：在生产旺季时，对实习学生的需求；在生产链方面，对低技术含量低成本的外协加工的需求；在技术服务方面，对低成本的技术维修或维护的需求；对新员工的需求，以及对员工继续教育培训的需求。具体合作形式有"顶岗实习"模式、"订单班"模式、外协加工模式、"企业托管"模式、"植入式工作站"模式等。有战略眼光和先进理念的大型企业，一般更愿意与信任的高职院校建立战略意义上的校企一体化关系，并通过合作建设实体加以实现。

中型企业大多以服务本地主导产业市场为主，与主导产业产品相关的产业链、供应链有较密切联系，有明确的组织结构、正式的管理工作内容，拥有机器、设备与专门的场地，有一定的采购、生产、存货和质量管理和招聘制度，进入企业的员工大都接受过专门的专业训练。在校企合作过程中，中型企业的主要特点是：比较明确自己的校企合作需求，但可选择合作院校的空间不是很大，要求一专多能的人才，资金、技术、人员、设备和场地需求都较大；有一定的校企合作经验，校企合作的管理制度和流程不是很完善；在校企合作中，态度积极主动。具体合作形式与大型企业相似。

小型微型企业大多以服务本地市场为主，大部分是以"前村后店"的模式组织生产运作，缺乏质量管理，采用劳动密集型的技术和手工艺，企业员工以家庭成员为主，且大都是通过正式的就业渠道不能就业的人，企业运作方式灵活而富有流动性。在校企合作过程中，小型微型企业的主要特点是：企业的组织结构不是很完整，管理制度不健全，一般是企业老板直接负责校企合作工作；校企合作需求没有规划和计划、情景性强，对合作院校要求不高，要求一专多能、待遇要求不高的人才，对资金、人员、设备和场地需求都较大，特别是技术改造需求；几乎没有校企合作经验，校企合作的管理制度和流程基本空白；在校企合作中，态度积极主动，但是一旦合作后，比较容易出现管理跟不上导致校企合作矛盾突出。具体合作形式不定，一般处于较低水平、不稳定的合作层次。

(五)高职教育校企合作中企业需求发展规律

在高职教育校企合作中,企业需求具有"三阶段、四层次"发展规律,不同发展阶段对校企合作需求不一样,对高职院校资源的需求会随着企业规模和发展阶段而有所侧重,并呈现出不同的合作特点。

二、高职院校校企合作需求的特点和规律

高职院校校企合作需求,是指在高职院校与企业开展校企合作的过程中,高职院校对企业资源的需求。根据需求的特点,高职院校的校企合作需求分为不同类型。

按照高职院校对企业资源需求的内容来分,主要有对企业资金的需求、对企业人员的需求、对企业技术的需求、对企业场地的需求、对生产设备的需求、对企业文化的需求。按照高职院校对企业参与人才培养全过程的需求来分,主要有专业建设的需求、课程改革的需求、师资队伍建设的需求(双师素质教师和双师结构的教学团队建设)、实训条件建设的需求、学生顶岗实习的需求、社会服务的需求。与企业需求同样,高职院校对企业资源的需求,按照需求的时间长短可分为长期需求、中期需求、短期需求(或临时需求),按照需求的形式可分为整体需求、组合需求、单一需求。

高职院校需求发展具有"两阶段":第一个阶段是校企合作"一头热"阶段,一般出现在处于发展初期的高职院校(专业)。由于校方基础条件尚未完善,办学优势和特色尚未明确,企业难以明确自己的利益点,高职院校校企合作的需求主要表现在实训师资的数量、实训设备的数量、实训基地的数量、实训项目、对专业人才培养过程的参与等方面。本阶段,校企合作形式一般是松散的、临时的、局部、单向的合作,合作的面窄、肤浅,管理机制和制度不健全,企业不积极主动,"学校一头热"和"书面合作"现象较严重。第二个阶段是校企合作"一拍即合"阶段,一般出现在处于快速发展期和稳定发展期高职院校(专业)。由于校方基础条件较好,办学优势和特色凸显,企业能够很清晰看到自己的利益点,高职院校校企合作的需求主要表现在实训师资的数量与质量、实训设备的数量与高端技术、实训基地的企业文化建设、实训教材的编写等方面。本阶段,校企合

作的形式,一般是紧密的、长期战略关系的、实质性的合作,校企双方都很积极主动,合作涉及的面广、合作有深度,有管理制度、有协商机制,遇到问题能够在同一平台上协商解决,逐步成为利益共同体,最突出的则是出现校企一体化办学和产业学院等形式。

在高职教育校企合作中,高职院校的需求发展呈现"从单向需求到双向需求"的发展规律。高职院校在不同发展阶段对校企合作需求不一样,对企业资源的需求会随着发展阶段而有所侧重,不同阶段的高职院校在人才培养的全过程中,对企业各种资源的需求组合不同,其中的主要需求也不同,校企合作呈现出不同特点。

三、高职教育校企合作的类型和特点

根据校企合作的紧密程度,高职教育校企合作分为松散型、稳固型、集约型三种类型,每种类型都有具体的不同的合作形式。一般情况下,这三种校企合作类型相互之间是具有层级关系的,其中,松散型合作作为合作的第一层次,是第二层次稳固性型合作的基础和条件,稳固型合作又是第三层次集约型合作的基础和条件。

松散型合作的主要表现形式是:高职院校根据临时需求邀请企业人员参与课程和教材开发,邀请企业技术人员授课;企业根据临时需求邀请学院教师培训员工。松散型合作的突出特点是口头协议居多,没有书面合作协议,不是组织层面的合作,临时的需求和临时的安排多,临时的变动也多。在本阶段,合作双方都保持试探心理,逐步熟悉对方的资源状态和水平,发现对方的合作需求,建立彼此的信任感。这种合作类型主要适用于处于发展初期的高职院校(或专业),与企业的发展进程和规模关系不是很密切。大多数情况下,高职院校需求大于企业需求,比较容易出现高职院校"一头热"现象。

稳固性校企合作的主要表现形式有 "校中厂""厂中校""企业托管""植入式工作站""企业订单班""顶岗实习""教师挂职锻炼或挂职实践"等。稳固型合作的突出特点是有书面合作协议,是组织与组织之间的合作,相对稳定。在本阶段,合作双方彼此基本信任,在熟悉对方需求和优势的基础上,优势初

步互补，并开始双方共同管理机制和制度的建设。大多数情况下，高职院校需求和企业需求比较对称，高职院校和企业都有专门管理部门和制度，双方态度都比较积极主动、合作关系比较稳固。这种合作类型主要适用于处于快速发展期的高职院校（或专业），与企业的发展进程和规模关系较密切。合作企业一般为生产规模扩大、技术升级、管理要求规范的大型企业，或者是在生产、管理、技术及人力资源均有需求的中小型企业。不同的表现形式，内涵也不同，而且具有不同的特点。

集约型校企合作的主要表现形式有职业教育集团或理事会、校企一体化人才培养基地、产业学院等。集约型合作的突出特点是校企一体化，双方是真正意义上的利益共同体，一荣俱荣，一损俱损。在本阶段，合作双方已经建立牢固的信任和信赖关系，彼此比较熟悉各自的优势和不足以及合作需求，双方共同管理机制和制度基本完善。柳州职业技术学院与地方龙头企业联合组建的广西汽车职教集团和广西敏捷制造职教集团、与广西汽车集团共建的智能制造产业学院、与广西柳工机械股份有限公司共建的"柳工—柳职院全球客户体验中心"、与地方行业企业共建的柳州螺蛳粉产业学院都属于这种类型。

总之，研究高职教育校企合作需求理论，是为了能够在理论指导下提高校企合作的工作效率和合作效益，从根本上解决目前校企合作中存在的问题。高职院校可应用校企合作理论研究成果加强对实践的指导，结合地方产业发展，在推进 1+X 证书制度的背景下，形成更多特色鲜明的实践范例，实现校企生三赢，进一步提高职业教育适应性，助推当地经济和职业教育的高质量发展。

第四章
高职院校创新创业教育新载体研究

第一节 企业一线问题库的界定、产生背景和意义

一、企业一线问题库的定义和内涵

企业一线问题库，是适用于学校创新教育的，在企业研发、生产、服务、管理一线等各领域形成的结构化、易操作、易利用、易储存、可传承的知识集群。它不仅包括在工作中发现和需要解决的影响质量、成本、能耗或效率等方面的各类技术难题、瓶颈等，也包括与之相关的解决思路、改进方案、验证工具和成果固化推广的案例等一切知识内容，成果反哺于企业。

（一）企业一线问题库基于学校教学需求设立

企业一线问题库是知识和经验的载体，但是不同于传统的企业知识库、技术需求库，这里的企业一线问题库具有其特定的属性与特征，问题库必须根据特定的培养目标和教学要求，形成相应的体系结构和功能。问题库作为教学的配套资料，应该与教材的知识系统结构具有一致性。在功能上，问题库应该突出知识的应用和能力的培养。尽管可以有多种用途，但服务于教学是其最根本的目的。

（二）企业一线问题库源自企业一线工作

企业一线问题库中的问题来源于企业一线。这里的一线，主要指直接制造产品的操作一线（如流水线上的工人）、与服务对象直接接触的服务一线（如售后服务人员）、与客户直接接触的销售一线（如销售员），也泛指企业研发、生产、服务和管理等生产经营过程中的各类岗位。这里的问题，主要指在工作中发现和需要解决的影响质量、成本、能耗或效率等方面的问题，它直接反映在目标和现实之间的差距上，直接影响企业的经营结果。

（三）企业一线问题库涵盖了问题本身和解决问题的全过程

企业一线问题库是一个完整的知识体系。它不仅包括问题本身，也包含了与问题相关的解决思路、改进方案、验证工具和成果固化推广的案例等一切知识内容。它不仅仅关注单个问题的解决，更关注问题解决研究过程和结果是否具备常态化推广实施或借鉴参考作用，是否形成持续改进更新迭代的趋势。

二、企业一线问题库的产生背景

企业一线问题，主要指直接制造产品的操作一线（如流水线上的工人）、与服务对象直接接触的服务一线（如售后服务人员）、与客户直接接触的销售一线（如销售员）在工作中发现和需要解决的影响质量、成本、能耗或效率等方面的问题，也泛指企业研发、生产、服务和管理等生产经营过程中的各类技术难题、瓶颈等。

20世纪80年代起共青团中央发起"五小"竞赛活动，在企业团组织和青年中开展生产竞赛。"五小"的内容是小发明、小创造、小革新、小设计、小建议。活动目的是引导青年从"小"做起，立足本职岗位，关心企业的发展，促使青年在生产实践中发挥聪明才智，动脑筋，想办法，解决生产岗位上存在的企业一线实际问题，促进生产的发展。开展"五小"活动是推动青年产业工人队伍建设改革、提高职工技能素质、培养大国工匠的重要抓手，是组织动员青年职工立足岗位建功立业的重要途径。

1983年4月20日，共青团中央会同国家经委、全国总工会联合发出《关于在全国青年职工中开展"五小"智慧杯竞赛活动的通知》，标志着历史上第一届

"五小"竞赛的正式启动,自此之后的将近40年间,"五小"竞赛一直持续开展,保持着较强的生命力。"五小"竞赛活动在国家有关部委办局和社会团体的支持、指导下,在各级共青团组织的具体组织、推动下,本着为提高经济效益和培养青工人才服务的目标,紧密围绕企业技术进步和深化改革、加强管理,从小处入手,立足小改小革,广泛进行群众性的技术革新、创造发明和献计献策,从而不仅有效地开发了青工的创造力和聪明才智,促进了企业发展和经济建设,而且也大大激发了青工学习科技知识、参与科技实践的热情,对于鼓励青工立足岗位学习、岗位成才、岗位奉献和提高青工思想、文化、技术素质都起到积极的作用,产生了明显的经济效益、社会效益和人才效益。

三、建设企业一线问题库的意义

企业一线问题库的实质,是产教之间和校企之间的一座合作桥梁,可以有效解决目前高职院校产教融合、校企合作中的难点问题,对高职院校和企业都具有重大意义。

(一)企业一线问题库是探索创新实践教育的有效工具

高职院校创新创业教育的关键在于向学生传递创新精神、创新知识,培养创新能力,使学生适应社会发展方向,提高工作技能。作为旨在将理论学习与实践应用紧密结合的教育模式,企业一线问题库建设要求注重以学生为中心、以企业一线问题为媒介、以企业需求为导向,面向实践不断实现知识的建构与创生,从而有效增强学生系统掌握理论、灵活运用知识和勇于开展创新的综合实践能力。教师队伍建设、教材开发与教法改革与企业一线问题库建设紧密结合。通过组织教师基于企业一线问题库开展教研活动,承担科研项目,统一教师对于高职学生实践创新能力培养定位的共识,进一步提升创新的理论水平和方法能力。从企业一线问题数据库中提取"典型问题",按照"匹配性、综合性、代表性、可行性"原则,将典型问题进行合并、简化和结构化,转化成教学项目或案例引入教材和课堂。因此,企业一线问题库建设不仅仅是一个网络平台运行与维护的事务性工作,其重点应在于通过问题库建设的持续推进,不断深化对教学理念的研究与反思,以进一步规范相关实践活动,并从根本上为深化学生实践创新能力培养"三教"改革提供有价值的学理指导。

（二）企业一线问题库是高职学生的创新实践平台

高职学生创新实践教育既要求学生系统掌握专业领域的基本理论，又要求培养其解决实践问题和进行实践性研究的综合能力。依托企业一线问题库，通过案例开发与案例教学的实施，促进理论学习与实践应用的有机融合，以强化对学生发现问题、分析问题和解决问题等能力的全面培养。具体而言，其以学生的主动发现、研讨和知识建构为主，鼓励师生基于企业实际问题展开对话与交流互动，在关注学生对学科知识有效积累的同时，使其对社会实践的复杂性、情境性和多样性有较为深刻的体会和理解，且创新精神和实践能力也在此过程中得到同步提升。此外，借助企业一线问题库突破传统课堂教学模式，将解决企业一线实际问题的小创造、小革新等真实创新实践项目"进竞赛、进实训、进项目"，将企业典型的一线问题转化为实训教学项目，开展实战训练，依托企业一线问题库设立创新竞赛，基于企业问题库开展大学生创新与创造研究项目，优秀项目入驻孵化园创业。学创结合，促进基础知识与综合能力的培养，促进理论与实践的有机结合，提高学生从实际需求出发进行创新的实践工作能力，在实战中提升创新意识、创新能力和团队合作精神，促进创新人才的培养。

（三）企业一线问题库是帮助提升企业创新能力的重要手段

在知识经济时代，企业的发展离不开创新，而创新能力的提高与知识管理密不可分。企业一线问题库作为一种知识管理载体，对促进企业创新能力的提升起着重要的作用。通过企业一线问题库，可以使分布于企业各领域的零散的、杂乱的问题集中化和有序化，有效地将信息积累保存下来，让企业员工快速准确地获取信息，为业务决策、解决问题提供所需信息支持。通过企业一线问题库，可以将问题与已有解决方案相结合，通过知识管理对已有问题及成果加以固化，有利于加快企业内部信息和知识的流通，实现企业内部知识的共享，加速企业员工培养，提高企业员工的应变和创新能力。通过企业一线问题库，还可以针对企业需求，对外征集方案、建议，利用外部智力资源，快速解决问题。

第二节 企业一线问题库的基本原则和建设路径

一、企业一线问题库的建设原则

企业一线问题库的建设原则是指收集、遴选、组建企业一线问题库要遵循的基本准则，应以主导经济为依托，服务企业产业，服务教学科研，符合高职院校的特点。

（一）小而实原则

企业一线问题库应从"小"问题入手，立足企业小改小革的问题，符合高职院校师生的能力水平。一是围绕产品的升级换代进行小发明、小设计；二是对落后的技术设备进行小改造或提出小建议；三是改进不合理的工艺和陈旧的操作方法的革新和建议；四是围绕降低能耗、节约原材料进行改造或提出建议；五是对管理方式的调整改革和合理化建议。涉及大的问题或项目，可以通过任务分解的方式进一步转化为一个个小问题。

此外，企业一线问题库的问题应该具体、翔实，有详细的技术指标参数、要求等，不应该是对问题大体如何的笼统描述，也不应该是对问题所具有的总体特征所作的抽象化的、概括化的说明。提供的各种信息应该是准确的、纪实性的，包括与问题相关的背景材料，也应作具体的陈述，因为背景材料中往往交代了问题发生的场景，隐含着问题形成的某些重要的原因。

（二）系统化、模块化原则

所谓的系统化，是指在选择问题时要从企业一线问题库建设的目标出发，精选问题，使入选问题之间、问题与教材之间，以及问题与培养目标之间构成一个有机的整体，以更好地服务问题库的总目标。例如，问题库建设涉及的知识结构和层次都应满足学校人才培养的要求和企业需求，在内容体系方面应该涵盖从研发、生产、营销、采购、物流等各个环节。

模块化是指入选问题库的问题可以根据教学需要组合成不同的案例集合。例如，在企业营销的教学中，可以在问题库中进行选择组合得到满足教学要求的问题子集，或者对不同的产业链领域类别组合为汽车类、机械类、食品类、家电类等案例集合。

（三）应用性原则

企业一线问题库应该以应用为导向，问题的选择是企业的实际需求，问题解决后能够为企业带来实际经济效益。企业一线问题库始终关注企业一线，聚焦企业在效率、质量、成本、安全、用户体验、环保等方面的关键诉求，挖掘企业在生产经营过程中形成的典型的成功案例。问题来源于企业，学校师生通过企业一线问题库开展实训、技术攻关，成果又最终应用于企业，为企业创造价值。

（四）开放性原则

企业一线问题库应该遵循开放性原则。学校师生、企业人员都能方便地访问和使用，并且能够有效检索和存取问题库的内容。允许人员通过问题库发布问题和解决方案，在问题库实现交流与互动。例如向问题的发布者获取更多信息，与提出解决方案的人进行对话等，从而便于学校、企业各人员之间的学术交流与分享，促进资源的分享、积累和传承，加速问题的解决。

（五）时效性原则

某些问题具有鲜明的时效性，在很多年前可能属于常见多发问题，但因时间跨度太久，现阶段可能已很少发生，或已经没有解决的需要。这种问题可作为教学资料保存，但其实用性和时效性不够，应避免入选企业一线问题库，或在问题库中应做无效标注。例如，汽车转向助力系统漏油问题，随着绝大部分汽车采用电动助力转向系统替代了多年前的机械液压系统，目前已很少出现。另外，应较多选用企业现有的热点问题、关键问题，做到相关知识的与时俱进。

二、企业一线问题库建设路径——以柳州职业技术学院为例

（一）构建"学校主体、企业支持、政府扶持"三方互动的企业一线问题库共建模式

1. 学校、企业、政府共同商讨企业一线问题库建设方案

在建设企业一线问题库时，学校与柳工机械、广汽集团等龙头企业以及团市

委、工会等政府部门做了充分的沟通和讨论，从问题库系统架构、流程设计、表单设计、用户权限等多方面征集各方需求，共同确定问题库的建设方案，为后续的共建、共管、共享打下良好基础。

在拟定问题库建设方案时，对于建库的原则达成了以下共识：其一，校内外相结合。高职院校以培养技术技能人才为目标，与企业有着紧密的关系。在问题库建设方面，学校充分利用这一优势，产学研融合。问题库的公共基础部分及关键能力形成部分以校内为主，校外为辅；专业部分，尤其是专业最新技术部分以校外为主，校内为辅。其二，能力培养为主线。问题库的功能不仅是使分布于企业各领域的零散的、杂乱的问题集中化和有序化，达到解决问题的目标，更重要的是通过知识管理对已有问题及成果加以固化，有利于加快信息和知识的流通，实现内部知识的共享，加速企业员工和高职学生培养，提高企业员工和高职学生的应变和创新能力。其三，应用导向。问题库应该以应用为导向，问题的选择是企业的实际需求，问题解决后能够为企业带来实际经济效益。企业一线问题库始终关注企业一线，聚焦企业在效率、质量、成本、安全、用户体验、环保等方面的关键诉求，挖掘企业在生产经营过程中形成的典型的成功案例。

2. 学校、企业、政府共同提供企业一线问题库问题

企业一线问题库中的问题，来自学校、企业、政府三个渠道。企业提供的问题，可通过分解企业研发项目、技改项目等大项目为小项目、小任务获得，也可以直接从企业的 QC、六西格玛等项目中挖掘，或通过企业竞赛、检查等专项活动向企业一线员工征集。学校提供的问题，可以通过企业在校内的兼职教师结合企业生产经营一线的问题提出，可以由学生在企业顶岗实习的过程中收集，也可以通过教师在企业挂职实践过程中或承担企业横纵向项目时挖掘，还可以通过学校发动在企业中工作的校友资源获取。政府提供的问题，主要通过政府部门自身或通过第三方建设的数据库获取，例如总工会、共青团中央组织的"五小"项目申报活动形成的项目库，科学技术协会主办的科创中国网站中发布的问题库和项目库，科技部门、工信部门等向企业征集的技术需求清单等。

3. 企业一线问题库建设体现政校企三方的需求

企业一线问题库，其功能是复合型的，能满足政校企三方的实际需求，主要体现在三个方面：一是企业一线问题库满足了学校创新教育的需求，促进理论学习与实践应用的有机融合，提升了教师创新的理论水平和方法能力，强化对学生发现问题、分析问题和解决问题等能力的全面培养。二是企业一线问题库满足了企业技术创新的需求，可以有效地将信息和知识积累保存下来，并有利于加快企业内部信息和知识的流通，实现组织内部知识的共享，加速了企业的成长。三是企业一线问题库满足了政府管理的需求，可以通过问题库实现对"五小"项目、技术需求清单的管理，提供了系统化的管理平台。

（二）构建"机制引领、平台支撑、分层管理"的企业一线问题库共管模式

1. 建立"问题库"管理机制

一是建立问题征集机制。聚焦区域的汽车、机械等支柱产业和螺蛳粉等优势特色产业的高质量发展，重点围绕广西汽车集团、广西柳工集团等龙头企业、广西中柳食品等中小型领军企业和"专精特新"企业，采用问卷调查、会议研讨、现场调研交流、数据导入等多种方式，收集企业生产、服务和管理一线的中小型问题。

二是建立问题遴选分类机制。根据征集问题的具体情况，组织对问题从产业领域、类别、专业关联度、技术难度几个领域进行分析，筛选出符合高职院校师生能力和特点的、解决后能够为企业带来实际经济效益的问题，并把问题按类别分为产品和技术升级、设备革新、工艺优化、服务改进和管理优化五个模块，按技术难度分为Ⅰ级、Ⅱ级和Ⅲ级三个层级（Ⅰ级问题可由学生独立解决，Ⅱ级问题可由学生团队在教师指导下解决，Ⅲ级问题可由学生团队联合校内外专家攻关解决），将学生作为问题解决的主体。

三是建立问题解决机制。将高职创新教育目标定位于学生创新精神和解决企业一线问题的实践能力培养，建设具有解决实际问题能力的教学科研创新团队，鼓励教师和学生利用问题库，在学习和实践中解决问题。将解决企业一线实际问题的小创造、小革新等真实创新实践项目"进课堂、进竞赛、进实训、进项目"，"课赛训研"一体化推进；实施"课程双创""新技术课程"

行动计划，开发融合双创、新技术的课程和新型活页式教材；校企联办汽车产业、螺蛳粉产业主题创新竞赛，优秀项目入驻企业孵化园；将企业典型的一线问题转化为实训教学项目，开展实战训练；基于企业问题清单开展大学生创新与创造研究项目。

2. 搭建问题库信息平台

基于学校信息平台，打造企业问题库云平台。将企业问题与问题解决方案相结合，规范问题入库、跟踪、关闭，探索实现了问题收集、筛选、入库、跟踪、解决全流程的信息化管理。云平台能够自动从相应网站获取相应的问题或成果信息，可以通过规范表格导入问题或成果信息，也允许人员直接通过云平台发布问题和解决方案。学校师生、企业人员都能方便地访问和使用云平台，能够有效检索和存取问题库的内容。可以在云平台实现交流与互动，例如向问题的发布者获取更多信息，与提出解决方案的人进行对话等。

3. 采用问题分层管理

问题库管理时，从应用目标层面分为两层管理。一层是以解决企业需求为目标的应用层面。在应用层面，给政府、学校、企业及相关人员设置不同权限来进行分级管理。其中，公开性问题对所有企业人员和教师、学生开放，实现信息共享；私有性问题仅对专有领域的有限人员开放，限制信息的使用范围；企业的特殊问题，可以单独进入企业内部库，仅对企业内部人员开放，以保护企业的商业秘密。企业和学校实时更新问题及问题解决情况，实现问题库的动态管理。另一层是以解决教学需求为目标的教学层面。在教学层面中，学生可以针对同一问题提出多个不同的解决方案；对于问题库中的问题和解决方案，教师用作案例的，可以单独设置为典型案例，均不影响应用层面的数据结果。

（三）构建"人才共享、问题共享、成果共享"的企业一线问题库共享模式

以企业问题库为纽带，将学生的创新能力培养与企业发展的目标耦合、平台耦合、行动耦合，构建政府、企业、学校多方联动的创新型技术技能人才培养生态圈。校企共建产业学院、协同创新研究平台、大师工作室，实现教育与产业、学校与企业、教学与工作对接；校企共同开展项目、科研、竞赛、论坛等活动，

形成双向良好互动。高职学生成为企业"小改小革"的生力军,企业成为学校创新能力培养的新阵地,实现了学校人才培养质量提升与企业高质量发展相互促进,有效提高了企业参与创新教育的积极性。

企业问题来源于企业生产和管理一线,最后成果也服务于企业生产和管理一线,在不断发现问题、研究问题、解决问题的循环往复中,形成各类形式的固化成果。企业员工和学校师生成为企业一线问题库的建设主体,创新意识、创新精神和解决实际问题的创新能力得到显著提高,校企得以共同成长。

第三节 企业一线问题库信息化建设的研究

一、建设方案

为保证项目的顺利进行和建设目标的可行性,数据采集、数据分析、业务整合等方面应采用具体的方案。

(一)数据采集方案

统一信息资源标准规范,建立先进的多维数据仓库,通过多种方式汇聚数据。

数据采集坚持灵活开发、持续增长的原则,适应技术发展的趋势,努力兼容可能应用的数据资源。

技术接口实现采集,支持数据库接口、API 接口、数据上传接口等方法实现数据采集。

通过上传数据文件、分析提取特征要素等方式采集各类信息,按照规范流程完成数据采集。

支持 Office 文档、搜索引擎数据、短视频、多媒体等非结构化数据的采集和检索。

(二)数据分析、整理方案

数据采集与整理是进一步利用数据的基础,是使数据增值的核心环节,是系统核心价值的体现。

数据采集入库之后，运用自然语言处理等数据分析技术，判断生成关键字、关键词等关键信息，便于今后进行检索、分析工作。

导入的数据根据内容，分解为问题和解决方案部分，整理解决方案形成最佳实践。

通过数据分析，形成相关问题数据集、解决方案数据集，用于问题集—解决方案集的知识图谱。

（三）业务整合方案

现代信息技术发展迅速，"企业一线问题库系统"不能作为数据的孤岛而存在，应借助微信、微博、钉钉等"国民软件"的优势，降低使用的门槛，在数据采集和应用两方面同时发展。

支持微信、QQ、支付宝、微博、哔哩哔哩等 SSO 用户联合认证，减少注册、登录的障碍，扩大用户的基数。

系统整合问题的收集和整理，解决方案的搜寻与验证、专家的会诊与服务等多种业务，让多方从系统的资源中受益。

整合网络教学平台功能，实现企业一线问题库系统和网络教学平台、专业教学资源库的双向链接，相辅相成，共同成长。

整合政府、企业"五小"等创新方案的申报评审平台，及时收集整理企业一线的劳动技术创新等资源，充实数据。

二、建设内容

（一）问题库管理

它包含问题的录入、问题检索、问题细节呈现、问题的发布管理等模块，实现问题的收集和富媒体在线编辑、分类等工作。

（二）解决方案库管理

它包含解决方案的录入、问题检索、问题细节呈现、问题的发布管理等模块，实现问题的收集和富媒体在线编辑、分类等工作。

经过多人评选之后，解决方案升级为最佳实践，并且通过推荐系统向相关人员推荐。

（三）推荐系统管理

使用大数据挖掘技术，发现问题与问题、问题与解决方案的关联，挖掘出问题关注程度、用户个人关注的热点等数据特征，向用户推送关注的问题，用户可能提供解决方案，进一步提高系统的使用率。

（四）工作流程管理

系统内的上传、审核、赛事评审等功能全部通过自定义 BPM 工作流程实现。管理人员通过图形化工作界面、设计工作表单、使用流程图、鼠标拖拉拽等操作方式，完成多级流程的设计。配合角色管理实现低代码（无代码）的灵活配置工作对象的授权。

（五）分类、便签管理

分类和标签是数据分析、整理和推送的重要管理方式，管理人员在本系统中的分类、标签全部使用前端工程实现管理。

（六）系统功能符合全端设计

为方便用户使用，系统设计为全端全功能设置，用户可以使用手机、平板或 PC 等设备，通过 Web 或 APP 应用完成系统内主要的操作。

（七）用户管理、权限管理

系统用户涉及多种来源和角色，包含学校里的师生、企业中的一线技术人员和管理人员、政府机构的工作人员等。为保证用户验证简单有效，全部采用两级验证，即以个人身份核实（通过微信、微博、钉钉……SSO 完成实名验证）和角色匹配的方式完成。

用户在系统中的权限与角色相匹配，并设置有效期。对于用户的行为设置日志记录，并符合《中华人民共和国网络安全法》的具体要求。

系统中对于个人信息的收集，符合国家《中华人民共和国个人信息保护法》《中华人民共和国网络安全法》的具体要求。

三、技术支持与平台性能

（一）系统架构

问题库的设计以业务数据为核心，整合多领域多业务子系统，业务系统可能存在操作系统、应用软件异构的现状，因此采用面向服务的体系结构，即 SOA 架构。

SOA 是一种在计算环境中设计、开发、部署和管理离散逻辑单元（服务）模型的方法。在 SOA 架构中，继承了来自对象和构件设计的各种原则，例如，封装和自我包含等。那些保证服务的灵活性、松散耦合和复用能力的设计原则，对 SOA 架构来说同样是非常重要的。关于服务，一些常见的设计原则如下：

一是明确定义的接口。服务请求者依赖于服务规约来调用服务，因此，服务定义必须长时间稳定，一旦公布，不能随意更改；服务的定义应尽可能明确，减少请求者的不适当使用；不要让请求者看到服务内部的私有数据。

二是自包含和模块化。服务封装了那些在业务上稳定、重复出现的活动和构件，实现服务的功能实体是完全独立的，独立进行部署、版本控制、自我管理和恢复。

三是松耦合。服务请求者可见的是服务的接口，其位置、实现技术、当前状态和私有数据等，对服务请求者而言是不可见的。

四是互操作性、兼容和策略声明。为了确保服务规约的全面和明确，策略成为一个越来越重要的方面。这可以是技术相关的内容，例如，一个服务对安全性方面的要求；也可以是与业务有关的语义方面的内容，例如，需要满足的费用或者服务级别方面的要求，这些策略对于服务在交互时是非常重要的。

在本项目中，目前整合的系统基本提供了 SOAP（Simple Object Access Protocol，简单对象访问协议）、REST（Representational State Transfer，表述性状态转移）相应的标准接口，方便与本系统实现功能、数据上的对接。SOAP、REST 是本项目首选的 SOA 技术。

SOAP 定义了服务请求者和服务提供者之间的消息传输规范。SOAP 用 XML 来格式化消息，用 HTTP 来承载消息。通过 SOAP，应用程序可以在网络中进行数据交换和远程过程调用（Remote Procedure Call，RPC）。

REST 是一种只使用 HTTP 和 XML 进行基于 Web 通信的技术，可以降低开发的复杂性，提高系统的可伸缩性。它的简单性和缺少严格配置文件的特性，使它与 SOAP 很好地隔离开来，REST 从根本上来说只支持几个操作（POST、GET、PUT 和 DELETE），这些操作适用于所有的消息。

（二）技术支持

本项目采用前后端分离的多层架构体系，保证服务功能更灵活、更快速地开发、部署、维护。

第五章
高职院校创新创业教育新模式研究

第一节 高职院校创新创业教育"课赛训研"一体化培养模式

自中央明确提出建设创新型国家战略后,国内高职院校创新教育相关理论研究逐渐繁荣起来,关于高职院校学生实践创新能力培养模式的研究主要有以下几种观点:

一是要转变教育观念,加强顶层设计,建立创新型人才培养模式和机制。王永生等认为应从更新教育理念、明确目标定位、优化培育过程、建立激励机制四个方面系统建立创新型人才培养模式[①]。

二是要强化素质教育,培育学生的创新思维能力。朱卫芳等认为创新教育是高层次的素质教育,实践创新能力是创新素质教育的核心[②]。李伟认为学生创新思维能力的培养应"着力于德育、智育、体育、美育的有机结合,着力于社会实践和理论学习的结合,着力于产、学、研的有机结合",鼓励学生在多领域开展"文化创新、思想创新、学术创新、科技创新"[③]。田秀萍认为"先有创新

---

① 王永生,屈波,刘拓,等.着力模式改革 培养创新人才[J].中国高等教育,2009(5):42-44.
② 朱卫芳,柏平.高职院校素质教育理念下大学生实践创新能力的培养[J].教育与职业,2014(5):175-176.
③ 李伟.论高职院校创新人才培养的影响因素及优化路径[J].武汉船舶职业技术学院学报,2011,10(1):8-10.

的教师，后有创新的学生。只有具备创新能力的教师，才能培养出具有创新能力的学生"[1]。

三是要重视实践教学，培育学生的实践创新能力。"创新源自实践，特别是科学研究和生产实践"[2]。鉴于高职院校具有为产业、企业一线培养人才的特性，高职院校的实践教学往往是紧密围绕职业实践开展的，应基于企业需求进行学生创新能力培养，使教学、生产和科研相结合。龚向哲认为高等职业教育比普通高等教育更加注重实用性技能的培养和强化，这要求高职院校的实践教学应以就业为导向，以学生胜任岗位为目标，以学生职业活动中的职业能力为依据，提升学生核心就业力[3]。

从创新创业教育教学活动发生的时空地点出发，可将高职学生创新教育的实践环节分为以课内实践为主的第一课堂、以校内课外实践为主的第二课堂、以校外实践为主的第三课堂。

一、第一课堂：学生实践能力和创新精神的课内培养模式

第一课堂包括理论教学和课内实践教学。朱卫芳等认为课堂教学是以培养实践创新能力为核心的素质教育的主阵地，高校应将素质教育理念贯彻到课堂教学过程中去，应用研究性教学模式，在教学过程中培养学生的实践能力和创新能力。倪尔妍等提出从三方面构建创新教育的课程体系：首先是开设创新理论必修课、公共课，让学生直接接触关于创新意识、创新思维、创新品质的教育；其次是依托各学院、专业的专业特色，在专业教学标准、课程标准中加入创新元素，开设创新教育与专业教育相结合的专创融合课程；最后是针对有创新、创业需求的学生群体，根据行业、产业需求，开设个性化的创新课程[4]。

---

[1] 田秀萍. 先有创新的教师 后有创新的学生 [J]. 中国高等教育，2015（17）：18.
[2] 樊东，裴海英，王晓云，等. 新世纪高等农业创新人才培养模式的研究 [J]. 高等农业教育，2002（11）：35-38.
[3] 龚向哲. 以就业为导向高职学生创新意识和实践能力培养研究 [J]. 继续教育研究，2015（5）：76-78.
[4] 倪尔妍，李青. 多元智能理论融入高职创新能力培养的实施路径研究——以广东轻工职业技术学院为例 [J]. 职业技术教育，2020（35）：42-45.

二、第二课堂：学生实践能力和创新精神的校内课外培养模式

校内课外实践，包括专业性社团、各类培训、学科竞赛、科研创造、自主创业等活动。江苏食品药品职业技术学院以导师制科研项目引导的"专接本"学生实践创新能力培养模式，即以科学研究项目训练促进学生的实践创新能力培养的典型模式，以导师在自己的研究领域内的纵、横向科研课题为支撑，构建课程设计、学生的毕业设计、企业实习等实践类教学活动，引导学生进行独立思考，充分发挥学生的创新潜能，激发创新兴趣和实践动手能力[①]。常州轻工职业技术学院2009年成立学生课外"自主学习中心"，并将该中心的日常运行管理交由学生自主组织，学校负责引进竞赛内容和真实的企业项目，并提供学生活动所需的设备，邀请行业专家指导，充分发挥学生自我管理、自主探究、团结协作的精神，鼓励学生攻坚克难、自主钻研，在培养学生的学习能力和自主创新能力培养方面有其独到之处[②]。

三、第三课堂：学生实践能力和创新精神的校外实践培养模式

校外实践包括企业参观、社会调研、专业认知实习、体验就业实习和顶岗实习等活动。赵建等基于对珠江三角区域高职院校毕业生的创新能力等能力素质与企业需求有一定差距的田野调查结果，提出高职院校应从企业角度重新审视校企合作，建立校企协同创新合作机制，成立校企合作管理部门，完善校企合作章程，通过订单培养等模式使学生接触真实的企业生产一线[③]。

四、"三课堂"联动，"产学研"一体化创新型人才培养模式

通过"多课堂"联动，校内外合作，将创新教育贯穿到学生的知识学习

---

① 刘月云，施华，刘碧俊. 基于导师制科研项目引导的"专接本"学生实践创新能力培养模式研究 [J]. 现代职业教育，2020（48）：68 – 69.
② 檀祝平. 以"自主学习中心"为载体的高职创新型人才培养模式研究 [J]. 教育与职业，2014（14）：114 – 116.
③ 赵建，程丹. 高职人才培养与企业需求匹配度研究——基于珠江三角区域的实证分析 [J]. 2015（12）：103 – 106.

和技能训练的全过程融入"产学研"各方面，是目前高职院校普遍采用的培养模式。

肖红宇认为高职院校应构建"训研创"一体的培养模式，通过实训、研发和创新的有机融合，构建"训研创"一体的实训综合体，将实践创新教育贯穿课内、课外和校外。"训研创"中的"训"是指通过实训，使学生掌握专业基础知识和基本技能，为实践创新奠定素质基础；"研"是指研究、研发，学生通过参与教师的科研项目、企业的横向课题、学生的团队项目，运用已有的知识和技能进行一些有意识的实践活动，尝试技术攻关和技术革新；"创"是指理论创新、实践创新和创业活动，通常包括大学生创新创业大竞赛、"挑战杯"科技创新大赛等以学生为主体的创新创业活动。[①]

也有学者从行业、学科分类角度对不同专业的高职学生创新实践能力培养模式作出阐述。如刘明芹等从分析目前企业需求和地方工科院校人才培养的现状入手，阐述了地方工科院校创新型人才培养的模式：以企业需求为人才培养目标、设立多学科融合的实践创新人才培养平台、合理设置理论课与实验课，构建与企业需求相统一的课程体系和教学体系[②]。张海燕等针对电子商务专业的定位和培养目标，设计了"课程内实验+课程实验+综合实验，创业教育理论+创业实验+专业竞赛+创业孵化，专业见习+课外兼职+专业实习+毕业生实习"的三层次实践教学框架[③]。

综上所述，学生的职业实践是高职院校学生实践创新能力的培养的主线，各高职院校通过创新课程、科研项目、创新活动等多种教学方式的设计，构建了导师制科研项目、"产学研"一体化等多种学生实践创新能力培养模式。与强调单一课堂的实践教学培养模式相比，多课堂联动更符合学校人才培养的现实需要，符合国务院办公厅提出的"将创新创业教育贯穿人才培养全过程""建立以创新创业为导向的新型人才培养模式、健全校校、校企、校地、校所协同的创新创业

---

① 肖红宇. 高职学生实践创新能力培养 [J]. 教育评论，2014（11）：66-68.

② 刘明芹，文西芹，宁晓明，等. 基于企业需求的地方工科院校创新型人才培养方法研究及实践 [J]. 教育现代化，2016，3（40）：308-310.

③ 张海燕，张小晴. 面向企业需求的电子商务专业实践教学体系探讨 [J]. 教育现代化，2019，6（27）：110-112+120.

人才培养机制"[①]的要求。

柳州职业技术学院在 20 余年的实践探索中，针对以上问题，构建了高职创新创业教育"课赛训研"一体化培养模式（见图 5-1）。

图 5-1　高职创新创业教育"课赛训研"一体化培养模式

课：构建双创教育二维课程体系，实施"课程双创""新技术引领"行动计划，开发融合创新能力培养、新技术课程。

赛：构建四级双创竞赛体系，直接对接企业一线"问题清单"，校企联办产业主题（汽车、螺蛳粉）创新创业大赛。

训：改革实训教学模式和考核方式，依托实训基地、产学研创工坊、创新工作室、众创空间和学生专业社团，开展创新实践。

研：立项大学生创新创造项目，依托大学生科技园和工程技术研究中心，校企导师引领，带领学生开展项目研究、技术研发。

"课赛训研"一体化主要体现在三个层面。一是课程教学、创新创业比赛、实训、研发和创新的项目载体一体化。课程教学的案例来源于企业一线真实问题，实训环节的实践项目根据解决企业一线真实问题的过程方法进行设计，创新创业比赛的项目来自企业一线的问题清单，学生的创新创造项目和教师的科研项目取材于企业一线问题。以企业一线真实问题为载体，根据不同课程的教学内容进行整合、分解、改造，贯穿学生学习的始终，全方位、立体化、多途径地培养学生

---

① 国务院办公厅. 国务院办公厅关于进一步支持大学生创新创业的指导意见 [EB/OL]. [2021-10-12]. http://www.gov.cn/zhengce/content/2021-10/12/content_5642037.htm.

解决实际问题的能力。二是学生的个性发展、团队发展和教师发展一体化。在实践创新能力培养的过程中，根据不同学生的类型和个性特点，根据企业一线问题类别和技术难度，形成学生自主创新团队、师生研究团队和校企专家+学生构成的技术攻关团队等不同的团队。通过团队合作解决问题，攻克技术难题，让学生在解决问题的过程中，学会独立思考、分工协作，不断提升综合素质、创新意识和创新品质。教师在指导学生解决问题、攻克技术难题的过程中，不断提升自身的指导水平和专业创新能力。在此基础上形成的科技创新团队在解决企业问题的实践中不断成熟、发展壮大，形成一种良性的团队建设机制，学生、团队和教师的能力都得到发展。三是实践创新核心能力培养的一体化。学生的实践创新能力是基于企业一线真实问题的实践，解决问题的过程没有现成的答案，需要学生投入更多的时间精力，通过探究式、参与式、合作式的学习，综合运用专业技能，在课程学习、技能竞赛、项目研发和技术服务中得到一体化的锻炼，从而实现实践创新能力的整体提升。

第二节 高职院校创新创业教育教师研究

一、高职院校创新创业教育教师队伍的建设背景

《关于实施中国特色高水平高职学校和专业建设计划的意见》（教职成〔2019〕5号）提出了"以'四有'标准打造数量充足、专兼结合、结构合理的高水平双师队伍。培育引进一批行业有权威、国际有影响的专业群建设带头人，着力培养一批能够改进企业产品工艺、解决生产技术难题的骨干教师，合力培育一批具有绝技绝艺的技术技能大师。聘请行业企业领军人才、大师名匠兼职任教"等要求。

从"双高计划"对高职院校教师队伍建设的要求来看，"高水平"主要体现在教师有优秀的教育教学能力和科研能力、有高超的技术开发和技艺技能示范水平；在行业领域有权威性，在专业领域有国际影响力；高职院校学生满意度高、办学质量好、国际认可度高。在新时期，对"双师"素质也提出了更高

层次的要求，首先要做到"四有"标准，即要具备"理想信念、道德情操、扎实知识、仁爱之心"，这是高水平教师的第一素质；二是应具备优秀的教育教学能力和实践能力，这是教师教书育人的基本要求；三是应有较高的科学研究和技术研发能力，能将学术研究、技术开发与产业发展相结合，真正做到产学研一体化；四是有较强的社会服务能力，要能面向区域经济和社会发展，服务于行业企业产生一定的社会价值；五是有较强的资源整合和创新能力，能应对复杂的教学情境，善于利用资源并有效整合，实现跨学科、跨领域的协同创新发展。

长期以来，在创新创业教育教师队伍建设方面，存在教师能力、教材建设和教学方法等未能有效支撑学生创新创业能力的养成，尤其是教师队伍的创新创业教育理念不先进、积极性不够、解决企业实际问题能力不强等问题。

二、高职院校创新创业教育教师队伍的建设思路

例如，柳州职业技术学院根据"意见"要求和新时期"双师"素质的要求，结合学校"党建引领，聚力'双高'，彰显特色，建成国内一流高职名校"的发展战略，针对创新创业教育教师队伍建设存在的问题，提出按照"四有标准、跨界融合、高端突破、整体提升"的思路建设创新创业教育教师队伍。

三、高职院校创新创业教育教师队伍的建设举措

（一）通过外引，构建专兼结合的创新创业教育师资队伍

师资队伍组织构成上既要有专职队伍又要有兼职队伍；专职队伍重点负责基础教学和实践管理工作，对创新创业教育活动进行统一规划和组织管理；兼职队伍重点解决实践教学的难题，同时帮助学生联系实践学习的基地。首先，教师招聘要严把入口关，改善师资结构，此举可以有效降低成本；其次，高职院校应当从企业吸收既有一定学术背景又有丰富实践经验的企业家到校任客座教授或兼职教学，改善校内队伍结构，带动校内教师水平和能力的提升，此举能有效提高学生的学习兴趣，开阔学生的眼界；再次，除了成功的企业家，还应该邀请政府人员、风险投资家、法律人士以及孵化管理者来校做兼职教师，让学生获得有针

对性的指导。这些做法是动态的、开放的，应该在高职院校创新创业管理机构的组织协调下统一开展并形成长效机制。

（二）开展教师全员培训，达成全体教师对于学生创新创业能力培养定位的共识

高职院校作为培养创新创业人才的重要阵地，创新创业教育的改革与实践对提升学生创新创业能力与创新思维的培养水平起着关键作用。要从培养、培训入手提高教师的创新创业能力。首先，要加强教师的理论知识培训，邀请校外名师、专家以及企业管理人员对教师进行理论素养的培训；其次，要利用各种平台和参加各类创新创业研讨会的机会组织教师学习，加强交流，获得最新的创新创业知识和内容，再次，积极创造条件组织教师到企业挂职锻炼，获得创新创业与管理的真正体验，增强教师的实践能力，丰富其教学内容，提高其教学效果和说服力。有条件的高职院校可以拨付经费组织教师真正"走出去"，到欧美发达国家和高校学习先进的经验。例如，为提高教师创新能力、帮助教师掌握创新理论与方法、提升创新创业教育质量，柳州职业技术学院开展教师云物大智新技术、萃思创新理论和方法（TRIZ），以及先进制造实训工厂全员培训等活动，通过系列教师全员培训，进一步提升了教师创新创业的理论水平和方法能力，统一了全体教师对于高职学生创新创业能力培养定位的共识，即基于企业一线问题开展创新创业实践，在实践中培养学生解决企业一线问题的能力。

（三）跨界融合，打造高水平教学创新团队

跨界融合、校企混编，打造由专业导师、企业技术专家、优秀校友、知名导师及学者构成的"四类导师引领"的创新教育结构化教师团队，开展"团队—项目—导师"三级对接指导与服务，对来自企业一线问题的创新类教学项目进行指导。建设"善做善教"的开放型教学创新团队，建立由行业企业能工巧匠和学校骨干教师混编组成的开放型教学创新团队。培养教学名师、教学创新团队、名师工作室和技艺技能传承创新平台等。建设"企业离不开"的开放型技术技能创新服务团队，以"院士工作站""专家联合工作室"为平台，开展新技术转化推广、技术难题攻关，推动区域支柱产业升级。

第三节　高职院校创新创业教育教材开发研究

一、企业一线问题库建设对高职院校教材开发的作用

企业一线问题库为高职院校教材开发提供了丰富的案例来源和项目载体，高职教师可以根据问题类型、难度和学生的能力情况设计成不同的项目。对于学生可独立解决的问题，可以设计成课堂教学的项目，设置开放性的问题解决方案，通过对比不同的解决方案，学生的自主学习能力、科学探究精神、辩证思维得到有效培养；对于需要在教师指导下解决的问题，可以设计成拓展项目或课外活动项目，通过教师的引导和指导，形成解决问题的方案，学生分析问题、解决问题的能力得到进一步提升；对于需要学生团队联合校内外专家攻关解决的问题，可以设计成技术研发、服务项目，通过深度参与问题解决的过程，学生在真实情境中的实践创新能力得到进一步锻炼。在问题解决的过程中，学生对企业的新技术、新工艺、新规范更加了解，有效解决了教材内容陈旧、缺乏对学生创新创业能力培养的问题。

企业一线问题库是开放的平台，它既是教学的案例来源和载体，又是校内教师、学生与企业人员、专家互动交流的平台。将师生解决问题的方案纳入问题库，对已有解决方案的问题进行补充完善，对未有解决方案的问题提供相应的解决方案；在解决过程中遇到的问题，也可以发布在问题库平台的讨论区，与企业人员共同讨论。这一方式有效解决了企业参与教材开发程度不够、积极性不强的问题。

二、基于企业一线问题库高职院校教材开发的基本原则

企业一线问题库为高职院校教材开发提供了丰富的案例来源和项目载体，但并不是所有的问题都适合纳入教材内容。在开发高职教材时应遵循以下原则：

（一）匹配性

匹配性指问题案例要与教材所对应的知识目标、能力目标和素质目标相适应，问题解决的难易程度应与学生的认知发展水平相匹配，问题的情境应与教材

所应用的专业特点相匹配。

（二）综合性

综合性指问题案例应是一个开放性、综合性的问题，没有固定的标准答案，应围绕实际工作情境中学生解决问题所需要的综合能力来选择设计，注重理论与实践的有机结合，促进学生在综合性的任务或项目中分析问题、解决问题能力的提升。

（三）代表性

代表性指问题的选择应是典型的，能够代表专业领域中核心知识点和技能点，能够代表企业、产业在转型升级中需要的新技术、新工艺、新规范、新标准，能够在解决问题的过程中完成该项职业能力的培养。

（四）可行性

可行性是指问题案例能在教学活动中应用和实施，问题解决的过程与教学的流程、环境、条件相符，能够在问题解决的过程中实现实践创新能力的培养。

三、基于企业一线问题库的高职院校教材开发的方法流程

基于企业一线问题库的高职院校教材开发按照"问题分析—典型问题提取—能力要素选取—问题教学转化—教材体例设计—教学内容编排"六个步骤开展。[1]

（一）问题分析

问题分析是指根据岗位能力需求和人才培养目标、课程标准，对来自企业一线的众多问题进行分析、归类，确定选择哪种类型的问题作为教材开发的内容。问题分析结果可以通过邀请来自企业一线的企业实践专家召开工作分析会的方式获得。

（二）典型问题提取

典型问题包含完整的解决问题过程和行动，包括计划、实施和评估整个行动过程，它反映了问题解决的内容和形式以及解决该问题在整个职业能力培养中的意义、功能和作用。在教材开发的过程中，应遵循匹配性、综合性、代表性、可

---

[1] 方其桂. 基于项目学习的信息技术教材设计、开发与使用[J]. 职业技术教育，2021，42（20）：58–62.

行性原则，选取与岗位能力要求相匹配的典型问题。

（三）能力要素选取

将解决典型问题所需要的知识、素质、能力要求一一列举出来，并按照问题解决的过程进行归类排序，能力要素选取中应注重学生实践创新能力的培养。

（四）问题教学转化

问题教学转化即将问题转化成教材的教学内容，这是整个开发流程中最为关键的环节。问题教学转化有几种方式：第一，直接引用，即直接将问题及解决方案作为案例呈现；第二，根据问题的难易和复杂程度设计成不同类型的项目，如学习型项目、实践型项目、拓展型项目。

学习型项目：以教师讲解示范为主，学生跟着教师的步骤完成。学习型项目旨在帮助学生熟悉完成项目的工作过程，掌握项目完成的方法。

实践型项目：以学生动手操作为主，学生在教师的指导下独立或团队协作完成。实践型项目是对专业综合能力的应用和深化，学生在完成项目的过程中，分析问题、解决问题等实践创新能力得到训练。

拓展型项目：以学生自主训练为主，学生在课外通过查阅资料、团队合作等方式完成。拓展项目为学有余力的学生提供深入训练专业技能的机会，能够进一步激发学生探索新技术、参与科学研究的积极性，实践创新能力能够在问题解决的过程中得到进一步的训练和提升。[1]

（五）教材体例设计

教材体例即问题及教学内容呈现的方式。基于企业一线问题库的教材，在框架上应按照典型问题来设计，在体例上应按照问题解决的过程进行编排。对于将问题作为案例的教材，教材体例可以按"问题情境—问题分析—问题解决思路—问题解决实施—评估检测"几个环节来设计；对于将问题作为项目的教材，教材体例可以进行分层设计，首先对项目进行分层分类，即学习型项目、实践型项目、拓展型项目，每个项目都包含"问题情境—问题分析—问题解决思路—问题解决实施—评估检测"几个环节。

除此之外，为了便于学生更清晰地了解每个项目包含的知识、能力、素质要

---

[1] 高峰，张求书.《工程造价》高职教材开发的思考［J］.中国高新区．2018，（2）：77.

求，在每个项目开始之前，最好建立思维导图或课程地图，将各项目之间的关系、每个项目所包含的知识点和技能点一一呈现出来。

（六）教学内容编排

在教学内容的编排上，应综合考虑岗位能力的需求、人才培养目标、课程标准，将专业理论知识和技能训练要求融入问题解决的过程之中，帮助学生在解决问题的同时掌握专业综合职业能力。同时还应将 1+X 职业技能等级证书标准、学生技能竞赛标准以及企业的新技术、新工艺、新规范等要求纳入教学内容之中，按照学生能力从简单到复杂的发展规律进行编排。

四、基于企业一线问题库的高职院校教材开发注意事项

在基于企业一线问题库的高职院校教材开发中，问题分析、典型问题提取、能力要素选择、问题教学转化是教材开发的前期资料收集和准备的必要阶段，教材体例设计是骨架，教学内容编排则是血肉、是核心，需要进行一体化设计。在问题及案例的选择上应遵循匹配性、综合性、代表性、可行性原则，凸显职业教育教材的实践性、应用性和创新性。在教材呈现的方式上，应在纸质教材的基础上，建设新形态融媒体教材，融入现代信息技术，将问题案例及解决的方法、过程，以视频、动画、虚拟仿真等形式呈现出来，提高学生的学习兴趣和教学效果。

第四节　高职院校创新创业教育教法研究

高职院校创新创业教育教学中，教师以问题为导向，紧紧围绕企业一线问题库，开展教学方法的改革，培养学生的实践创新能力。

一、角色扮演，体悟创新

角色扮演法是学生在假设环境中按某一角色身份进行活动以达到学习目标的一种教学方法。学校在"云物大智基础""精益生产管理"等面向学校所有学生开设的通识类创新课程，以及"'互联网+'创新创业应用与实践""机电一体化概念设计与装调"等专业类创新课程中，开展真实岗位的角色扮演，身体力行

感悟创新，从而激发学生创新思维，培养解决生产现场问题的能力。如"精益生产管理"课程的教学目标是培养能够开展企业现场管理与改善的现代物流人才。课程以"价值管理"为主线，围绕"消除浪费"的核心理念，将创新教育融入课程各模块，形成"发现精益"—"应用精益"—"创新迁移"的总体架构。在"精益生产认知"模块，课程教学团队联合企业，共同开发"精益诊所"教学沙盘，教学中由学生扮演不同角色参与演练，从中直观体会工厂在制品、合格率、制造周期等方面的典型问题，从而加深对精益概念的理解，使学生从生活场景中理解精益，激发学生发现生活中的"精益"，激发学生的创新思维。

二、头脑风暴，激发创新

头脑风暴又称脑力激荡法、自由畅谈法，目的是激发学生的智慧，产生新观念或激发创新设想。头脑风暴追求的是观点、意见的数量和创意性，而非正确性。在学校开设的所有创新类课程中，头脑风暴是普遍运用的一种教学方法。教师针对企业一线问题库里未解决的问题，通过头脑风暴，激发创新，让学生尽可能多地产生创新设想或创意点子。在精益生产实训课中，教师精心设计教学环节，利用班组园地进行头脑风暴，将问题解决前后的情况进行对比；通过团队改善，训练学生创新设计、团队合作、问题解决等能力。

三、案例教学，引导创新

案例教学是一种通过模拟或者重现现实生活中的一些场景，让学生把自己纳入案例场景，通过讨论或者研讨进行学习的一种教学方法。在学校创新类课程中，教师会将企业一线问题库已解决的问题的解决方案与问题关联，形成教学案例。教师通过这些鲜活的案例，引导学生了解创新，掌握创新的基本要素。例如，"香蕉项目"是学校优秀毕业生为香蕉种植基地解决人工灌溉、成本高、效率低、成效差，香蕉的品质、尺寸难以统一，无人机成本高昂，香蕉苗根部无法施肥驱虫，电力设施设备容易出现漏电安全事故等痛点问题的一个成功案例。教学中，教师以"香蕉项目"为案例，深入剖析为香蕉种植农户提供工业化思维种植解决方案的过程和内容，通过提问"你的创新想法应该包括"引导学生探索项目商业价值和社会价值，启发学生通过香蕉项目来思考自己实践的项目，由此优化和完善适合自己的创新创业项目。

四、精益画布，初探创新

精益画布是早期创业者用于梳理创业思路（主要是商业模式）的一种方式。精益画布通过对创业的思考，寻找市场切入点，明确项目的价值，发现核心竞争优势着手点，定义盈利模式，确定接触用户的渠道，最终形成战略目标和行动计划。它以可视化的形式，帮助创业者验证项目是否可行，从而避免创业者走一些不必要的弯路。学校的创新类通识课程推行精益画布教学法，培养学生的创新思维能力。教学实施过程中，教师将精益画布分解成价值分析和九维度分析。在价值分析阶段，让学生先对项目进行初步判断；然后在此基础上完成第二个任务，九维度分析，让学生结合项目完成精益画布的整体分析；最后在此基础上，将精益画布的问题、客户群体分类、独特卖点、解决方案、渠道、收入分析、成本分析、关键指标、门槛优势9个维度转化为项目路演PPT。如"御楠香"项目，正是通过规范使用系列画布，完成痛点、资源、创业风险等分析，进而确定项目，并对项目进行优化。

五、项目教学，实践创新

学校将从企业收集过来的问题，从产业领域、类别、专业关联度、技术难度等维度进行分析，把问题分为产品和技术升级、设备革新、工艺优化、服务改进和管理优化五类。教师根据自己的技术专长、研究领域，结合课程，将企业问题转化为课程教学项目、实训项目，通过项目教学，学生小组探究学习，开展没有标准答案的项目考核，培养学生的发展思维和创新、创意、创造能力以及解决企业实际问题的能力。

如柳州职业技术学院汽车技术服务与营销专业，与广西特斯途汽车科技有限公司合作，在校内共建"柳州职业技术学院—特斯途协同创新中心""特斯途智能制造基地""特斯途智能车服平台&南方E充充电桩管理平台综合运维管理中心"，打造真实的新能源充电桩研发及组装基地、智能车服平台运维中心，作为培育学生创新意识、创新创业训练、实践实习的场所和创新项目的孵化园地。专业教师将企业真实项目引入课堂,将"运维中心"真实运作项目作为汽车营销与服务专业教学项目,开发了新能源汽车智能车服平台,将"充电平台"和"车服平台"进行数据互通,平台一站式解决用户从充电到用车的全过程问题,解决新能源汽车后市场服务行业的痛点问题,优化企业服务流程,创新了服务模式,实现了教学内容与企业生产过程的对接,打造了广西区域性新能源后市场服务一站式生态圈。该项目转化为大学生创新创业比赛项目,带动了在校生创新创业,实现了"大赛育人、创业育人、实践育人"。智能车服平台的开发及上线运行,为企业带来了良好的经济效益。目前累计充电用户 20 579 位,充电 278 万度,处理订单 241 155 单,维修车辆累计 2 150 台,引流到店车辆 550 台次,新增用户 4 274 名,市场转化率 25%。

六、任务驱动,引领创新

任务驱动教学是学生在教师的帮助下,紧紧围绕一个共同的任务活动中心,在强烈的问题动机的驱动下,通过对学习资源的积极主动应用,进行自主探索和互动协作的学习。

如柳州职业技术学院童装设计课程,将公司依米兔品牌 2021 年夏款爬爬装的设计任务融入课堂,按照企业设计师岗位流程设计课程进度,指导学生分析流行趋势、品牌市场定位,收集创意素材,开展图案设计、面料设计、款式设计、系列设计等。教学过程中,专业教师主动与设计总监交流,邀请品牌设计师到校发布设计任务、依米兔 2021 年的色彩及面料特点,共同引导学生进入品牌设计的状态。企业设计总监+学校专业教师校企融合、分工协作,企业导师负责项目的商业信息发布、作品到产品转化的品控,专业教师负责创意发想、方案形成、作品表达等教学内容。学生在任务的研究、实践中不断挑战自我,形成初步设计方案后,集中优选,呈现阶段性设计成果,最后成为客户认同的产品。由此形成一个完整的"教、学、研、创、产"教学过程,通过"产教、专创"双融合,校企协同开展真刀真枪实训,促进学生从旁观者角色转变为积极参与者、成熟实践者,增强创新创业"热度",夯实人才培养"厚度"。教师按照明确任务(发现问题)—任务分析—任务实施—项目总结的模式,鼓励学生以小组的形式"互教互学共创",在教师的带领下与实际公司订单结合,进行技术小革新以及专利的研究和申请,在真的创新中学习到探索的方法和研究的方式,激发学生的学习兴趣和学习乐趣,使学生在学习中有更多的成就感,帮助学生丰富课余生活,从真正的意义上取得创新,真正实现"教、学、研、创、产"的统一。

七、能力测试,检验创新

例如,柳州职业技术学院改革考核方式,以学生职业能力培养和提升作为逻辑起点,对接行业企业标准,开展职业能力等级测试,构建"STEELI+"评价模型,设置"6+N"考核评价维度,6为必试维度,N为可选维度,即至少从规范性(Standardization)、合作性(Teamwork)、经济性(Economy)、环保性(Environmental Protection)、忠诚性(Loyalty)、创新性(Innovation)6个维度进行评价(评分),此外各专业还可根据专业特点增加如展示性、功能性等考核要求。

八、同台竞技,提升创新

"同台竞技"的教学方法,是以问题库的项目为课程教学中心,由指导教师和学生组成项目训练队伍,与学生形成良性互动。学生通过参加各类创新创业大赛,提升自己的创新、团队协作和临场应变能力,反思自身学习的不足之处,不断改进自己的学习方法。例如,柳州职业技术学院国际经济与贸易专业的"惠收创意"项目,以赛事竞技平台提升专创融合的促进力,以市场需求痛点为基础,进一步构建专业赛事竞技平台,以赛促创,提升专创融合的促进力;以解决潜在消费者痛点为核心,以发现创业机会为起点,以产品创新设计与样衣打板制作为基础,自主搭建跨专业、跨院系创业团队,以大赛和商业化路演为检验渠道,围绕创新思维培养和创业综合能力提升这一主线,实现以赛促学、以赛促教、以赛促改、以赛促创,提升专创融合的促进力;搭建创新创业赛事竞技平台,组织学生创新团队积极参加"互联网+""螺蛳粉杯""产业学院杯"等创新创业类竞赛。一方面,以大赛为导向带动专业教学全过程,教学中以贯通创新、创业、创赛为逻辑进行设计；另一方面，以大赛活动检验专业教学成果，实现成果导向的教学设计。赛事中通过初赛模拟、复盘整改、模拟路演的赛事活动，检验教学成果，巩固专业知识，使大赛成为检验和提升学生创新创业和专业能力的重要平台。

第五节 高职院校创新创业教育第二课堂活动研究

高职院校创新创业教育第二课堂活动是指大学生在学习创新创业教育相关课程之外参与以大学生为主体、与创新创业教育相关的开放性活动，从而引导大学生培养创新创业精神、锻炼创新创业能力和提高创新创业素质。第二课堂创新创业教育作为第一课堂创新创业教育的延续和补充，是实现大学创新创业教育的重要途径和手段，是大学生树立正确创新创业观、拓展创新创业理论知识、丰富创新创业实践经验的重要阵地。

一、第二课堂在高职院校创新创业教育中的作用分析

（一）第二课堂在创新创业教育中的优势

1. 理论付诸实践

第二课堂具有兼顾理论与实践的优势。学生可以依托第二课堂将第一课堂所学到的创新创业理论知识融会贯通、付诸实践，并结合实际运用科学的理论去分析创新创业实践中存在的问题，把枯燥的创新创业理论内容和生动的创新创业实践活动统一起来，实现真理性认识和实践性认识的统一。第二课堂创新创业教育理论付诸实践的特点主要表现为：第一，第二课堂创新创业教育以第一课堂为基础。第二课堂创新创业教育内容以第一课堂教材的内容为基础，其目的是扩展和丰富学生的知识。第二，第二课堂创新创业教育丰富了第一课堂的理论。第二课堂创新创业教育不是第一课堂教学内容的简单补充，而是在教学内容基础上的拓展和应用。第一课堂的教学受时间、空间的限制，难以开展广泛而深入的实践应用活动。第二课堂创新创业教育通过实践应用可以检验第一课堂的理论知识是否正确、是否完善，并在此基础上进一步推动第一课堂的创新创业教育理论。

2. 跨学科综合性

相对第一课堂而言，第二课堂创新创业教育更加多元化。第二课堂的创新创业教育不同于第一课堂基于专业理论知识基础上的创新创业教育，它是一种涉及多学科、适用于不同专业学生、内容丰富、实践性和应用性极强的跨专业跨学科教育。第二课堂创新创业教育的跨学科综合性，符合创新创业教育的发展要求，也符合新时期高等教育的发展方向。单一的第一课堂教学内容只能培养"单一式"创新创业个体，很难实现"多元式""综合式"的培养目标。第二课堂创新创业教育的活动大多以学生个人爱好和兴趣为基础，利用业余时间由学生自发组织社会实践活动，学生通过第二课堂相互切磋、深入研究，跨学科、跨专业地交流创新创业想法。第二课堂创新创业教育不仅让学生将所学的专业知识与创新创业知识结合深化，更重要的是在交流实践中开阔视野、拓宽知识面，有利于进一步增强学生的创新创业自觉性和主动性，进一步激发学生的创新创业热情，进一步培养学生的创造力和提高实际工作能力。

3. 管理模式开放

第二课堂通过实践使第一课堂创新创业教育的知识得到了纵向与横向的延伸，有效地避免了"泛内容多元化"和"形而上学"的错误思想。第二课堂时间和空间机动灵活性、内容丰富性、形式多样性，决定了学校管理模式的开放性。第二课堂创新创业教育活动可以在校内，也可以在校外，涉及学校、家庭、社会的各个角落；可以由学生自发组织开展，也可以由国家、社会、学校组织开展。第二课堂活动除了要求学生必须参加组织性比较强的活动，其余是自愿、自发的，对于这些活动应如何组织、如何开展，学生怎样参加、如何表现都有充分的开放性。因此第二课堂创新创业教育管理模式是开放的、自由的。

4. 内容丰富广泛

第二课堂活动的时间和空间的能动性决定了其内容丰富广泛。第二课堂创新创业教育活动往往集培养学生品德、身心、知识和能力于一体，在创新创业教育中表现为拓展创新创业知识、锻炼创新创业能力、提升创新创业素质。第二课堂内容的丰富广泛主要表现为时间的充裕性和空间的广泛性。时间的充裕性表现在学生除了课堂时间，在课余时间、双休日、节假日、寒暑假都可以开展相关活动，无论是零星时间还是相对集中的时间，都可以用于参加社团活动、科学竞赛，甚至是长时间的社会实训，这是第一课堂望尘莫及的。空间的广泛性表现为第二课堂创新创业教育可以在国内外、校内外各类场所进行，学生可以通过论坛、沙龙、科学竞赛、社会实训等形式去国外学习创新创业教育的先进理念与先进事迹，在开阔眼界的同时，充分发挥对创新创业的想象力和创造力。第二课堂的内容丰富广泛，能给学生一个展示其爱好、特长的机会，更有利于培养学生的学习兴趣与特长，这符合创新创业教育培养创新型人才的要求。

5. 组织形式多样

由于学生的学科专业、个性特点与接受知识的习惯各有不同，因此第二课堂教学活动要在内容和形式上力求新颖，做到灵活多样。第二课堂通过组织多种形式的与创新创业教育相关的活动，在校园中营造浓郁的创新创业氛围，组织学生举办与参加相关的知识讲座、论坛、沙龙、研讨和专题培训等活动。

（二）第二课堂在创新创业教育中的作用

1. 激发创新创业意识

随着创新创业教育的发展，创新创业的氛围在高校校园中越来越浓郁。全国各大高校纷纷努力形成以创新创业为要义的校园文化，使创新创业成为校园中的一种精神、一种力量的迸发。第二课堂创新创业教育活动应结合当前新形势，通过校园文化建设建立集思想性、知识性、趣味性、服务性于一体的创新创业教育，在师生中形成一股创新创业教育的合力，激发创新创业意识与创新创业信念，并引导学生树立正确的创新创业品质。校园文化既体现为一种观念，也体现在学校的制度和物质环境中，它对创新创业素质的提升具有整体引导、塑造和培养的功能，具有耳濡目染、点滴渗透的效果。

2. 实现自我超越

社团活动是第二课堂创新创业教育活动的重要组成部分，社团活动在第二课堂创新创业教育中发挥了激发学生实现自我超越的重要作用，主要表现在以下三个方面：

一是认识自我。科学地认识自我首先需要突破思想的瓶颈。很多学生在学习过程中发现自己失去了往日在中学时代的优势。一些学生在即将毕业找工作的时候，面对人才济济的社会和日益激烈的竞争对自身的价值和意义产生了怀疑。面对如此严峻的就业形势，许多人因为找不工作而迷失自我，缺乏斗志。

二是历练自我。随着知识更新和科技发展日新月异，社会对个人的素质和能力提出了更高的要求。学生在创新创业过程中必定会遇到重重阻碍与困难，一旦缺乏足够的毅力与信念，便无法在社会激流中历练自己，那么必定无法成功地创业。对于一个创业者来说，一定要坚持与时俱进，把自己历练成适应当代社会发展需要的复合型人才。

三是展现自我。创新创业教育就是要培养勇于张扬个性、展示自我的人才，而第二课堂活动为学生的自身成长创造了机遇、搭建了平台。创业是一项崇尚且个性张扬的事业，展示自我可以是多方面的：首先，在创业团队中要积极争先。在社团活动中要善于根据自身的特点，从事自身比较擅长的工作。若长于思维，则应多出谋划策，多做调查研究，总结理论经验，推动工作的积极发展；若长于事理，则应积极参与创业的一线工作，真抓实干，去创造成绩。其次，大学生要敢于挑战自我。不少创业成功人士曾经未被学校认可，但他们通过创业找到一条适合自己的道路去奋斗并且脱颖而出，最终成为创业精英。

3. 加强团队协作

"团队协作"四个字是最平常最易懂的一个管理概念。但是20岁左右的热血青年，由于社会与人生的经验不足，而且处于热血沸腾的感情阶段，个性化、自信力等都比较强。其实任何一个人想依靠单打独斗取得胜利，其成功的可能性都会降得很低。科创竞赛在学生创新创业教育中主要发挥了加强团队协作的作用。组建团队学习参与创业竞赛、创业计划大赛，可以有效地提高学生的团队协作能力。在团队内部，全体成员之间形成一种平等的关系，相互可以公开、平等地开展对各种问题的讨论，形成较为浓厚的民主气氛。而创新创业大赛这一需要通过组建团队、团队分工、团队规则制度等体现"人与人合作"的活动对学生增加团队精神有重要的推动作用。

4. 学会系统思考

第二课堂能在创新创业教育中发挥培养学生系统思考的作用，主要是通过第二课堂的活动可以培养学生全面看问题、顾全大局的能力，避免其"见树不见林"。

学生参加社会实践活动，最初比较侧重于提高自身的综合素质，学生在创新创业实践过程中运用学习、掌握的科学理论知识，分析、解决现代生产实践及其他社会实践中实际问题的能力，特别是在实践中探索未知、获取新知的创新能力得到了培养。

二、高职院校第二课堂中创新创业教育的校园实践

第二课堂作为第一课堂的延伸和补充，其内容丰富广泛，组织形式多样，有利于学生个性的形成和发展，提升了学生的人文素养和综合素质，如以创业技能为主导的科创竞赛，以创业自主性为目的的社团活动，以创业实习为重点的社会实训，以创新创业为要义的校园文化活动等。

（一）以创新创业为要义的校园文化

以创新创业为要义的校园文化是开展创新创业教育的基础，为创新创业教育与创新创业活动提供了适宜的土壤。校园文化的价值取向、行为目标、规章制度对引导师生树立正确的创新创业观有非常重要的作用。校园文化一般由环境物质文化、精神文化两方面组成：环境物质文化是校园文化活动的物质基础，也在一定程度上反映了校内特殊的文化氛围，包括校园的总体规划、教学文体设施等基础文化；精神文化，是指由历史的沉淀而形成的独特的校园风气和校园精神，包括能凝聚师生合力的以校训、校风等为主要内容的校园激励文化，以展示科技成果为主的校园科技文化，具体表现为人文素养、心理素质、民主作风、治学风格等。高职院校以创新创业为要义的校园文化主要包括"千校万岗 就业有未来"线上招聘会、"职等你来，创业同行"青年创业就业互动分享会、创新思维及就业能力提升专场培训、"校企互动·企业家进校园"职业生涯规划讲座、"金融知识进校园"活动、全国高职院校新媒体创新创业论坛暨微博大学训练营等，使学生了解创新创业的新趋势、新动向，真正认识到创新思维如何从生活中起源，继而促进自身就业能力的提升，营造以创新创业为要义的校园文化。积极倡导学生树立创业的意识、理想和信念，引导学生的创业兴趣，产生创业的需求和动机，从不同侧面、不同层次为学生提供锻炼活动能力与社会适应能力的条件和机会，激发学生的创业热情。

（二）积极参加以创业技能为主导的科创竞赛

在科技日新月异的当今社会，高校的科创竞赛已经到达一个全新的阶段，学生通过科创竞赛体现自身价值，也因此获得专利并将成果转化成为创业基础。目前国家各部委办局及各行业组织的各级各类创新创业比赛有 30 余项，如中国国际"互联网"大学生创新创业大赛、"挑战杯"中国大学生创业计划竞赛、全国大学生机械创新设计大赛、全国大学生创业综合模拟大赛、中国创新创业大赛、中国创新方法大赛、创青春中国青年创新创业大赛等。以创新创业大赛为实践引领，充分发挥创新创业大赛"以赛促教、以赛促学、以赛促创、以赛促改"的作用，积极组织参与各级各类创新创业竞赛，为创新创业项目提供更多的机会，营造良好的创新创业社会氛围。如柳州职业技术学院大学生 KAB 创业俱乐部连续多年获得全国百强创业社团，并在校内外各级各类创新创业类比赛中大放异彩，其主打的"女童保护"项目、"一元城市生存挑战赛""公益营销大赛""创客马拉松"等形式多样的活动，切实打造出了活动特色鲜明、育人成果显著的创新创业类社团；其上线的易创校园综合服务小程序，一定程度上整合了校内"民间"资源，也为广大同学提供了便利的服务。除大学生 KAB 创业俱乐部外，博奥机械协会、电子科技小组、计算机科技协会等科技类学生社团，环境保护协会等公益类学生社团，也极具创新意识。其"创新杯"创意设计大赛、废旧物品创意设计大赛等活动在校内外也有着不错的知名度，且参与师生人数较多，比赛中不乏优质创意作品。

（三）打造以创业自主性为目的的社团活动

高校学生社团按照划分标准的不同，可分为不同的社团类型。在《共青团中央、教育部关于加强和改进大学生社团工作的意见》中明确强调，要促进学生社团的稳健发展，首先要把握正确的发展方向，强化社团工作指导，给予大学生社团理论引导和实践支持。按照社团活动的内容，将学生社团具体分为理论学习型社团、学术科技型社团、兴趣爱好型社团、社会公益型社团。

1. 理论学习型社团

作为学习型的组织，理论学习型社团旨在研习马克思主义及中国特色社会主义理论，宣扬党的方针路线等。其根本宗旨是学习马列原著、研究中国国情、调研社会热点、践行科学发展，因此，社团成员的政治立场要正确且鲜明。理论学习型社团成员多为品学兼优的青年先进分子，培育大学生的主流价值观离不开理论学习型社团的重要载体作用，如青年马克思主义培训班、"习近平新时代中国特色社会主义思想"大学生学习社等。

2. 学术科技型社团

作为学术型组织，学术科技型社团旨在提升成员的学术水平，强化成员的实践能力。高校建设这类社团的主要目的在于为学生提供专业学术交流的平台，增进学生对不同知识的认知，开阔学生的科学视野。学术科技型社团在提升学生科学素养、强化学生人文素质、培育学生实证精神，构建优良校风学风方面发挥着不可替代的载体作用，如机械协会、电子科技小组、计算机科技协会等。

3. 兴趣爱好型社团

作为文娱型组织，兴趣爱好型社团旨在满足成员多样化的特长发展需求。相对而言，此类学生社团突破了专业限制和活动名目限制，深受高校学生的青睐和喜爱。兴趣爱好型社团在构建校园文化建设，推广校园文化、促进高校和谐发展方面发挥着不可或缺的作用。如英语 1+1 俱乐部、数学建模协会、口才协会、书画社、读书会、说唱社、武术协会、球联会、轮滑社等。

4. 社会公益型社团

作为公益型社团，社会公益型社团旨在通过具体化的实践活动检验成员知识技能的掌握情况，培养成员的综合能力。其根本宗旨是培育学生的家庭美德、职业道德、社会公德。社会公益型社团在引导学生树立服务人民的正确思想、强化学生的社会责任感方面发挥着举足轻重的作用。如心理协会、环境保护协会、创业俱乐部等。

（四）以创业实习为重点的社会实训

社会实训是规模最大的大学生第二课堂活动，主要是利用学生课余时间相对集中的假期，有组织、有计划地深入社会、深入基层，了解社会的活动。例如，柳州职业技术学院在暑期"三下乡"期间，组织各实践队调研当地特色产业园区，实践队成员们均跟随第一书记到茶产业生产基地进行实地调研，跟随基地负责人学习采茶技巧并实地体验采茶。其中，机电工程学院实践队为当地茶厂检测线路状况，了解设备运行原理并讨论改进设备效率；为了更好地实现乡村振兴，拓宽村民脱贫致富之路，环境与食品工程学院实践队依托专业优势，向三江平流村的村民介绍讲解了灵芝生长习性及种植技术，并现场为村民解答各类相关问题，赠送灵芝；贸易与旅游管理学院针对当地茶厂现状建言献策，提出通过新媒体平台直播带货等方式，拓展销售渠道。此外，学校青年马克思主义者培养学校组织2021年青马班学员及部分校级学生骨干代表，赴广西柳州钢铁集团参观学习，加深学员对我国实体经济发展现状的了解，加深对柳州工业高质量发展的前沿动态和最新要求的认识，体悟柳州本土大型优秀企业艰苦奋斗、自主创新的精神。

（五）将创新创业作为单独门类的第二课堂管理办法

为贯彻落实《中共中央、国务院关于深化教育改革全面推进素质教育的决定》，加强学校素质教育工作特别是第二课堂活动的管理，提高学生综合素质，高职院校应制定《学生第二课堂活动管理办法》，将第二课堂活动进行分类建设。如柳州职业技术学院将第二课堂划分为四大体系，包括基本素养体系、专业技能体系、管理能力体系及创新创业体系。将创新创业活动作为单独一个体系门类，体现了学校在运用第二课堂活动管理制度推进创新创业教育方面的重要意图和顶层设计安排；体现了学校遵循教育规律和人才成长规律，从职业院校学生能力需求出发，坚持以学生为本，贯彻"以服务为宗旨，以就业为导向，走产学研结合的发展道路"的职业教育方针；体现了学校着眼于提升学生综合素质，培养高素质技术技能型人才，满足学生的全面成长和职业生涯的可持续发展的需要，满足企业和社会人才培养要求的工作思路，为进一步提升第二课堂活动在助推创新创业教育方面所发挥的作用奠定了坚实基础。

第六章
高职院校创新创业教育新机制研究

第一节　构建高职院校创新创业教育"三耦合"机制
　　　　——以柳州职业技术学院为例

通过对接产业发展需求，聚焦高端产业和产业高端，升级人才培养目标架构，培养创新型技术技能人才，实现目标耦合；建设产业学院、协同创新研究平台、大师工作室，推进平台耦合，实现教育与产业、学校与企业、教学与工作对接；校企共同开展项目、科研、竞赛、论坛等活动，形成双向良好互动，实现行动耦合。

一、创新创业教育与产业发展的目标耦合

在政府引导下，借助汽车、工程机械等行业协会指导，学校与地方产业的龙头企业建立长期稳定的合作关系。

创新创业教育与产业发展的目标耦合，关键点在于：地方产业的转型升级，需要大批的创新型技术技能人才；学校为了适应产业发展的需要，升级了培养目标。学校把理想信念、"四个能力"（认知能力、合作能力、创新能力、职业能力）、工匠精神等融入培养目标，服务柳州的汽车、工程机械、现代服务业产业转型升级和国际化战略。

二、创新创业教育与产业发展的平台耦合

（一）建设产业学院，实现教育与产业对接

学校依托柳州的支柱产业与特色产业，在柳州市商务局的支持下与行业企业共同成立柳州螺蛳粉产业学院，与广西汽车集团共建智能制造产业学院，与上汽通用五菱股份有限公司共建智能网络汽车产业学院等产业学院。产业学院以资源共享、合作共赢为目标，按照市场和学校需求进行资源配置，形成依据产业需求调整专业设置、培养内容等的运行机制。

（二）建设协同创新研究院，实现学校与企业对接

学校建设占地 4 000 平方米的协同创新研究院、6 个工程技术研究中心，以及机器人培训中心、产品试制中心等公共技术服务平台，整合政府、行业、企业、学校资源，对接区域支柱产业，推动政校企深度融合。建成柳州市小微企业创业创新基地城市示范单位、柳州市小微企业公共服务平台、柳州市创业孵化基地（大学生创业园）。

（三）建设大师工作室，实现教学与工作对接

聚焦柳州汽车、工程机械等制造业升级的技术和技能需求，学校设置一批技能大师工作室，通过"师带徒"，师生共同开展科技创新和技术攻关，形成技术创新团队。建成校级大师工作室 24 个，甘达淅技能大师工作室荣获 2019 年度国家级技能大师工作室。

三、创新创业教育与产业发展的"七共同"行动耦合

在产教融合双创平台上，吸纳政府、企业、产业界的管理人员、技术人员、企业家以及创业经验丰富的实践者为学生创新创业导师，共同参与设计人才培养方案、课程设计、师资培训、产业主题大赛组织与设计、学生创业实践活动，协作共建实训基地；校企联合组建科技协同创新团队，带领相关专业学生开展技术研发和产品研发，推动产业成果转化，形成双向良好互动。根据企业转型升级对创新型人才的需求，将高职学生创新能力培养定位于解决企业一线问题的实践创新能力培养。通过解决"小问题"的实践创新活动，引导学生树立技能报国的"大

志向"。校企共建创新通识教育、专创融合、成果转化"三层次"创新能力实践平台,共同开展人才培养方案制定、课程设计、师资互聘、基地建设、大赛实施、创新实践、技术研发"七共同"行动。从培养目标、培养平台到培养行动,不断拓展校企合作的广度和深度,为构建企业一线问题库、开展学生实践创新能力"三教"改革打下坚实基础。

第二节 高职院校创新创业教育的质量评价

评价指标是实施评价的标准,构建指标体系则是开展高职院校创新创业教育质量评价的核心和关键。实施评价的主体、评价对象和评价目的直接影响评价指标的选择和权重设置,影响评价结果。高职院校应将产教融合理念贯穿于教育评价全过程,体现高职特色;保证评价参与主体多元化;坚持定量与定性相统一、评价可持续、评价可操作原则,制定各级评价指标,构建合理有效的创新创业教育质量评价指标体系。

基于 CIPP 评价理论,参考已有研究建构的高职院校创新创业教育评价模型,以及结合柳州职业技术学院的创新创业教育实践,构建旨在帮助高职院校开展质量评测工作的创新创业教育质量评价指标体系,保障创新创业教育的各项活动高效开展并顺利实施。

该评价体系由 4 项一级指标、9 项二级指标构成(见表 6-1)。创新创业环境基础从外部环境、制度保障和组织支持三个方面设计,旨在检验高职创新创业教育的开展是否处于有利的环境中,各项管理制度是否齐全,能否围绕专创融合,建立组织机构协同配合,调动学校师生的积极性和参与热情。创新创业教育投入包括师资队伍建设、经费投入、实践平台建设和创新创业文化建设,旨在检验学校对创新创业教育的师资、财物等相关资源的整合能力、投入强度、分配比例,能否为创新创业教育提供有效的保障,营造良好的氛围等。创新创业教育过程主要考察高职院校是否有效利用投入的资源开展一系列活动来促进创新创业教育,包括课程体系设计、指导服务、实践活动和学生参与。创新创业教育产出关注创新成果、创业水平和社会效益,旨在衡量企业、学校、教师、学生等主体通过实际参与创新创业教育实践而获得的成果与成效，以及由此产生何种社会效益、影响范围和程度。

表6-1 高职创新创业教育质量评价指标体系

一级指标	二级指标	三级指标
创新创业环境基础	外部环境	政府支持政策
		本地经济产业发展情况
		社会资助情况
	制度保障	总体规划（学校顶层设计）
		创新创业专项制度建设情况（人才培养方案、创新创业学分转换制度、学生创业休学的学籍制度等）
	组织支持	是否有专门的组织管理机构
		是否由校领导带领创新创业工作领导小组
		各系部参与创新创业工作力度
创新创业教育投入	师资队伍建设	创新创业教师数量、生师比
		创新创业教师队伍结构
		创新创业教师培训学习经历、企业实践经验、创业经历
	经费投入	校内专项资金保障（如创新创业专项资金占学校年度预算比例）
		学生个人投入情况
创新创业教育投入	实践平台建设	实践教学基地数量及规模
	创新创业文化建设	文化氛围营造
创新创业教育过程	课程体系设计	创新创业课程数量、学时数
		创新创业教育在专业课程中渗透的情况
		教学设计，授课方法
	指导服务	教师辅导学生创新创业活动情况
		创新创业教育社团建设情况

续表

一级指标	二级指标	三级指标
创新创业教育过程	指导服务	创新创业信息共享、更新情况
	实践活动	创新创业教育讲座/沙龙的场次数、级别和规模
		学校组织各类创新创业比赛数量、规模
	学生参与	学生课程出勤情况
		学生比赛参与情况
创新创业教育产出	创新成果	创新成果数量（课题、专利等）
		创新创业大赛获奖数量
		创新成果转化数量
	创业水平	创业人数
		创办企业数
		毕业生创业人数占就业学生比例
	社会效益	学校创新创业教育荣誉
		毕业生就业率
		就业满意度（学生满意度、企业满意度）
		知名校友数

本书提出的创新创业评价理论模型，考虑了过程性评价和结果性评价两个方面的考核评价，以便获取的定量指标为主要的具体指标，能够保证评价结果较为客观公正。以描述性的定性指标为辅，在评价的实施中可以体现高职院校的具体创新创业教育特色。如柳州职业技术学院建立的由校领导直接参与设计和管理的企业一线问题清单库，体现了学校在制度保障、组织支持、实践平台建设、实践活动等方面为创新创业教育提供的过程性支持。清单库中的问题直接来自企业一线，解决后的创新成果直接服务于企业，同时成为课程设计的重要资源，实现了创新创业教育过程和结果的相辅相成，体现出教育过程要素对创新创业教育成效具有显著的影响。综上所述，该模型除了可用于评价高职院校创新创业教育质量，

亦可用于研究创新创业教育环境、教育投入和过程要素对创新创业教育结果产出的影响，促进高职院校实施更优化的创新创业教育教学改革。

第三节　高职院校创新创业教育的激励机制

一、激励机制在高职学生创新能力培养中的价值

（一）激发学生创新创业潜力

有效应用激励机制，可激励学生更加积极主动参与创新创业活动，并加深对创新创业的认识理解，积极主动强化提升所需的基础能力。随着创新创业能力的提升，大学生可以形成良好的自信心，从而有效激发大学生的创新创业潜力。

（二）提升高职院校教育管理水平

创新创业教育逐渐得到高校的重点关注和高度重视，通过激励机制的有效应用，可以保障高职院校教育实力的有效提升。激励机制能够增强吸引大学生对创新创业活动的注意力，使大学生群体对创新创业更加感兴趣，教师对创新创业活动的指导水平也随之提升。特别是在采用激励机制的情况下，大学生对创新创业活动表现出良好的热情，对创新创业存在许多疑问，所以，教师一定要重视学习和不断进步，方可为大学生提供更加专业科学的正确指导。鉴于此，通过激励机制的有效应用，可以促使教师专业能力以及高职院校教育实力得到全面提升。

二、高职院校创新创业激励机制构建路径

（一）优化学生创新课程建设

为了提高高职学生创新能力，使其在走向社会后可以更好地适应经济化市场格局，采用优化学生创新课程建设过程的方式，对学生创新创业给予激励。例如，高校可根据教育部发布的最新文件，进行现有课程体系的系统化调整，在教育指导课程中融入与创新创业相关的核心课程，保障不同模块的教育内容之间存在一定衔接性。

例如，在校内举行以创新创业为主题的营销方案设计大赛、沙盘大赛、开展

"创新创业活动月"经营活动等。除此之外，还需要在现有的教育体系中开设与市场营销、经济管理、行业发展风险调查等内容相关课程，增设与市场经济政策、财务会计、工商运营、法律体系、政府政策解读等内容相关的选修课程，对学生进行创新创业过程中的普法教育。同时，在校内创设针对不同专业学生的创新学分制度，对于主动、积极参与校内创新活动的学生，奖励学生 1.0 学分；对于取得名次或获得优异成绩、得到校领导与企业领导表扬的学生，奖励 3.0 学分。通过此种方式，使更多的学生乐于参与活动，从而激发他们的创新动机。

（二）完善校内校外学生创业支持体系

为了在真正意义上对学生创业给予支持，高职院校应完善校内与校外针对学生群体的创业支持体系，从物质与精神双重方面对大学生创业给予激励。例如，高职院校可在校内建立专业的就业创业保障工作部门，由校内中层领导担任部门管理者，负责制定学生创业指导方案，并定期参与地方政府的对接，向社会各界与公益部门进行校内人才宣传，以此种方式获取多部门为高校提供的融资服务或融资担保。在此过程中，高职院校应允许外部企业以入股教育体系的方式，主动进行校内创业教育工作者的填充，解决校内创业资金保障不足的问题。同时，也可通过定期举办大型校友节的方式，邀请历年毕业生或退休教师参与活动，鼓励他们对高职院校创新创业工作进行投资，以此完善校内创业保障基金。

在此基础上，高职院校应重视对人才申请创业基金的立项决策与考核，主动论述此项工作的可行性。当校内学生提出申请创业资金的要求后，高职院校需要对人才的创业能力、综合需求进行评估，并对学生提出的创业项目进行专家审核。一旦审核通过，高职院校应简化赞助资金支取程序，通过此种方式实现对学生创业的精神激励。同时，高职院校可建立针对校内学生的信用评估机制，根据学生在学习或生活中的日常表现情况与行为，对学生个人职业能力、职业道德、职业标准进行评估，将评估结果与评估后得出的大学生创业优势等信息集中整理，发布在校园公开网站中。各地企业或投资人都可以通过检索公开网站方式，主动获取学生个人信息，使企业进一步了解学生创业能力，从而更好地对学生进行创业赞助与创业投资。综上所述，通过多种渠道，对校内创业资金进行补充，并充分利用校外资源，对学生主动创业给予支持、帮助，从而实现校内校外学生创业支持体系的完善。

（三）建立校内大学生创新创业指导与服务中心

借助校内广播、媒体、平台、校报等渠道，进行相关工作的宣传，并定期在服务中心内发布与市场创业激励制度变革的相关信息，以这种方式在校内营造一个相对良好的就业创业氛围。同时，可在创业指导过程中建立一个针对市场不同行业发展的风险反馈机制，由校内专业的市场调研人员定期进行行业发展数据的获取。根据获取的数据进行行业发展风险、行业发展能力的专项评估，将评估的真实结果反馈给学生，使学生及时了解行情，做好对自身创业发展规划的调整。总之，要实现对学生主动创业的激励，需要高职院校提供给学生足够的信息作为支撑，并做好学生创业的后勤辅助工作，使学生在进军社会创业市场时排除后顾之忧。

第四节 高职院校创新创业教育的保障机制

我国高职院校创新创业教育不断加强，取得了积极进展，也存在一些不容忽视的突出问题。如一些地方政府和高职院校重视不够，创新创业教育理念滞后，与专业教育结合不紧，与实践脱节；教师开展创新创业教育的意识和能力欠缺；实践平台短缺，指导帮扶不到位，创新创业教育保障体系亟待健全。

一、组建多方协调的创业保障机制

我国经济制度决定政府是主体，在高职学生创新创业活动中，主要依靠国家政策和导向，为其创造良好的外部创业环境以及维护创业环境。所以，政府可以凭借自身高效齐全的信息资源优势和独有的行政职能，制定和出台相应有利于高职学生创新创业实践的政策，通过对高职院校创新创业教育从政策、资金、场地等方面倾斜，不断引导，促进高职院校创新创业教育实践环节的顺利开展和实施。企业作为学生创新创业最终的落脚点，应该充分发挥自己的社会责任感和公益性，深入高职院校一线，参与到学校的创新创业教育中。建立多方合作、协调联动的创新创业保障制度，依据高职院校创新创业教育的特点，开展有效的、深度的分析和调研，为高职院校的创新创业教育提供更加有效的保障制度。

二、搭建多样化的创新创业实践资金保障机制

资金作为高职学生进行创新创业实践环节中最重要的保障，对于高职学生创新创业实践环节顺利开展起着非常关键的促进意义，也在一定程度上决定了创新创业实践环节成功与否。构建多样化的高职学生创新创业实践资金保障措施，改变既定的学生创新创业融资，通过学校、社会和政府的共同决策，使学生在实践环节的资金支持呈现多样化。学校和社会合作，设立更加完善和多样的学生创新创业基金，政府通过政策引导，对于学生的创新创业担保贷款条件适当降低，推进社会团体以更加开放的形式帮助学生融资，引进专业的社会力量帮助学生进行融资和管控，从而实现高职学生创新创业的资金保障。

三、搭建开放的高职学生创新创业平台

高职学生的创新创业教育和实践环节离不开高职学生创新创业平台，搭建开放完善的高职学生创新创业平台，其根本是保障创新创业教育和实践环节整个过程的有利开展和顺利实施。教育先行就是教师先行，在进行高职创新创业教育时，要首先对高职教师队伍进行创新创业思想和意识的培训，让教师从思想和实践认识创新创业教育，利用政府和高职的创新创业平台，对高职教师进行先行教育，整合教育资源优势，构建全体系的教师创新创业教育培训体系。在构建创新创业平台时，要区别于常见的实验室，构建一个开放完善的创新创业平台，为学生的创新创业实践环节提供优质的服务和交流机会，指导学生创新创业教育和实践的全过程。在进行指导时，结合政府、社会和学校资源，成立多方位、跨领域和交叉融合的指导队伍，满足高职院校创新创业教育新的教育体系，做到真正服务学生、指导学生，使学生顺利进行创新创业实践，让学生获得长远、可持续的支持和帮助。

四、建立互信互惠的创新创业约束机制

高职创新创业教育不同利益相关者开展合作的意愿以互信互惠约束为依托。

首先，信任是一种群体成员之间的内心认同感，它是合作意愿的来源和实施基础，在合作过程中起着黏合剂的作用。其次，互惠为利益相关者之间开展合作提供催化剂，是一种开展合作做出决策的约束机制，也是预期合作行为的价值主张。高职院校创新创业教育在利益相关者之间建立信任关系，可减少开展创新创业教育工作内部治理的成本，提高合作的可能性。管理者是高职院校创新创业教育的决策者，其教育理念和工作作风若得到相关利益者的信任和认可，将会快速传递到社会网络的每个节点，有助于形成良好的人际关系，可以提高高职院校创新创业教育的内部治理动力。同时，高职院校创新创业教育要采取互惠方式消解内部关系网络的区隔，推动相关利益者实现互惠互益合作，共促创新创业教育事业。

高职院校创新创业教育良性的关系形成是以互信互惠为预期基础，可借助互信互惠约束机制来协调创新创业教育利益相关者的关系，促进他们之间的合作。首先，高职院校创新创业教育利益相关者要树立互信互惠的意识，明确利益相关者之间的节点，并用规章制度和机制等方式不断调整政校行企以及师生之间的利益平衡点，让不同人员均能得到心理需求的满足，从而营造高职院校创新创业教育的良性人际互动氛围，促进创新创业教育工作取得实质性成效。其次，高职创新创业教育需要构建互信互惠的操作模式，提供一种创新创业教育利益相关者可信赖的良好环境，强化创新创业教育管理人员、教研人员和学生群体力量的互信力量，强调互信互惠约束机制，触发师生共创的兴趣点，推进高职院校创新创业教育的进程，形成良好的创新创业环境。

五、建立创新创业教育的资源整合机制

构建创新创业教育的资源优化、共享合作的整合机制，需要优化高职院校创新创业教育的内部关系结构，调整不同利益相关者的合作位置，健全和完善高职院校创新创业教育利益相关者的资源配置，将资源不对等的利益相关者纳入协同的关系网络。

一方面，高职院校创新创业教育工作要敢于突破结构型的桎梏，尽可能扩展创新创业教育利益相关者的范围，建立资源信息网络，畅通创新创业教育信息的

传播路径，构建资源共享平台和信息互动平台，吸纳利益相关者参与高职院校创新创业教育工作，提高高职院校创新创业教育的工作水平。

另一方面，高职院校要构建创新创业教育利益相关者合作协调机制，增加他们之间互动和整合的机会，多方位多角度地培育可以整合利用的资源库，进一步增加社会资源随时随地重新整合的概率，提高高职院校创新创业教育社会资本的整合优化能力，形成利益相关者良好合作的局面。

第二部分
实 践 篇

第七章
双创人才培养模式改革实践

第一节 基于企业一线问题库的高职创新创业教育"课赛训研"一体化培养模式实践

柳州职业技术学院在 20 余年的探索中，针对高职院校创新创业教育存在的问题，顶层设计了高职创新创业教育"课赛训研"一体化培养模式，并通过实践取得了良好的成效。

一、双创教育融入专业课程，改革课程体系与内容

（一）构建课程体系"二维"模型，双创教育融入专业课程体系

从内容与形式两个维度整合双创教育课程体系，见图 7-1。在基本素质、专业能力两个体系中系统设计创新创业课程、创新创业活动，两个体系相互促进渗透，两个课堂有机结合，构建了全员、全程、全环节专创融合课程体系，让双创教育面向全体学生、贯穿培养全过程、涵盖育人全环节。

第一课堂面向所有师生，开设"云物大智基础""精益生产管理"等通识类创新课程，开发"'互联网+'创新创业应用与实践""机电一体化概念设计与装调"等专业类创新课程，开展真实岗位的角色扮演，培养解决生产现场问题的能

力。第二课堂开展基于企业一线问题清单的小发明、小创造、小革新、小设计、小建议"五小"创新活动，设立大学生创新创造项目，开展形式丰富多样的科技创新实践活动。

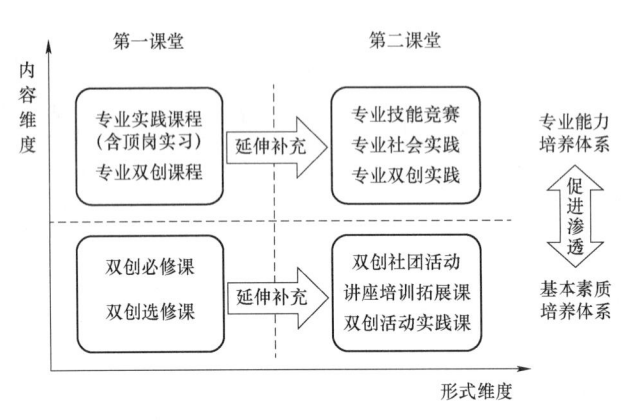

图7-1　柳州职业技术学院双创课程体系"二维"模型

（二）实施"课程双创"和"新技术引领"行动计划，双创教育内容融入专业课程

1. 实施"课程双创"行动计划

顶层设计专业人才培养方案，在全面融入创新实践能力培养的基础上，每个专业至少有2门课程要在专业课程中渗透创新创业理念和知识，明确创新教育的目标、内容，结合教学内容开展项目创新实践和考核。如机电一体化技术专业中，将机电一体化概念设计与装调、智能制造系统组建作为创新创业能力培养课程，在课程中引入企业的小型机电一体化系统组建和控制问题，让学生查找资料、制订计划、动手实践，解决问题的过程中培养和锻炼学生的创新思维和复杂问题解决能力。

2. 实施"新技术引领"行动计划

主动应对新一轮科技革命与产业变革，以智能制造、云计算、人工智能、机器人等新技术为引领，每个专业设置不少于24学分的新技术课程。优化调整教学内容，将企业转型升级中的瓶颈问题、专业领域信息技术的最新应用纳入教学内容，形成具有创新创业新理念的408门新技术课程。校企合作开发基于企业一线问题清单的专创融合的新型活页式教材20余部。

二、双创教育融入竞赛，竞赛与双创相互促进

（一）搭建专创融合的四级竞赛体系

制定实施《学生技能竞赛管理办法》《学生专业技能竞赛经费管理和奖励办法》等办法，以创新创业和专业技能大赛为抓手，构建"国—省—市—校"四级竞赛体系，积极组织参与各类创新创业竞赛和专业技能竞赛，参赛对象覆盖全体在校生。

专业技能竞赛与创新能力培养融合。专业技能竞赛项目与教学改革接轨、与先进技术相结合，在设计上聚焦企业问题的解决、学生的创新创造实践能力提升，促进学生的专业技能、实践能力、创新创业素质和团队合作精神的培养。

创新创业竞赛与专业教学融合。基于企业一线问题设计专业课程教学项目，实施项目式教学，课程成果转化为创新创业大赛项目，通过参加各级各类双创大赛与活动检验专业教学成果。比赛中通过路演、答辩等，检验教学成果、固化专业知识，实现"赛教互动、赛教相长"。

（二）校企联办产业主题（汽车主题、螺蛳粉主题）双创大赛

直接对接企业一线"问题清单"，设置汽车主题、螺蛳粉主题赛道，与广西汽车集团有限公司联合举办汽车主题青年创新创业大赛，与螺蛳粉企业联合举办"匠心杯"创新创业大赛，企业提供问题、评委和奖金，并遴选获奖项目入驻企业孵化园，提供专项经费支持，参赛项目直接对接企业真实生产问题及需求，产生良好的转化效益。

三、双创教育融入专业实训教学，提升实训教学的内涵

（一）融入双创能力，改革教学模式

推广小班制教学，精心设计教学环节，开展真实岗位的角色扮演，通过利用班组园地进行头脑风暴，将问题解决前后的情况进行对比等，培养学生解决生产现场问题的能力。"教学做"合一，推进课堂教学模式和考核方式改革，创新类通识课程推行"精益画布"教学法，培养学生的创新思维能力；专业课将企业问题转化为教学项目，问题清单涉及的技术领域与专业实训结合，推行不设标准答

案的项目教学法,培养学生发散思维。改革考核方式,以学生职业能力培养和提升作为逻辑起点,对接行业企业标准,开展职业能力等级测试,构建"STEELI+"评价模型,设置"6+N"考核评价维度,6 为必试维度,N 为可选维度,即至少从规范性(Standardization)、合作性(Teamwork)、经济性(Economy)、环保性(Environmental Protection)、忠诚性(Loyalty)、创新性(Innovation)6 个维度进行评价(评分),此外各专业还可根据专业特点增加如展示性、功能性等考核要求。

(二)建设专创融合的实训基地和双创实践平台

坚持校企共建共管和专创教育融合原则,建设了一批覆盖所有专业的国内领先的高水平实训基地、产学研创工坊和创新工作室,建设了面向所有学生的众创空间或创新创业孵化基地,如柳州职业技术学院—广西汽车集团青年创新实践基地、云·链众创空间、蜂鸟公社(柳州职业技术学院)创新创业基地等。

(三)依托专业社团,开展学生第二课堂双创实践活动

依托"博奥机械协会""驰美汽车协会"等 35 个学生社团,开展形式丰富多样的科技创新活动,如家电维修部的创新科技周,电子科技小组的作品展和创新科技周,大学生 KAB 创业俱乐部的大学生创新创业大赛以及柳职创客之夜,博奥机械协会的 AutoCAD 专题班、3D 打印技术专题班、UG 技术专题班等,形成了良好的双创氛围。与广西汽车集团有限公司等企业开展"房车进校园""双创实战项目招募活动""创客马拉松"等活动,切实提升了学生参与热情与双创项目水平。

四、双创教育融入研究项目,培养双创精英

(一)实施大学生创新创造项目计划

制定《大学生创新创造项目管理办法》,实施大学生创新创造项目计划,对解决企业一线真实问题,与新技术、指导教师科研项目相结合的项目优先立项,鼓励和引导学生开展创新与创造活动,培养学生的创新与创造的意识和能力。

(二)开办"天工班",以科研项目培养技能精英

开展技术技能精英"天工班"试点。每年跨专业选拔品德优秀、学习实践

能力强、技能突出、具有创新能力的学生，组建"天工班"，开展"导师制"和现代学徒制培养。基于企业一线问题库，制定"天工班"专门培养标准和学习项目，课程采用授课、讨论、实践、项目等方式相结合，完善配套的管理制度，注重通过参与项目研发、专业实践活动来学习，依托学校工程技术中心、大师工作室、创新创业基地开展教学和训练，鼓励学生参加科研活动、创新创造活动，鼓励学生申请大学生创新创造项目，通过研究性项目提高解决问题的能力。

（三）依托科技创新服务平台，开展科技攻关

以平台为依托，以实践项目为载体，针对企业具体的问题和技术需求，组建师生技术团队，联合企业开展技术攻关，解决产业发展瓶颈问题，推广先进技术应用，实现产业与新技术对接。

五、高职学生创新创业教育"课赛训研"一体化培养模式实施成效

经过多年研究和实践探索，学校双创教育在课程、师资、教材、基地、竞赛、学生社团等方面取得了一系列高水平教改成果。

（一）取得了系列国家级和自治区级标志性成果

学校荣获"全国高职院校创新创业示范校50强""全国高职院校创新创业教育工作先进单位""全国大学生KAB创业教育基地""联合国教科文组织创业教育联盟理事单位"称号；有国家级教学创新团队2个、国家级技能大师工作室1个、全国十佳创业导师1人、全国高职高专创业教育先进个人4人、全国优秀创新创业导师4人，"就业与创业"获得国家级精品课程、国家精品资源共享课；双创实践平台荣获"国家级协同创新研究院"（智能制造协同创新中心）、"广西高校大学生创业示范基地""广西大众创业万众创新示范基地培育单位""广西高校大学生创业示范基地""广西第五批自治区级技术转移示范机构"称号；大学生KAB创业俱乐部荣获"全国百优创业社团""全国十佳优秀大学生KAB创业俱乐部"称号。

（二）学生双创竞赛成绩突出

近5年，学生参加双创大赛累计37 015人次，共计9 705项，国家级竞赛获

奖 162 项，其中获得中国国际"互联网＋"大学生创新创业大赛和全国"挑战杯"大学生创业计划竞赛特等奖、金奖、一等奖的项目有 15 项，与专业结合的双创项目有 210 项，发明专利授权有 56 项。如"焊匠——一站式工业机器人焊接引领者"项目，针对传统焊接易出现焊接成品瑕疵多、美观度差、柔性技术不高以及缺乏个性化解决方案的痛点问题，设计焊接机器人工装夹具，打破了智能焊接的壁垒，大大提高了焊接质量和效率，获得了第七届中国国际"互联网＋"大学生创新创业大赛银奖。

（三）学生受益面广

校内所有专业近 4 万名学生受益，毕业生中全国、广西"五一劳动奖章"12 人，国家技能大师工作室 3 个，全国大学生创业英雄"十强"1 人、"百强"5 人。据麦可思应届毕业生培养质量报告，近 5 年，用人单位对柳州职业技术学院就业工作的满意度为 96%，毕业生就业率为 90%以上，高于全国高职院校水平，连续 21 年获"广西高校毕业生就业创业工作先进单位"称号。

第二节 高职特色人才培养的研究与实践

柳州螺蛳粉是备受国民追捧的网红地方特色美食。2014—2021 年，柳州螺蛳粉产业由起步 5 亿元产值的小产业，发展到 200 亿元产值的战略新兴产业。柳州螺蛳粉真正从"小米粉"蜕变为地方特色经济"大产业"，成为产业创新发展的重要典型之一。柳州职业技术学院对接产业转型升级、品牌迭代升级发展的需求，联合政府、行业和企业三方力量，成立柳州螺蛳粉产业学院，打造融人才培养、科学研究、技术创新、企业服务、学生创业等功能于一体的示范性人才培养实体与模式。

一、柳州螺蛳粉辅修班特色人才培养模式

为提高学生就业技能，拓宽学生就业渠道，为柳州螺蛳粉产业培养有理想信念、工匠精神、高超技艺的"素养·管理·创新"国际化复合型技术技能人才，柳州职业技术学院推行辅修制度，根据柳州螺蛳粉产业链对应专业的情况，开设

7个专业方向的螺蛳粉辅修班，专业方向为绿色食品生产技术、食品检验检测技术、机电设备技术、广告设计与制作、市场营销、连锁经营与管理和电子商务。学生在学习主修专业课程的同时，可加入辅修班，通过辅修的形式开展螺蛳粉相关课程的学习。

辅修班有如下几个特色：① 对接柳州螺蛳粉产业，教学项目、教学内容均来自柳州螺蛳粉产业，针对性、实用性强；② 与柳州螺蛳粉生产企业对接，在学习期间可以到柳州螺蛳粉企业参观、实习，结业后可以优先进入柳州螺蛳粉企业相关岗位就业；③ 辅修班修读的课程可以替换公共选修课或专业选修课学分；④ 在校期间辅修，可以在毕业时掌握两个专业的内容，提高就业竞争力。

二、辅修班人才培养方案制定的基本原则

（一）坚持立德树人，德技双修

以立德树人为根本，遵循职业教育规律和学生身心发展规律，根据学校人才培养的总体目标和要求，结合辅修方向自身特点，因地制宜地制定人才培养方案。将思想政治教育、劳动教育、职业道德和工匠精神培育融入教育教学全过程，注重对学生专业核心能力、实践动手能力、创新创业能力和基本素养的培养。

（二）坚持需求导向，引领柳州螺蛳粉产业健康发展

针对柳州螺蛳粉产业的需求，聚焦柳州螺蛳粉产业品牌建设、产品创新能力、生产自动化、食品安全、国际化发展等方面的问题，有针对性地设计教学项目，完善教学标准，创新人才培养模式，提高人才培养质量，引领柳州螺蛳粉产业持续健康发展。

（三）坚持产教融合、校企合作

创新"政行企校"合作模式和机制，依托柳州螺蛳粉产业学院和螺蛳粉企业，校企共同制定人才培养方案和专业教学标准，开发岗位能力标准、课程和教学项目、评价体系，建设柳州螺蛳粉实训基地。将柳州螺蛳粉产业的真实项目高度融合教学课程，课程内容的学习以企业项目为驱动，贯穿于教学活动的每一个环节，实现课程内容与职业标准对接、教学过程与生产过程对接。

（四）坚持跨界合作、科学设课

以产业需求为导向，密切对接柳州螺蛳粉产业，以产业链为逻辑进行跨专业、跨领域合作，协同培养人才。根据柳州螺蛳粉产业的需求和面向的岗位，充分调研、严格论证，科学开设课程，完善辅修班人才培养方案。采用线上线下相结合的方式，灵活开展教学，切实保证教学质量。

三、辅修班学分与课程设置

（一）学分设置

开设辅修班的二级学院应依据柳州螺蛳粉产业人才需求，制订符合人才培养要求的辅修班教学计划，实行学分制管理。总学分为 24 分，其中通识课程 5 学分，专业特色课程 15 学分，综合实践环节 4 学分。学生修读辅修方向课程取得的学分可以计入主修专业毕业要求的公共选修课或专业选修课学分。

（二）课程基本框架

辅修班人才培养方案中所开设的课程必须能够系统地反映本方向面向柳州螺蛳粉产业相关岗位的能力要求。辅修课程主要由通识课程、专业特色课程和综合实践课程三大模块组成。

通识课程包括柳州螺蛳粉饮食文化、柳州螺蛳粉生产质量控制、柳州螺蛳粉企业现场管理、柳州螺蛳粉专业外语、柳州螺蛳粉营销》、柳州螺蛳粉相关主题讲座等。

专业特色课程由各专业根据柳州螺蛳粉产业调研的结果确定，若主修专业修过同质的课程可以申请免修相应课程（由开设辅修班的二级学院审定），专业特色课程总数为 5~8 门。

综合实践课程包括柳州螺蛳粉实践活动、柳州螺蛳粉创新创业训练、柳州螺蛳粉技能比赛、柳州螺蛳粉企业实习等。若获得柳州螺蛳粉相关的创新创业比赛、技能大赛校级一等奖及以上，可申请免修综合实践课程（由柳州螺蛳粉产业学院审定）。

（三）结业要求

学生获得主修专业毕业证书的同时，修完辅修班教学计划规定的课程且成绩合格的，获得学校颁发的辅修班结业证书。未能获得主修专业毕业证书者，不单独颁发辅修班结业证书。

四、辅修班的运行与管理

（一）申请与录取

1. 符合下列条件的学生，可申请修读辅修班：

（1）全日制在校大一、大二的学生；

（2）符合开设辅修班的二级学院要求的其他申请条件；

（3）学有余力，能够在完成主修专业的同时开展辅修班课程学习；

（4）每位学生在校期间限选1个辅修班且与主修专业不同。

2. 招生与录取

每年12月启动辅修班招生工作，开设辅修班的二级学院根据教学资源等情况制订招生计划，报教务与实训管理处、柳州螺蛳粉产业学院审批。

开设辅修班的二级学院对申请修读辅修班的学生进行资格审查，根据招生计划择优录取，报教务与实训管理处、柳州螺蛳粉产业学院备案。

（二）教学管理

（1）辅修班的教学管理工作按照学校教学管理相关规定要求执行。

（2）修读辅修班课程的学生应在学校选课通知规定的时间内，按照辅修教学计划和辅修班开设二级学院的要求选课。

（3）辅修班学习形式为线上与线下学习相结合，线下学习时间安排在教学周周日或寒暑假。

（4）辅修班课程和主修专业课程上课时间冲突时，学生应当首先保证主修专业课程的学习。

（5）学生辅修课程成绩单独计入辅修成绩单。放弃修读或未完成辅修班学习的学生，可向所在二级学院提出申请，用已修读合格的课程学分替代公共选修课或专业选修课学分。

（6）辅修课程的考核与成绩记载参照《柳州职业技术学院学生学籍管理规定》执行，辅修专业课程考核不合格的学生需重修，直到所有课程合格后，方能取得辅修班证书。

（7）学生毕业或结业时未修满辅修班要求的课程学分，其所修课程的成绩和学分仍保留在本人成绩单中，课程性质可由学生提出申请，由学生所在二级学院认定调整。

（三）辅修班毕业资格审定

（1）学生应在主修专业学制规定的学习年限内完成辅修课程的学习。

（2）学生获得主修专业毕业证书的同时，修完辅修班教学计划规定的课程，成绩合格的，可获得学校颁发的辅修班结业证书。未能获得主修专业毕业证书者，不单独颁发辅修班结业证书。

结业证书样式

> 学生×××，性别××，×年×月×日生，于×年×月至×年×月在本校×专业学习期间，辅修××（螺蛳粉方向），满足该方向规定学分，考试成绩合格，准予结业，特发此证。

（3）学生主修学业结束，无论毕业或结业离校，辅修班学习都相应终止。

（4）辅修班结业证书申报工作由开设辅修班方向的二级学院负责，与应届毕业生毕业审查工作分段进行，柳州螺蛳粉产业学院备案发证。

五、辅修班建设成效

辅修班自 2020 年开展以来，各项教学管理和运行工作在摸着石头过河的过程中不断完善，辅修班相关课程资源及教材、讲义的编制同步开展，出版了《柳州螺蛳粉》教材和 5 本自编讲义。同时，积极开展校企深度合作，以螺蛳粉为载体开展教学活动，在教师教学能力比赛、创新创业能力比赛中也屡创佳绩，螺蛳粉汤料上的味蕾——正交优选项目，获第六届中国国际"互联网＋"大学生创新创业大赛高教主赛道银奖；新疆尼雅国家非物质文化遗产艾特莱斯传承与创新项目获第七届中国国际"互联网＋"大学生创新创业大赛广西赛区选拔赛职教赛道创意组金奖，同时入围金种子训练营参加第二届广西大学生科技创业项目遴选特训营。2021年学校启动首届"匠心杯"大学生创新创业大赛,与企业合作,开辟互联网+螺蛳粉赛道,以赛促教、以赛促学,参赛项目200余项。开展柳州螺蛳粉相关课题研究15项,发表论文7篇,与企业联合开展项目合作和申报10余项。

辅修班开设及教学也受到了广大媒体的高度关注,人民日报、人民网、新华网、光明日报、经济日报、中国青年报、中央电视台、中央人民广播电台、江苏卫视、广西广播电视台等各级各类媒体均对螺蛳粉辅修班进行了采访和报道。柳州螺蛳粉辅修班为高职特色人才培养模式的探索提供了可参考、可借鉴的案例。

第三节 高职院校创新型拔尖人才培养的研究与实践

柳州职业技术学院自2019年开展了技术技能精英"天工班"试点,取得了一定的成效。

一、技术技能精英"天工班"试点简介

"天工班"是柳州职业技术学院为了探索技术技能人才培养模式,主动适应新技术、新业态、新模式、新产业需求而组建的创新型拔尖人才培养实验班,主要在机电工程学院、汽车工程学院、电子信息工程学院等优势专业群开展。组建"天工班"旨在创新培养机制,探索高端人才的培养模式,集聚企业、学校的优势力量,挑选一批品德优秀、学习实践能力强、技能突出、具有创新能力的学生,依托学校工程技术研究中心、大师工作室、创新创业基地,开展教学和训练,培养一批柳州支柱产业转型升级急需的技术技能精英。

"天工班"以二年级学生为主,鼓励跨二级学院、跨专业、跨年级组建"天工班",实行小班化教学,每班学生人数25~30人。

二、"天工班"的培养模式

"天工班"采用导师制,借鉴现代学徒制的培养方式,为每位学生配备教学导师,由导师根据学生的情况与学生共同制定个性化的培养方案,依托学校工程技术研究中心、大师工作室、创新创业基地开展教学和训练,学生通过完成企业

真实产品研发、制造、工艺改进、技术改造等项目，掌握汽车零部件精密制造、工业机器人系统集成、智能网联等关键技术。

依据各专业的不同情况，探索不同的培养模式：

1. 机电工程学院——基于工作室的导师带徒模式

依托学院内国家技能大师工作室、优秀人才工作室、工程技术研发中心，以国家技能大师、广西技术能手为导师，将"天工班"学生分成若干个团队，由导师带着学生团队开展企业真实产品研发、工艺改进和技术改造项目，在项目实践中学习和训练。

2. 汽车工程学院——基于现代学徒制的校企合作培养模式

以订单班的形式进入企业研发试验中心，学校和企业共同制定人才培养方案，依托企业真实项目或任务开展教学，由企业专家和技能大师授课，组织学生开展研发试验、整车试验、道路试验、公告强检试验、部件试验、试验室台架试验等岗位的实践。

3. 电子信息工程学院——基于项目实战的项目教学模式

组建学生团队，每个团队配备项目开发经验丰富的项目导师，根据软件项目开发开设相应的课程，人才培养方案第一课堂的课程不变。在课外，由项目导师带领学生承接企业外包业务，开发真实项目，开展项目化教学；同时模拟企业文化氛围，体验真实的企业节奏，实现"产、学、研、创、用"一体化。

三、"天工班"人才培养方案制定

"天工班"课程设置坚持以学生为中心，在满足学校规定的总学分及国家规定开设的公共课程基础上，课程设置方案按照统一与个性相结合的原则进行制定。统一部分是面向"天工班"学生均开设的课程，个性部分是导师根据学生的情况制定个性化的课程。

1. 公共必修课

国家规定开设的公共必修课，按要求开展教学和考核；校本公共必修课由导师制订学习计划，可以采用较为灵活的教学模式和考核模式。导师团队可担任公共必修课授课教师。

2. 专业课程

专业核心课程,按统一要求开展教学和考核,其他专业课由导师制订学习计划和安排。课程采用授课、讨论、实践、项目等方式,注重通过参与研发项目、专业实践活动来学习,注重创新能力的培养。

3. 选修课

选修课由导师根据学生的兴趣和特点制订学习计划和安排。

4. 第二课堂活动

"天工班"在培养方案中设置了一定比例的学术报告和研讨会,定期组织高层次研讨会,邀请企业、科研机构的专家学者参加;定期开展学生学术报告、演讲,鼓励学生参加国内外高水平的竞赛,学术交流;鼓励学生参加科研活动、创新创造活动,鼓励学生申请大学生创新创业项目,通过研究性项目提高解决问题的能力。

在课程的具体安排上,有50%以上的时间用于项目的实践活动。在课程设置和安排时,二级学院制订针对学生原专业课程的学分置换方案,并报教务与实训管理处备案。

四、"天工班"的管理

(一)组班与学生选拔

"天工班"一般在一年级第二学期或二年级第三学期组班,每个班的学生为25~30人。原则上依托某个专业开展,学生原专业不变。鼓励跨二级学院、跨专业、跨年级组建"天工班"。

学生选拔通过学生自愿报名、相关科目考核、综合面试考查等多种形式进行,择优录取,对于有特别潜质的学生,可破格选拔。选拔标准由二级学院根据学院的实际情况制定,注重考查学生的综合能力、专业兴趣和发展潜质,尤其要注重挖掘有特殊专业专长和有突出培养潜质的学生,将最优秀的学生吸纳到"天工班"。

入选"天工班"学生的条件:

(1)思想积极上进,热爱祖国、热爱社会主义,遵纪守法。

（2）专业基础扎实，有钻研和创新精神，学习勤奋，成绩良好。

（3）具有较强的自主学习能力和较好的心理素质。

（4）在区级及以上学生技能竞赛中获奖或在大学生创新创业类比赛中获奖的学生优先。

（5）在校期间获得专利、发表科技论文、科技项目或创新创业项目立项的学生优先。

（6）受警告、严重警告、记过、留校察看处分者，在处分未解除期间不予入选。

（7）二级学院根据专业特点制定的其他入选条件。

（二）学生管理

"天工班"学生实行动态管理。二级学院每学期对学生的课程学习情况、技术研发情况、交流研讨情况、竞赛获奖情况、导师评价情况等方面进行考核，并根据实际情况制定"天工班"学生退出机制。无法适应"天工班"教学模式的学生可在期末申请退出"天工班"，退回原专业继续学习，同年级非"天工班"学生可按照相关选拔程序和要求，择优增补到"天工班"学习。

（三）导师管理

"天工班"配备育人理念先进、管理经验丰富的班主任，全程负责学生的思想学习管理和身心发展。每个学生配备责任心强、师德高尚、教学科研实践经验丰富的导师，全面负责学生的专业成长，具体指导学生制订学习计划，进行专业实践能力、科研能力培养和训练等工作，一般1个导师指导的学生不少于10人。二级学院根据实际情况可以选择青年教师担任导师的助教。

"天工班"的导师应具有较强的责任心，且具备以下要求之一：

（1）学校优秀人才工作室主持人或大师工作室负责人或学校工程技术研究中心负责人；

（2）具有5年以上企业工作经历，有丰富的实践经验；

（3）中级以上的技术职称，目前正在主持或承担相关企业真实项目或科研课题。

二级学院每学期应对导师指导学生的情况、学生个性化培养方案执行情况、学生产出成果情况等方面进行考核，根据考核情况对导师队伍进行动态调整，对工作业绩突出、指导效果好的导师进行表彰。

（四）教学管理

"天工班"统一开设的课程教学环节按照学校教学管理相关规定执行。对于项目实践环节，可由二级学院参照项目课程、团队集体授课等方式进行导师工作量认定，项目实践过程的管理可参照目标管理的方式开展，但实践过程中的相关过程性记录应该完整翔实，能准确反映项目实践的实施过程，确保项目按计划开展，高质量完成，达到预期的目标。

"天工班"学生至少满足以下毕业要求后，由学校颁发"天工班"结业证书和毕业证书：

（1）完成人才培养方案规定的学分、活动分和诚信分；

（2）至少完成一个科技或创新项目；

（3）至少在校级专业类比赛中获得二等奖及以上；

（4）二级学院规定的其他毕业要求。

（五）经费管理

进入"天工班"的学生不额外收取费用。学校每年给每个"天工班"下拨10万元运行经费，主要用于耗材购买、资料购买印刷、学术交流、调研差旅等"天工班"运行相关项目支出。

五、实施成效

项目实施两年多来，取得了非常显著的成效："天工班"学生共获得专利41项，其中发明专利20项；进行企业技术服务43项，为企业创造了300多万元的经济效益；学生在技能竞赛和创新创业比赛中也屡获佳绩，共获得区级以上竞赛奖励20余项。

第八章
双创课程建设实践

第一节　柳州职业技术学院创新创业课程建设实践

就业与创业课程作为柳州职业技术学院的品牌课程之一，2007年被评为国家精品课程，2013年入选国家精品资源共享课，2020年成为在线开放课程。经过20余年的改革与实践，针对目前高校就业创业教育存在的问题，秉承"兴趣驱动、自主实践、重在过程"的原则，采用"'互联网+'教学、赛训结合、实战操作、社会服务"四位一体的教学模式，配合以赛促学、以赛促教、以赛促改的教学方法，通过线上线下的互动、校内校外的融合实现教学目标，取得了丰富的教学成果。

一、主要问题

根据麦可思研究院《2019年中国大学生就业报告（就业蓝皮书）》显示：2018届本科毕业生就业比例为73.6%，连续五届持续下降，2018届高职高专毕业生就业比例为82.0%，较2014届下降1.5个百分点；教育部高教司司长吴岩在同济大学举行的教育部高等学校创新创业教育指导委员会议上指出，2019年我国大学生创业者达35万人，但对于834万的毕业人数来说，只有4%左右，而发达国家一般在20%~30%，差距甚大，预示着问题凸显。

（一）学生问题

目前相较于毕业后选择创新创业，大学生更倾向于直接找工作或选择升学以缓解就业的压力。大多数大学生依旧认为创新创业是一项很难进行的活动，路途艰难，看不到成功的希望，导致大学生主动进行思辨能力的意识较差，进行创新创业活动的主动性不足，行动力缓慢，主动参与创新创业的概率极低。

1. 就业问题

随着互联网的普及与应用，当代大学生在自尊、自我概念、大五人格等方面都或多或少地展现了内隐的、潜意识、前意识层面上的个性。这样的个性往往标榜以自我为中心，享受工作的华贵，追求精致的生活，一旦失意，便会怨天尤人，造成自我能力与核心自我评价、金钱态度、就业认知力和执行力之间的不协调。就业的"初心"选择存在偏差，导致就业难度的增加或自我调适的不足，进而影响就业的灵活性和现实性，导致整体上就业形势低迷。

2. 创业问题

作为没有社会职场经验的弱势群体，大学生在选择创新创业项目时，往往对市场行情不做深入细致的分析，容易根据市场热点或个人兴趣进行主观选择，难以有效把控行业市场的发展态势，对创业项目论证多数存在纸上谈兵的情况，缺乏对市场的理性分析。对产品市场定位、发展前景、项目可行性进行分析和论证是创业成功必不可少的前提条件，相比社会创业而言，大学生创业在这些方面劣势明显，创业失败可能性也相对较高。

（二）师资问题

就目前来看，一般教师没有接受过系统的就业创业学理论教育。同时，许多专业领域的教师对就业创业教育持观望或怀疑态度，既不了解就业创业教育的本质，大多从个人经历角度主观判断创业教育优劣，也无暇或不愿顾及与其专业研究关联性不大的教育活动，导致许多就业创业教育教师既缺乏就业创业教育学的知识基础，也缺乏就业创业与专业的必要对接。

（三）课程改革问题

从现实来看，尽管各高校都对就业创业课程给予了充分的重视，在人、财、物等方面配备较快，但由于课程缺乏专业依托，教师团队各有侧重，课程缺少系统化设计，课时较少，内容单薄，教学目标模糊，课程运行不够系统，多属于就事论事，严重缺乏针对性和后续性服务，无法满足学生的实际需求和长远需要。同时课程的考核方式混乱，缺乏对学生就业创业学习真实有效的考核机制。

（四）教学模式问题

就业创业课程虽然是必修课，但由于就业创业课程的特殊性和现实性，不管采用项目教学还是翻转课堂，都难以应对复杂多变的社会现实的发展，特别是受到疫情影响，就更难以发挥课程的真正效用。看似可以采用目前"互联网＋"和新媒体平台背景下的教育改革，但仍无法给大学生提供针对性的专业指导，而且阻碍学生创新创业实践意识的萌芽，不能切实提高大学生的就业创业水平。

二、主要做法

柳州职业技术学院依托国家精品课程和国家在线课程"就业与创业"，针对当今大学生"手机控"的现状，广泛融入"互联网＋"的教育资源，突出在师生分离的情况下，借助于互联网信息技术开展新型的教育教学模式，有效地把学生的课前、课中、课后的学习全过程统一起来，打通了学生校内、校外、校后的学、用、做的全程化教学服务，较好地解决了怎么教（通过线上、线下的综合实施，以翻转课堂为主要教学形式，以任务驱动贯穿教学过程，以游戏来激发教学兴趣，把传统或纸面意义上的信息化教学进行了升级和改版，使教学过程智能化、舒适化、实时化和实地化），怎么学（通过"互联网＋"的移动终端，学生可以在任何地方在网上选择自己喜欢的方式学习、检测及寻求帮助，实现"转益多师"），教什么（借助互联网大数据资源，通过整合与挑选，实现"点—线—面—体"的知识架构，紧密结合中国国际"互联网＋"大学生创新创业大赛内容，以赛促学，以赛促教），如何教（通过智能终端的应用，充分利用教育资源的共享，达到线上线下的互补，完善课堂教学与课外学习融通），怎么测（每个学习时段都有任务检测，配合各级各类创新创业大赛的专门化检测），怎么续（密切跟踪学生走入社会后在就业创业中遇到的问题，及时提供辅导或帮助）的教学整合问题，充分启发学生自我能动意识，培养学生关注就业创业，切实增强学生的就业创业能力。柳州职业技术学院通过这种方式培养了大批职场精英和青年企业家，取得了显著的教改成果，深得同行的广泛赞誉，同时也被中国教育报、中国青年报、柳州电视台等多家主流媒体大力报道，在社会上引起了广泛的反响。

（一）形成了集课程开发、教学实践、社会验证的全方位育能体系

本课程团队成员由自由专任教师、专业教师、学生辅导员、职场精英、社会企业家等共同组成，形成以专任教师为基础、专业教师为指导、学生辅导员为依托、职场精英为案例、社会企业家为方向的体系化教学师资，融教学、实践、验证、帮扶等为一体，精诚团结，各尽所长，目标一致，以培养学生就业和创新创业应用能力为目标，广泛涉猎国内外有关就业与创新创业的理论和实践，及时跟踪国家和地方有关创新创业的文件指示，密切关注大学生就业创业的局限与困境，不断更新知识平台、课程结构和教学方法，做到在校有指导、出校有服务、困难有帮扶的全方位育能体系。

（二）打造了就业与创新创业个性化的育能全服务贯通体系

本课程开课伊始，便以服务大学生的个性化就业创业为导向，按照"专业为基础、兴趣为趋向、能力为主导、社会为根本"的育能思路，尊重大学生个性化就业创业发展的需求，以课堂教学与互动增强就业创业意识，以课余培训明确就业创业认知，以精心参赛锻炼就业创业能力，以适应社会验证自我的选择，以社会企业家满意为育能目标，进行学生就业创业的全学习服务贯通，深受广大学子的欢迎和推崇，已经有多名学生成为企业界的精英，同时也为学校连续21年被评为"广西高校毕业生就业创业工作突出单位"打下坚实的基础。

1. 紧跟人才培养目标

本项目一直紧跟学校各个专业人才培养目标，要求每个专任教师必须了解所教专业的人才培养方案，通过团队会议、外出学习等明确"促进就业创业质量、优化就业创业结构、提升就业创业效率"总体思路，及时跟踪反馈用人单位实际需求，做到精准定位服务，促进就业创业与人才培养齐头并进。另外，利用各类就业创业大赛的机会，不断加大与兄弟学校教师、企业家、大赛评委等人的工作

交流，尽可能让学生与企业家、专家等人面对面进行有效沟通和交流，将用人单位的意见和建议直接反馈到学生的就业创业学习过程中。

2. 开发符合时代要求的课程体系

随着"互联网＋"时代的飞速猛进，就业创业的信息千变万化，针对"互联网＋"时代特征，本项目以国家和有关地方的政策方针为导向，不断扩充教学内容，丰富教学手段，以大学生就业创业实际需要为基础，将就业与创业一门课程开发为职业生涯规划、创新思维训练、就业指导与职业核心能力训练、创新创业基础和移动商务运营五级融通式课程。五门课各有侧重，但又密切相连，把阶段性学习变成终身学习，融入专家指导、精英沙龙、赛场新变、创业实践等多种社会资源，集线上线下的学习与实训为一体，建立了从学习到职场服务的全程化课程体系。

3. 打造了较为完善的教育教学团队

经过10余年的发展历练，本项目形成了以首席教师为龙头、以骨干教师为主体、以兼职教师为扩展的团队。领军人物作为课程的核心教师，不但能对创新创业最新政策和各种要求进行正确解读，还能针对不同创新创业需求的大学生提供指导和帮助；骨干教师作为创新创业师资的主要力量，是高校创新创业课程改革和实施的最重要组成部分，有着较为丰富的创新创业教育经验，具有"骨干"和"专家"的双重能力和素质；兼职教师能够立足于教师本身的专业背景，充分发挥自身的资源优势，能以贴近专业学习的角度来理解和贯彻创新创业教育的教育实质和需要。

4. 建成了对接时代要求的创新创业孵化器

本项目借助学校的力量，通过相关系部的配合与指导，为创新创业团队提供项目支撑、场地设备、产业对接等，通过创新创业等大赛，引入已经毕业创业的青年企业家，为创新创业项目孵化提供可资借鉴的发展经验，形成了一、二、三类产业较为齐全的创新创业团队孵化流程，也总结出高校创业孵化器建设过程中的成功经验。地方政府、高校和孵化器自身应该各自发挥不同的作用，同时要建立开放型的运行机制，形成三方联动效应，凝聚起建设高校创业孵化器的合力。

5. 构建了对接毕业后服务咨询系统帮扶体系

依托国家精品课程和国家在线课程就业与创业的有利资源，针对当今大学生"手机控"的现状，广泛融入"互联网＋"的教育资源，密切跟踪学生走入社会创新创业遇到的问题，按照"专业为基础、兴趣为趋向、能力为主导、社会为根本"的育能思路，以适应社会、实现自我价值和社会企业家满意为育能目标，进行学生创新创业的全学习服务贯通，及时提供辅导和帮助的教学整合问题，充分启发学生自我能动意识，培养学生关注创新与创业，切实增强学生的创新创业能力。

三、创新之处

（一）师资建设创新

本项目的师资在自我培养、外出学习、校企合作、校校合作等常见的就业创业校本培养的基础上，广泛吸收职场精英、青年企业家、行业专家等各类人才作为兼职教师，以校本教师作为就业创业基本知识和实习实训的基础，不间断地渗入上述校外各类人才的观点和意见，比如浙江大学长江学者徐小洲、中央民族大学大学博士生导师李健等，各专家为本项目的顺利推进给予了悉心的指导和帮助，对于学生就业创业产生了积极而深远的影响。

（二）课程建设创新

本项目课程建设注重实用性和连续性，把就业创业作为一个整体，四门课程配合实训软件通过"互联网＋"实现互融共通，各自独立而又前后贯通，每个章节可以独立成章，针对一个就业或创业的问题，有课件、有教案、有视频、有案例、有练习、有检测，也可以全面学习、综合考量；既可以独立自我学习，也可以与教师或校外专家、企业家等实施互动答疑，寻求帮助，还可以通过借鉴案例经验，更快地促进自我就业创业的实施和推进。

（三）教学过程创新

本项目除了完成校内基本的教学和实训，还进行针对性的社会性教学实践和验证。教师经常利用业余时间、外出参赛和帮扶就业创业的机会带领部分学生进行就业创业的综合演练，如一块钱生存考验、学长就业创业的经验总结等，把校内教学、校外实践结合起来，并把教学过程有效地延伸到社会现实，即使学生毕业后进入真实的就业创业情境也可以得到针对性的指导和帮扶，既有力促进了学生的后续学习，也让教师更多地了解了职场，对进一步提高教师的教学认知与水平意义深远，教学相长也得到了切实的体现。

（四）教学模式创新

本项目不仅拥有完备的书面纸质教学材料，更有现代信息技术需要的各种电子资料，还拥有全时段平台教师答疑和讨论，全部通过智慧职教、超星学习等网络平台进行整合和运作，学生没有在校或缺少部分章节学习，甚至是外校师生在申请注册后，都可以针对自己的需求，利用平台的微课视频、课件、案例等独立完成自己的学习目标，检测学习结果，通过学习平台在线上向教师或专家寻求帮助，让自己的学习更充实、更完善。

四、建设成效

（一）培养了一批就业创业型人才，提升学校就业创业工作的新高度

本项目以所负责的 KAB 社团为基础，结合各个系部的人才培养方案，借助学校大力支持的职业生涯规划大赛、中国国际"互联网+"大学生创新创业大赛等就业创业活动，鼓励学生走出校园，磨炼就业创业意志，提升就业创业水平，培养出了一大批职场精英、大学生创业英雄百强和青年企业家，如柳州市青年企业家协会会长林福坤、柳州皓景科技董事长马付恒、广西玉房科技网络公司董事长刘梅、南宁聪慧科技公司董事长吴雅婧、北京兵兵到家科技公司总经理李思明和深圳通利华公司东莞分公司总经理李家颖等，有力促进了学校"全国高职院校创新创业示范校 50 强院校"、"广西高校毕业生就业创业工作突出单位"的建设和发展。

（二）建成了一批就业创业针对性课程

本项目课程紧跟国家和地方政府的方针指引，及时开发配套课程，更新内容设置，完善数据支撑，针对就业创业新动态、新问题，打造针对性的情境教学，以项目为推进手段，坚持重点突出、难点突破，将原先就业与创业一门课程开发为职业发展与职业生涯规划、创新思维训练、职业发展与就业指导、创新与创业

实务和移动商务运营五级融通式课程，五门课程各有侧重，但又密切相连，可以自由选择，满足各个阶段的学习，辅以专家指导、精英沙龙、赛场新变、创业实践等多种社会资源，建立了从校内小白到职场精英的全程化教学课程体系。

（三）提升了就业创业师资队伍的教学水平

本项目近5年来，充分利用学校和二级学院的大力支持，积极参与各项提升培训和业务学习，专任教师每年至少有两位外出学习最新的相关知识和技能，如教育部的"互联网+"大赛指导技能和知识的培训、文旅部的"研学旅行"等。5位专任教师获2018年第四届"互联网+"中国大学生创新创业大赛优秀指导教师，如许明老师获得2014—2019年全国高职院校创新创业教育工作先进个人，岳德虎老师获得2017年度全国高职院校创新创业教育工作先进个人。指导的学生获得2015、2016年中国大学生微创业大赛金奖，第四届、第五届"互联网+"中国大学生创新创业大赛全国铜奖、广西金奖，第六届"学创杯"全国大学生创业综合模拟大赛特等奖，累计获得国家奖项21项（含金、银、铜）、广西奖项35项（含金、银、铜）。这些充分展示了本项目师资队伍教学水平的不断提高。

第二节 创新与创业实务课程思政案例

一、课程思政总体设计

柳州职业技术学院秉持"让学生成为企业的首选"的使命和"求真务实、追求卓越"的价值观，坚持立足地方、融入地方、服务地方，积极推进校企合作、产教融合、协同育人。

本课程以中华民族复兴为前提，以专业学习为基础，结合国家的时代要求和个人的发展志向，整合各类教学资源，构建创新创业教学体系，充分发挥课程思政的传承优势，为"立德树人"发挥切实的作用。

一是课程思政与创新创业文化自信的融通与互动。通过增加学生与课程思政接触的机会，锻炼其品格，增强其文化自信，从而把理想信念、人生态度、精神品质转化为创新创业实践，坚定为中华民族伟大复兴而奋斗的决心。

二是课程思政与创新创业"不忘初心"的融通与互动。教育广大学生必须要"不忘初心"，充分认识我们的时代和义务，将"不忘初心"与创新创业统一起来，激发自我创新创业的意识和实践，鼓励他们到祖国最需要的地方展示才华、服务社会，为中华民族的伟大复兴做出应有的贡献。

三是课程思政与创新创业理论与实践的融通与互动。首先，培养学生要坚定理想信念，树立民族自强的观念，把自己的创新创业投入伟大的中国梦之中；其次，培养学生不畏艰险、迎难而上的刚毅精神，激励他们不畏失败、顽强拼搏，把困难转化为动力，沿着既定目标继续努力；最后，培养学生不骄不躁的创新创业精神，保持谦虚、谨慎和艰苦奋斗的作风。

二、课程思政教学实践情况

本课程作为响应双创国策的双创教育课程体系中的一门前导公共基础课，根据《国务院办公厅关于深化高等学校创新创业教育改革的实施意见》等有关文件精神，落实习近平总书记关于大学生创新创业的有关指示，依据本校学生创新创业教育与专业教育融合的实际，结合专业人才培养目标，通过香蕉项目的入孵、优化、反哺和衍生，让学生在学会运用专业知识技能解决创新创业问题的过程中，深切感知扎根乡村、重塑自信、社会责任、家国情怀等思政元素，最终实现紧跟时代需要，并能扎根乡村，在创新创业实践中培养学生的社会责任感和家国情怀。在教学过程中充分展示国家发展政策，传播社会主义核心价值观。

本课程教学设计立足于中华民族伟大复兴，培养高校学生双创思维。先从意识上为学生打开双创的思维空间，为以后创新创业奠定思维上的准备。针对不同的专业，以职业能力为本位，以实际工作任务为引领，以工作过程为主导，与行业企业合作进行课程规划设计，打造融"教、学、做"为一体的工学结合课程建设模式。

（一）教学内容分析

1. 教学设计思路

以机电设备维修与管理专业授课为例，该专业主要培养具备较强实践能力和创新精神，能在生产、服务第一线从事机电设备安装调试、维护、维修和管理等工作，具备"素养·管理·创新"的高素质设备管家。课程设计包括项目创意、项目优化、项目路演、项目衍生四大模块,让学生在创新创业实践活动中,明确创新创业思路,识别商业机会,运用专业技能解决创新创业问题,树立创业自信,扎根乡村,培养社会责任感和家国情怀,达到"敢闯、会创、有为",构建适应职业院校的双创教育生态圈(见图 8-1)。

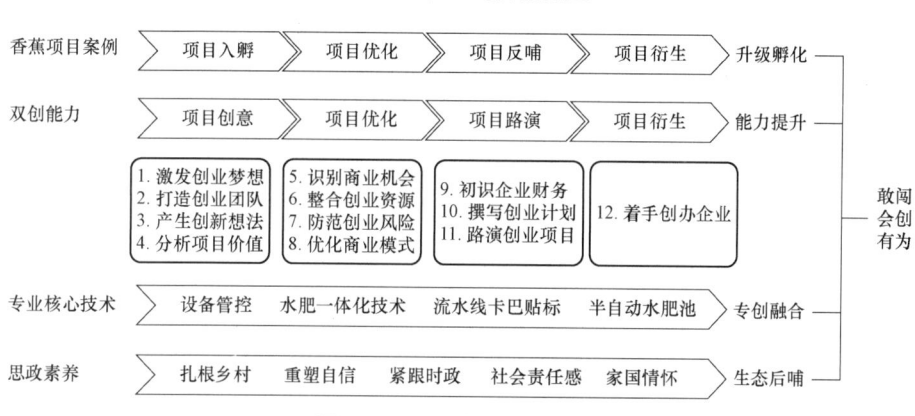

图 8-1 课程教学设计思路

香蕉项目案例:融合香蕉项目实践经验,在项目入孵阶段,完成项目创意,激发学生扎根乡村创新创业的意愿;项目优化阶段,识别商业机会,整合创业资源,优化商业模式,提升学生创新创业信心;项目反哺阶段,完成项目路演,撰写创业计划书,紧跟时政,培养学生的社会责任感;项目衍生阶段,着手创办企业,培养学生的家国情怀。

双创能力提升:设计项目创意、项目优化、项目路演、项目衍生四大模块能力递增,帮助学生结合乡村振兴产生创新创业项目,对项目进行优化、路演,具备创办企业的基本知识和技能,提升学生的创新创业能力。

专创融合:以设备管控、水肥一体化技术、流水线卡巴贴标、半自动水肥池等机电设备维修与管理专业核心技术创新为突破点,帮助学生将专业技能与创新创业项目相结合,推动香蕉项目与学生自我创新创业项目共同发展,实现专创融合。

思政素养:在教学实施过程中,紧跟时政,融合国家乡村振兴政策,通过优秀毕业生的案例，激发学生用专业知识服务乡村振兴，树立创业自信，培养社会责任感和家国情怀。

2. 教学内容设置

根据学情分析、课程目标，结合机电设备维修与管理专业人才培养方案，设计了项目创意、项目优化、项目路演、项目衍生四大模块，激发创业梦想、分析项目价值、优化商业模式、路演创业项目等12个子任务，共计20课时（见表8-1）。根据任务点设置互动游戏，同时，通过各级各类创新创业大赛、创新创业模范人物评选、创新创业训练营等第二课堂活动，使第一课堂与第二课堂结合，推动完成创新创业教育生态圈。

表8-1 教学设计思路一览表

教学模块	教学内容	任务点	互动游戏	生态圈推动
项目创意	1. 激发创业梦想（2课时）	点燃乡村振兴创业梦想	画布填填看（痛点分析）认知创业沙盘游戏	1. 推荐学生参加各级各类创新创业大赛，提升项目知名度； 2. 推荐学生参加创业英雄、模范人物评选等活动； 3. 推荐参加各级各类创新创业高端论坛会议
	2. 打造创业团队（1课时）	寻找优势互补、志同道合的合伙人	创业团队沙盘游戏	
	3. 产生创新想法（2课时）	运用本专业的知识对项目进行分析，产生新的创业想法	销售纸飞机游戏	
	4. 分析项目价值（2课时）	结合价值画布深析项目，实现对本组项目的价值分析	画布填填看（价值分析）	
项目优化	5. 识别商业机会（2课时）	以分析项目竞争市场数据为例，多方分析本组项目商机	画布填填看（商业机会分析）	1. 该专业学生在学习过程中产生大量创业想法，对项目的持续优化完善起到推动作用； 2. 借助本校孵化器资源，帮助项目升级高新技术产业
	6. 整合创业资源（1课时）	以项目抱团发展资源整合思路为例，整合资源抱团发展	画布填填看（资源分析）	
	7. 防范创业风险（1课时）	以项目的风险对策为例学会预测及评估风险	画布填填看（风险分析）	
	8. 优化商业模式（2课时）	深析项目商业模式，实现对本组项目的商业模式设计	画布填填看（商业模式画布）商业模式沙盘游戏	

续表

教学模块	教学内容	任务点	互动游戏	生态圈推动
项目路演	9. 初识企业财务（2课时）	以项目的成本和利润数据分析为例，学会计算与预测本组项目的收入和成本费用	水果拼盘游戏	1. 项目完成从农村合作社到农业科技有限责任公司的转型； 2. 参加地方创业竞赛，拿到最佳人气奖，获得无息无抵押贷款奖励； 3. 受聘为学校创新创业导师
	10. 撰写创业计划（1课时）	借鉴项目创业策划，了解创业计划的内涵、作用、类型和基本结构	企业经营管理沙盘	
	11. 路演创业项目（3课时）	接受项目负责人作为创新创业导师点评分析项目	我是投资人	
项目衍生	12. 着手创办企业（1课时）	借鉴项目企业注册经验，了解创新创业政策，提升理解政策和法规的能力，做好创业准备	企业开办沙盘游戏	1. 帮助申请专利； 2. 指导企业商标注册； 3. 提供法务财务专业援助

（二）教学策略与实施

课程教学以运用机电设备维修与管理专业技能进行香蕉种植基地创业的案例贯穿始终，结合课程知识点层层剖析香蕉项目，完成专创融合视域下乡村振兴创新创业项目的课程任务。通过分析香蕉项目成功的经验，帮助学生了解创新创业的基本知识和实践能力，鼓励他们扎根乡村，服务社会。

课程围绕专业人才培养方案教学和能力目标，设定"五线谱"生态教学策略，以任务线为课程总领，以案例线为设计基础，以活动线为任务推动，以手段线为实现方式，以能力线为提升目标，按照探寻问题—剖析原因—解决办法—评判效果—优化拓展五个环节展开。

探寻问题：依托香蕉项目的案例，结合教学知识点层层展开，提出问题。

剖析原因：教师剖析香蕉项目案例中关于该部分知识点的内容，帮助学生进一步理解和掌握教学内容。

解决办法：教师布置任务，如何运用所学的内容启发学生通过香蕉项目对自己的实践项目进行思考，由此优化和完善适合自己的创新创业项目。

评判效果：通过分组研讨展示、生生互评、教师点评等方式帮助学生进一步完善自己的项目。

优化拓展：通过贝腾虚拟仿真、天九老板云等平台巩固所学知识，进行优化拓展。帮助学生在完成任务的过程中达到教学目标，提升专创融合能力。

在教学手段和活动方面，课前通过中国智慧职教 MOOC 学习平台、超星学习通等信息化手段帮助学生掌握创新创业知识点；课中运用自主开发的痛点分析画布、价值分析画布、资源分析画布、风险分析画布、商业模式画布等系列画布，厘清思路，巩固知识并完成课堂任务，同时通过沙盘游戏、水果拼盘、我是投资人等游戏环节，提升合作精神，锻炼创新思维，关注乡村振兴，产生专创融合的创新创业项目，提升创新创业项目开发与运用能力；课后通过天九老板云 APP、贝腾虚拟仿真平台进行项目的提炼与优化。

三、课程特色与创新

（一）融入课程思政，增强思创整合

加强课程思政，确保创新创业对党忠诚、一心为民，引导学生自发地为实现中华民族伟大复兴做出自己的贡献，形成以为国为民为基础，公序良俗为准则，法律法规为底线的创新创业运行活动机制，增强创新创业的针对性、有效性和服务性，从而真正实现创新创业的目标。

（二）"五线谱"教学策略

本课程以任务线为课程总领，以案例线为设计基础，以活动线为任务推动，以手段线为实现方式，以能力线为提升目标，按照探寻问题—剖析原因—解决办法—评判效果—优化拓展五个环节展开。如以"香蕉种植基地升级孵化"为案例"一案到底"，引导学生明确机电设备维修与管理专业学习与创业之间的关联，掌握专业与产业结合下的创新创业构思、提炼和优化。如"御楠香"项目中，学生设计了"水肥一体化自动滴灌系统"，解决了茶叶种植过程中灌溉低效、不精准等问题。

（三）"针对性分析画布"提升创新创业项目开发与运用能力

本课程依据本校学生的创新创业实际，结合学生的学习基础，自主开发出一

列的商业画布（痛点分析画布、风险分析画布等），以更直观的方式融入专业发展和社会实际，指导学生用系列画布分析创新创业项目，学会运用系列画布的分析范式进行本组项目提炼与优化，提升创新创业项目开发与运用能力。

四、课程评价与成效

本课程采用过程性考核评价方式，注重对学生的过程性、表现性、发展性评价，注重对学生在完成学习任务中的各个学习环节的考核。考核内容包括在线学习时长、学习活动参与度、协作学习成果累计、实践报告评定、实训学习表现等多方面综合评价。结果表明：80%以上学生了解专业技能在实践中的运用，90%的学生能够掌握项目价值分析、资源整合、风险防范、成本控制、创业计划书撰写等创新创业基础知识，产生的创新创业项目中有80%符合乡村振兴主题（如"掌上明猪"项目中，学生设计并运用"轻钢焊接+过滤纹网"解决了猪的蚊虫叮咬及通风问题），90%的学生懂得如何将创业构思与专业技能融合，产生了掌上明猪、御楠香、民族婚庆、民俗体验等乡村振兴主题的创业项目，其中掌上明猪、御楠香两个项目获得第六届中国国际"互联网+"大学生创新创业大赛广西区赛铜奖。这进一步促进学生树立创业自信，认为农村创新创业有更为广阔的天地，激发返乡创业热情，使学生返乡创业的意愿从课前的5%提升到80%。

据统计，仅仅在2020年疫情期间，本课程共开设了两轮在线教学，累计来自332所院校的16 018名学员参加了学习，师生、生生互动数达到4.62万次，学生学习日志总数达到205.83万次，全社会在线考试通过率达到75.67%。在智慧职教平台建设的在线开放课，已完成了两轮完整开课，累计学员达到10 509人，分别来自全国215个单位，共产生3.22万次的交互量，累计访问日志总数125.85万次。广东农工商职业技术学院、天津轻工职业技术学院、安徽国际商务职业技术学院的教师与本校任课教师进行课程交流时，均给予本课程很高的评价。

第三节 童装设计课程"项目主导，专创融合"教学模式研究

在"大众创业、万众创新"的背景下，高职院校确立的"项目主导，专创融

合"的人才培养模式，为经济社会的高质量发展创造了有利契机。童装设计课程是柳州职业技术学院服装专业一门实践性很强的专业核心课，专业教师为解决企业难题，以企业实际项目为载体，重新构建了基于工作过程的全新课程体系，建立实践和创业平台，将专业教育与创业教育相结合，推动了课程教学的改革创新，显著提升了本专业学生的创新创业能力、专业技术能力、岗位职业能力和社会实践能力。

一、基本情况

童装设计课程是针对服装生产企业童装设计岗位而设置的，培养学生具有童装图案设计的能力、具有设计不同年龄段童装的能力、具有运用民族元素进行童装设计的能力的核心主干课程；通过学习，不仅使学生掌握童装设计的基本方法与技巧，而且能培养学生由衷热爱童装设计的职业道德。

陆进老师在走访、调研企业过程中，发现广西蓓蕾公司旗下的依米兔品牌每年有一千多款的设计开发任务，但公司目前只有两名设计师。繁重的设计任务成为企业的难题，设计总监主动提出与学校合作，为解决企业的困难和问题。陆进老师在童装设计专业教学中引入"项目主导，专创融合"教学模式，带领并组织专业教师开展了专创融合的课堂教学改革。

二、存在问题

（一）创新创业教育与专业结合度不紧密

近年来，创业教育逐渐受到重视，教育部在 2010 年也下发了《关于大力推进高等学校创新创业教育和大学生自主创业工作的意见》，提出创新创业教育的核心要求，即"面向全体学生、结合专业教育、将创新创业教育融入人才培养全过程"。学校也开展了各种形式的创业教育，但是却存在一些问题，主要表现为创业教育流于形式、创业教育与专业教育结合不够紧密、难以衡量创业教育效果等。

（二）服装专业学生对设计岗位缺乏全面系统的认知

服装专业的设计类课程实训，主要停留在模拟主题创意训练的阶段，缺乏真实项目作为依托，知识点、技能技巧点学习呈现碎片化，学生对服装设计师岗位工作的全流程缺乏全面系统的认识，对将来从事的实际工作中可能出现的问题无法提出解决方案。

（三）专业教育与创业教育融合机制尚未健全

目前的研究主要围绕观念的转变、课程体系的构建、教学内容的改革、校园文化的营造等方面展开，缺少专创融合机制构建的研究和实践。

三、解决思路

通过校企合作，获得大量企业实践项目；健全专业教育与创业教育融合机制，让创新创业活动的主体教师和学生积极参与到创业活动中去；引入"项目主导，专创融合"教学模式，实施"双导师制"，构建基于工作过程的童装设计全新课程内容体系，让学生在真实项目实施过程中掌握童装设计岗位运作的全流程，形成一套有效的教学组织与评价，在解决企业难题的同时，也将教学成果转化为市场产品，培养出符合社会需求的双创人才。

四、解决措施

（一）引入"项目主导，专创融合"教学模式

真实项目的来源分为两类：一是校企合作项目；二是学生的创业项目。这两类项目是专业教育与创业教育融合的有效载体。

通过校企合作，童装设计课程引入依米兔品牌的爬爬装夏款的设计项目，让学生通过真实项目的学习及实践，不仅掌握各类知识点和技能点，更能对设计岗位工作的全流程有清晰的认识，还能对将来从事的职业岗位中可能出现的问题提出解决方案。

国内高校日益重视创新创业教育，开展了形式多样的创新创业活动，如各类创新创意大赛、创业培训、成立创意产业学院，这些活动在一定程度上普及了创新创业知识，激发了学生的创业热情。但是由于缺乏专业知识的支撑，学生的创业项目往往比较低端，后续发展乏力，参与创业的也只是少部分学生，无法形成由专业到专长、由专长到创业的培养过程。只有在人才培养模式中融入创业教育，将创业教育与专业教育有机结合，构建创业教育与专业教育融合的课程体系，并以课程教学改革为抓手，将创业内容融入专业教学过程，通过"第二课堂、名师工作室、企业实习"等多种形式的专业实践，孵化创业项目，才能实现创业教育与专业教育的深度融合。

（二）实施双导师制

在课程项目实施过程中，聘请依米兔品牌设计总监为创业导师，为创新创业项目提供科学的指导。创业导师主要负责审核学生创业项目的策划方案，指导学生准确把握服装行业动态、市场流行趋势，并制定整体目标及实施措施，促进项目成果的转化；对学生进行专业的指导，提高学生的服务意识、质量意识、合作意识及成本意识等。

（三）掌握童装设计岗位运作的全流程

学生在依米兔爬爬装项目实施过程中，专业知识的学习是基础，项目的开发是对专业知识的综合应用与强化，是对专业知识的检验和提升。童装设计课程以真实项目为载体教学，使学生在项目实施过程中逐步具备扎实的专业基础和技能，掌握童装设计岗位运作的全流程，有效地激发学生的创业热情和创业潜能。

首先，依米兔品牌设计总监到校发布设计任务，项目分小组分析任务并提出任务难点，专业教师与品牌设计总监共同讲解品牌色彩及面料趋势，引导学生进入品牌设计的状态；然后，按照童装设计岗位流程重新设计教学内容，让学生在真实项目中掌握岗位运作全流程；企业导师负责项目的商业信息发布、作品到产品转化的品控，专业教师负责创意发想、方案的形成、作品表达等；学生在项目任务的研究、实践中不断挑战自我，形成初步设计方案后，集中优选，呈现阶段性设计成果，最后成为客户认同的产品。

（四）构建基于工作过程的童装设计全新课程体系

1. 构建基于工作过程的课程体系

童装设计课程，以学生为主体，以 ADD 理念设计课程内容，并分析学生在创新创业过程中所需的素质与能力，构建基于工作过程的课程体系。学生在教师与企业导师的双重辅导下，学习专业知识，运营企业设计项目，"学中做，做中学",在学习行动中专业技能、创新能力和双创意识同时能得到提升;体验企业的运营模式,培养学生的沟通和协调人际关系、团队合作、劳动组织与实施、遵守纪律、成本控制等职业素养;在课前、课中、课后主动地学习和探索,并在项目实践中检验教学成果。

2. 多层面结合的课程促双创融合

通过童装设计课程引入真实项目,学校开设通识类的创新创业、人文素养等课程,第二课堂开展企业文化讲座、人文素质拓展活动、创新创业竞赛等,指导学生开展创新创业活动实践。实施项目双导师制,指导学生开展创新实践活动,注重学生创新思维和创新能力的培养;教学组织上,通过线上线下合作来优化团队的知识体系,更有效地完成教学项目;由此形成一个完整的"教、学、研、创、产"教学过程,通过"产教、专创"双融合,校企协同开展真刀真枪实训,促进学生从旁观者角色转变为积极参与者、成熟实践者,增强创新创业"热度",夯实人才培养"厚度"。

3. 以 ADD 理念设计课程内容

以工学结合为指导,以工作过程为导向,植入依米兔爬爬装设计的实战项目,遵循学生从初级到高级的认知发展规律,针对"童装设计助理(Associate Designer of Children's Wear)—童装设计员(Draughtsman of Children's Wear)—童装设计师(Designer of Children's Wear)"学生职业成长的三阶段,设计典型工作任务(寻找灵感、确定素材,色彩材质的研究、款式造型的创意、造型的运用、设计样品的实现及展示),重构教学内容,设置了四个与企业的主题实战项目密切关联的学习情境。

4. 专创融合设计课程项目

童装设计课程根据工作岗位需求设计了四个学习情境(创作意图的表达、色彩与材质的表达、局部造型设计、整体造型设计),以及过程性的 5 考核(素材分析、色彩与材质表达、图案设计、日常装设计、主题系列设计),每一个情境又根据工作任务和工作过程设计了子情境,学生根据具体的项目,进入真实的工作情境,经历完整的工作过程,通过完成爬爬装设计的项目内容达到做中学、学中做。

5. 专创融合学习过程的组织与评价

童装设计课程把过程性考核作为过程性激励机制，通过闯关、升级、积分、勋章、竞赛等方式，激励学生的学习创新欲望；课程形成多元评价体系，建立自评、小组互评、教师评价以及企业评价、市场认可度相结合的多元评价体系，确保评价的客观性，并从企业采用设计方案、批量生产售出数量、专利申请和主持参与大学生实践创新训练项目、参加专业技能竞赛获奖、获得奖学金等方面健全评价指标体系，量化评价学生专业能力、创新能力和职业素养。

在获得专业知识的同时，学生自我学习能力、解决问题能力、信息处理能力、与人交流能力、创新创造能力、与人合作能力等职业核心能力也得到了较大的提高。专业教师带领学生开展企业项目实践，为企业服务，企业技术人员到校参与专业建设，为教学赋能。

（五）健全专业教育与创业教育融合机制

校企双方在探索产教融合机制、体制创新的同时，深化校企合作，搭建产教融合实训平台，为专业教育与创业教育融合人才培养模式的实施提供机制保证。各部门做好协调，完善创业激励政策和创业考核制度，为学生创业实战在经费、场地、导师、考核等方面提供制度保障。

学校层面，制定《创新创业项目奖励分配实施方案》，明确在创业活动中，教师、学生、学校等各方的分配方式。为激发学生创业积极性，成立学生创业小组，小组定期举行各种创业活动，分享创业经验，宣讲创业项目，开展团建活动，形成了良好的创业氛围。对于部分优秀的创业学生，用创业业绩替换学分，制定《创业业绩替换学分考核办法》。

五、取得成效

服装设计专业主干核心课程童装设计的专创融合教学模式改革，打破了原有的"课堂授课+校内实训室"模式，取得了较好的效果。

首先，超星学习通平台统计数据显示：改革后的"访问量"和"话题讨论"两栏活跃性（按2018级服装专业四个班级平均值统计），较改革前（按2017级服装专业三个班级平均值）有了显著提高，说明实施专创融合教学模式改革后本专业学生课堂参与度和活跃度明显增加。

其次,根据校企合作第三方考核企业的反馈显示,实施"项目主导,专创融合"人才培养模式改革后,企业给出的童装爬爬服设计方案评价,平均分值从 2017 级的 78.2 上升到 2018 级的 84.6,说明行业企业对教学效果的满意度有所增加。同时,从教学成果到市场产品的转化实践中,企业采用 2018 级服装专业学生设计的 2021 年依米兔品牌爬爬装后,批量生产并售出 11 952 件,生产总值 23.9 万元。教学成果的直接转化,在一定程度上说明实施专创融合教学模式改革后,童装设计课程激发了学生对专业学习的更多热情,提升了他们的学习积极性与专业自信心,增强了他们的职业认同感,丰富了他们的工作经验,使他们毕业后能更快更好地适应工作。针对艺术类服装专业高职学生开展的创新创业教育、专创融合教育,有利于学生在掌握专业技能的同时激发创业意识,培养创业能力和进取精神,增强综合竞争力,以创业带动就业,实现服装专业毕业生就业环境的良性改善。2021 年服装专业学生就业率、学生满意度调查达到 95%以上,相较往年有明显提升。

最后,课程实施专创融合教学模式改革后,激发了学生的学习热情和创新创业激情,服装专业学生参加"互联网+"大学生创新创业大赛、全国高校数字艺术大赛、"追梦杯"艺术设计大赛等各级各类比赛,在比赛中获国家级奖项 3 项、省级奖项 30 余项,较好地实现了创业教育与专业教育的融合。

第四节 "农用地土壤环境监测与修复"专创融合案例

一、土壤监测与治理课程专创融合基本情况

深化创新创业教育改革必须全面推进创新创业教育与专业教育深度融合。支持教师开展与专业课程相适宜的基于问题、基于项目、基于案例的教学方法和考核方式的探索与实践,着力培养学生的首创精神和分享创意的习惯,鼓励学生勇于创新、乐于创新、善于创新,在探索的过程中,自觉融入团队,分享乐趣、增长智慧、丰富经历。

土壤监测与治理作为环境监测与控制技术专业的一门专业课，在专业教学过程中占有非常重要的位置。将课程专业教育与创新创业教育深度融合，充分挖掘课程教学过程的育人案例，能够有效提高教学质量，增加学生学习兴趣，拓宽学生学习方式，推进教育教学改革。

二、案例——农用土壤环境监测与修复

（一）产生背景

在讲授农用地土壤环境监测与修复过程中，需要对土壤监测方案、监测内容以及土壤修复等进行介绍。概念的引入对培养学生的学习兴趣起着至关重要的作用。土壤环境监测，与水环境监测、大气环境监测、噪声监测的知识体系类似，均处在承上启下的关键节点。土壤环境监测与水环境监测、大气环境监测、噪声监测等均具有相同的工作程序，思路框架结构均相同，关键步骤是如何进行污染源调查，综合分析，确定监测项目、监测点位、监测频次、监测依据、分析方法依据、撰写报告的要求等。针对土壤环境监测的内容与工作程序，尤其是讲解监测内容的时候，同步实施实际项目是非常必要的，不但有利于学生理解理论知识，还可以让他们在现场学习实际操作。

（二）案例内容

在讲授农用地土壤环境监测与修复时，对重金属的污染危害与《土壤污染防治行动计划》（简称"土十条"）进行生动的讲解和对比，并结合实际土壤环境监测项目实施与土壤环境修复等双创竞赛的创新融合内容。

1. 土壤重金属的危害——"痛痛病"

在讲授农用地土壤环境监测与修复时，引入经典环境污染事故镉污染造成的"痛痛病"案例。"痛痛病"又叫骨痛病，是因镉对人类生活环境的污染而引起的，影响面很广，受害者众多，所以被公认为是公害病。人体中的镉主要是由被污染的水、食物、空气通过消化道与呼吸道摄入体内的，大量积蓄就会造成镉中毒。1955—1972年日本富山县的一些铅锌矿在采矿和冶炼中排放废水，废水在河流中积累了重金属镉，人长期饮用这样的河水，食用含镉河水浇灌的稻谷，就会得"痛

痛病"，病人骨骼严重畸形、剧痛，身长缩短，骨脆易折，这也成为历史上十大环境公害事件之一。通过查阅资料，收集土壤重金属危害案例，加深学生对土壤重金属污染的认识。

2.《土壤污染防治行动计划》

2016年，国务院制定实施《土壤污染防治行动计划》，包括"开展土壤污染调查，掌握土壤环境质量状况"等10条内容35项任务。至此，《土壤污染防治行动计划》与已经出台的《大气污染防治行动计划》和《水污染防治行动计划》，这三个关于土壤、大气、水环境污染问题的污染防治行动计划，已经全部制定并实施。长期以来我国在土壤管理方面基本处于空白状态，所以"土十条"的出台在一定程度上扮演了我国在土壤防治方面管理依据的角色。明确"谁污染，谁治理"原则，造成土壤污染的单位或个人要承担治理与修复的主体责任。水、土、大气与百姓生活息息相关，在法律之外政府又再次出台规定，充分体现了政府铁腕治污、解决民生问题的决心。

"土十条"囊括土壤环境调查、分析测试、风险评估、治理与修复、工程设计和施工等环节，完善土壤污染治理与修复产业链，完善技术和管理，形成成熟的商业模式，以产业化思路解决土壤污染问题。在学习"土十条"的过程中，让学生明白保护土壤的重要性，深刻理解保护土壤就是保护地球生命共同体。

3. 农用土壤环境监测项目

在课程教学过程中，柳州益普检测技术有限公司提供多项农用地土壤环境监测项目，分布于柳南区、阳和区的农用地块监测项目，以及柳州市房产大量的园林土壤监测项目。

柳州益普检测技术有限公司提供铁锹、铁铲、圆状取土钻、竹片等其他特殊采样工具，GPS、罗盘、卷尺、铝盒、样品袋、样品箱等采样器材，以及采样所需的工作服、安全帽、药品箱等安全防护用品和采样车辆等。

学生跟随公司工作人员到现场，完成了挖土、采土、气象条件监测、GPS定位、白板书写、采样记录填写以及后期现场照片标注（经度纬度、地点、时间、海拔、天气等）等现场采样工作（见图8-2）。

图 8-2　现场采样场景

4. 卷土重来等互联网+创新项目

"卷土重来——农用地土壤环境监测与修复"在 2021 年第七届中国国际"互联网+"大学生创新创业大赛"数广集团杯"广西赛区选拔赛获得银奖。卷"土"重来是针对含重金属污染的农用地进行土壤环境监测并提供土壤修复服务的工作室，可根据客户的土壤中重金属的种类与含量来配制独特的土壤修复剂，修复镉、汞金属污染的土壤。项目依托柳州职业技术学院检验公司与广西春晖环保工程有限责任公司，项目组设计修复剂配比，广西春晖环保工程有限责任公司负责配制土壤修复剂并实施、柳州职业技术学院检测公司进行土壤环境监测，出具监测报告，农用地土壤污染风险筛选值的必测项目为镉、汞、砷、铅、铬、铜、镍、锌。

创新项目利用土壤修复技术，将土壤转化修复剂与物理化学生物技术相结合，改变重金属污染在土壤中的化学形态和赋存状态，降低重金属的生物有效性和迁移性，减少植物对重金属的吸收。这种原位固定技术或原位稳定化技术修复方法从成本和时间上能更好地满足轻微、轻度重金属污染土壤的治理要求，尤其满足重金属复合污染土壤修复的要求。学生进行土壤修复实验，取得良好的效果，修复前后对比数据见表 8-2。

表 8-2　土壤修复实验数据对比

监测项目	点位	处理前/（mg·kg^{-1}）	处理后/（mg·kg^{-1}）	去除率/%
镉	1#铅锌矿堆场西南面	0.14	0.06	57.1
	2#铅锌矿堆场中央	0.15	0.05	66.7
	3#铅锌矿堆场东北面	0.13	0.06	53.8
汞	1#铅锌矿堆场西南面	0.072	0.019	73.6
	2#铅锌矿堆场中央	0.068	0.016	76.5
	3#铅锌矿堆场东北面	0.068	0.016	76.5

另外，结合土壤监测与治理的"根生土长""枯木逢春"两个项目在2021年第七届中国国际"互联网+"大学生创新创业大赛"数广集团杯"广西赛区选拔赛获得两个铜奖。

（三）案例实施

农用地土壤环境监测与修复专创融合项目在第一课堂完成农用地土壤环境监测的基础知识，在第二课程与校企合作公司在实践过程中完成土壤环境监测与修复的应用，通过中国国际"互联网+"大学生创新企业大赛实现技术创新。

三、取得成效

开展专创融合教育，学生创新创造意识得到巩固和提高，在实际教学中，学生动手创新创造能力得到了提升。土壤监测与治理课程在教学过程中，学生参与到企业的一些土壤监测项目，然后参与到"根生土长""枯木逢春""卷土重来"大学生创新与创造项目中，掌握土壤环境监测的方案制定、现场采样、治理以及修复的知识，提高现场采样、实验分析、治理等动手能力，拓展思维，实现技术创新。

第五节 以价值管理为主线的"精益生产管理"专创融合课程改革与实践案例

为促进创新教育与专业教育协同发展，推动创新教育深度融入专业教育，精益生产管理课程将专创融合理念融入教学过程中，把专业教育与学生创新实践活动联系起来，让学生成为学习的主体，主动参与学习的全过程，调动学生学习的积极性，培养学生的创新能力与创新意识。

一、基本情况和存在问题

（一）基本情况

"精益生产管理"属于学校智慧物流专业群的共性群平台基础课。课程围绕"汽车工业物流"专业特色，培养能够开展现场管理与改善的现代物流人才，结合制造业与物流业的深度融合、创新发展的要求，进行课程内容、教学资源、教学实施策略的建设与设计；同时，培养学生能够将精益生产的工具方法、新技术等在其他领域进行迁移应用，提升学生创新创业能力。课程以精益生产的价值管理为主线，在教学资源、教学组织方式、考核方式等方面进行改革。

（二）存在问题

当前，课程已经开始创新创业教育与专业教育相融合的设计与实施，但专创融合的专业课程框架设计、课程资源、评价机制等方面还需进一步完善与优化。

1. 专创融合的专业课程框架设计需进一步优化

目前专业已开展了课程专创融合的课程改革，将创新创业理念融入各专业课程中试验探索，但由于实践经验不足，专创融合的专业课程框架设计规划还需进一步完善。同时，现阶段也缺乏系统的教学标准，授课内容多偏向于专业知识的传授，实践教学覆盖面小，限制了教学形式的多样化，影响了创新创业教育的成效。在专业课程的授课过程中，由于缺乏对专业课程的宏观把握以及创新创业要素的微观落实，造成了专业课程中的创新创业因素凸显不明确的现象。

2. 专创融合课程资源需完善

在实际教学过程中，专业课程的教学及实践环节主要围绕知识技能进行课程资源、教学方法的设计，专业课程与创新创业还缺乏深入融合的资源整体设计，且课程团队教师的创新创业教育水平相对薄弱，在专业课程教学过程中不能巧妙地融入创新理念和创新技法。此外，受到各种硬件、软件条件的限制，也未能为学生开展专创融合课程实践营造良好氛围环境，提供更优质的实践平台。因此，专创融合课程资源还需要深入系统地开发与完善。

3. 专创融合课程评价机制不完善

课程评价机制是规范教学程序、考评教学质量、实现教学过程全面质量监控的重要指标之一。课程虽然已建成了以学习成果为导向的设计，但主要由校内教师实施考核评价，缺少企业层面的考核。

二、解决思路

为促进创新教育与专业教育协同发展，推动创新教育深度融入专业教育，精益生产管理课程坚持以价值管理为主线，利用城市、产业、校企合作的优质资源，完善专创融合课程总体设计及课程资源。课程重点突出知识的"有趣+有用",重视创设多种行业中"精益"的应用情境任务,启发学生思考"精益"在各行业中的迁移创新应用。

(1) 丰富专创融合课程总体设计,紧紧围绕"价值管理"的主线,优化精益生产认知模块、价值管理模块、精益生产工具方法模块、综合训练模块的情境设计,凸显"创新迁移"。

(2) 加大校企合作力度,利用区域产业经济特色,升级各模块的项目任务,建设更为丰富的课程资源。

(3) 组建专业教师+企业兼职教师的教学团队,紧密围绕学生专业知识的掌握、职业素养的养成及参与创新创业实践等要素对学生实施全面考核,不断改进和创新教学方法与手段。

三、解决措施

(一) 课程总体设计

课程的教学目标是培养能够开展现场管理与改善的现代物流人才,在课程总体设计上,坚持以"价值管理"为主线,围绕"消除浪费"的核心理念,将创新教育融入各课程模块,形成"发现精益—应用精益—创新迁移"的总体架构(见图 8-3)。

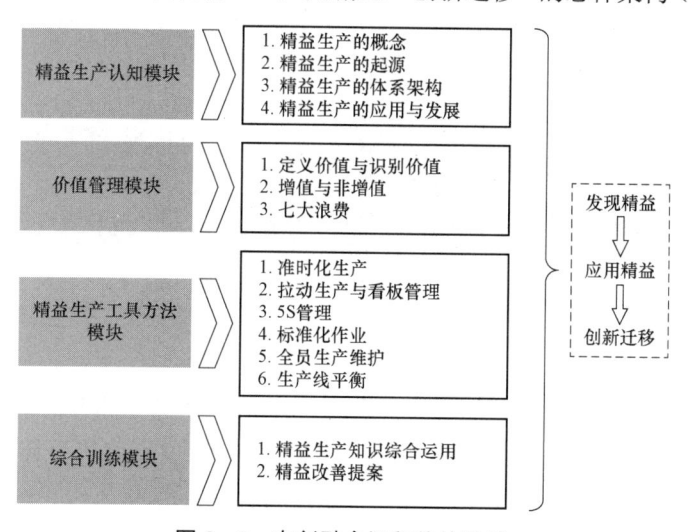

图 8-3 专创融合课程总体设计

（二）课程教学资源与教学组织方式

融合精益生产的知识内容，开发"精益诊所""精益厨房"等沙盘、教具资源，为课程的教学任务、创新创业训练提供情境载体。在教学组织方面，以学生为主体，通过情境中的角色扮演、小组分工协助、优化讨论等形式完成任务，掌握知识与技能，激发学生的创新思维。

1. 精益诊所

在"精益生产认知"模块，课程组联合企业，应用信息化手段，共同开发了"精益诊所"教学沙盘、配套教具。该教学沙盘以医院就诊过程为场景，由学生扮演不同角色参与演练，从中直观体会工厂在制品、合格率、制造周期等方面的典型问题，从而加深对精益概念的理解，使学生从生活场景理解精益，并激发学生发现生活中的"精益"，启发学生在之后的模块中，能够迁移应用"精益"解决实际问题，并将其迁移应用到各行各业中（见图8-4）。

图8-4 "精益诊所"课程实施过程

2. 精益厨房

在"综合训练"模块，开发"精益厨房"配套沙盘及教具，以餐厅为实训情境，在设定条件下进行餐厅的布局、岗位设置、管理流程等设计，经过运营、研讨，结合实际问题进行改善与验证，将精益知识、技能训练与创新创业相结合（见图8-5）。

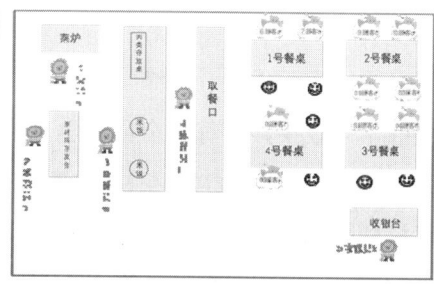

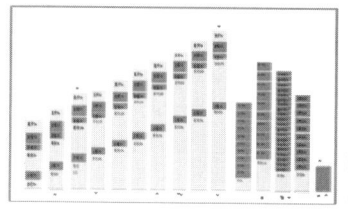

图 8-5 "精益厨房"课程实施过程

3. 精益新播客

课程不仅停留在专业知识与技能的教学,还组织学生结合"精益"知识,参与学生创新创业大赛。新媒体的发展,为信息传播提供了多样化途径,为创新创业提供了助力。学生、教师、企业三方共同组成团队,以直播与短视频平台这种新媒体形式,打造精益文化公益传播平台——"精益新播客",探索创新创业多样化模式(见图 8-6)。

图 8-6 学生创新创业作品"精益新播客"

4. 课程考核方式

课程设置子学习成果、最终学习成果，学生可结合实训基地、食堂、餐厅等完成相应的学习成果，在每一个项目学习后，能够掌握相关技能。课程以职业素养、子学习成果、最终学习成果的完成情况考核学生的知识、技能及综合素质，在完成考核任务的过程中，培养学生的实际问题解决能力，促进学生创新创业能力的培养。同时，课程组聘请了柳州五菱柳机动力有限公司的精益应用专家，与校内教师组成了校内教师+企业兼职教师的课程团队，从学习过程、学习成果对学生的专业知识、技能、创新能力进行考核评价。

四、取得成效

（1）通过专创融合课程改革，课程实施效果显著。学生评教分数均在90分以上，获评校级精品课2项。

（2）开发了能应用于创新创业训练的教学沙盘及教具。目前已开发了"精益诊所""精益厨房"沙盘，及相应的课程资源5个（3个实训课件、2个微课），并用于教学实施。

（3）专创融合课程不仅提升了学生的创新能力，还提高了教师的教学能力水平。应用教学沙盘及教具设计的微课"时间傻傻分不清"获广西职业院校教学能力大赛一等奖，微课"有需要，请拉动"获广西职业院校教学能力大赛三等奖（见图8-7）。

图8-7 微课作品获奖证书

（4）学生结合精益生产管理的专业知识技能，参与学生创新创业大赛，效果显著。课程团队教师组织学生在课外建立了"精益新播客"，与企业精益管理"大咖"一起直播，为学生课外提供了丰富有趣的创新创意想法和双创知识。"精益新播客"项目在第六届中国国际"互联网+"大学生创新创业大赛校级赛暨汽车主题青年创新创业大赛中，获得校级银奖（见图8-8）。

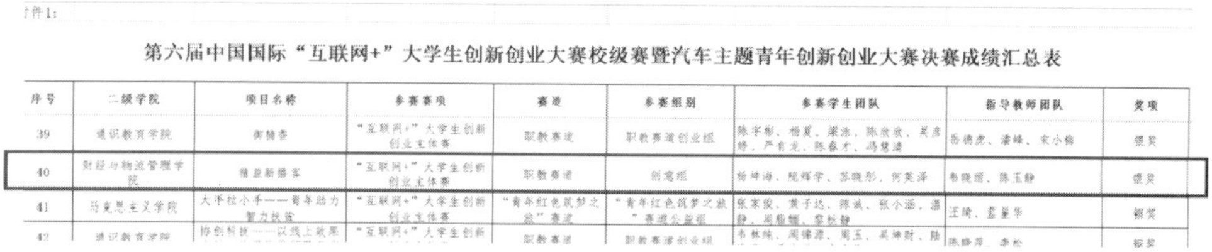

图8-8 中国国际"互联网+"大学生创新创业大赛成绩截图

第六节 依托财税产业学院，对接柳州特色产业的"管理会计"专创融合课程改革实践

一、基本情况

近年来，财经与物流管理学院智慧财会专业群高度重视专业教育与创新创业教育的融合，通过新开专创融合课程、创新创业教育融入专业课程、会计团队全体教师加入专创课程授课团队、培育创业培训师、建立智能云财税产业学院、组织学生参加双创比赛等多种形式推动专创融合改革。

在创新创业教育融入专业课程的改革实践中，智慧财会专业群以管理会计课程作为试点进行改革，以期为创新创业教育与专业教育的有机融合提供课程范例。

二、存在问题

一是管理会计课程专创融合的实施脱离了地方产业发展实际需求。课程双创未能结合课程实际有效与地方产业特色相融合，课程教学缺少创新创业元素案例，实践教学忽略了创新意识、创新思维及创新创业能力的实践环节，未能引导学生形成具备地方特色的创新创业项目，且缺少将竞赛中呈现的各类优秀项目、作品转化成创业项目、创业产品的意识，双创教育不能反哺地方产业升级，不能满足地方产业高质量发展对创新人才的需求。

二是管理会计课程专创融合度较差，未能充分发挥创新创业教育与专业教育的合力作用。创新创业教育元素未能适时、适地、适度地有机融入教学，课堂教学中过分强调对专业课程知识的掌握和技能的培训，弱化了专业课程具备的创新创业实践功能，忽略了创新创业课程赋予专业课程发展的新动力。同时，课程专业教学资源脱离双创，课堂中教师往往"另起炉灶"，专创融合教学资源的匮乏无法高质量地保障课程专创融合的实施。因此，急需根据课程实际改革教学内容、教学方法，并开发相应课程资源。

三是管理会计课程在专创融合实施过程中，缺乏多方联动机制，尚未形成良好的生态环境，难以可持续推进与发展。双创教育往往是创新创业教学团队单打独斗，政府工商、税务、财政等主管部门和相关企业没有建立可持续的联动机制，双创教育生态环境有待优化。

三、解决思路

管理会计课程以"智能云财税产业学院"为依托，以柳州地方特色螺蛳粉创业企业为载体，根据会计行业实际发展需求、结合创新创业大赛和会计技能大赛，搭建以预算管理为主线的管理会计课程创新创业教育体系，重构教学内容，改革教学方法，完善评价体系，建设配套的专创融合教学资源，将管理会计知识与创新创业教育深度融合，推动智慧财会专业群创新创业人才的培养。

四、解决措施

（一）课程与柳州地方特色产业对接，对教学内容进行重构，搭建专创融合课程教学体系，实现专业和创新创业教育深度融合

管理会计课程结合大学生创新创业大赛商业计划书中管理会计相关项目及会计技能大赛管理会计模块的知识点开发教学案例，教学案例与柳州地方特色产业对接，以螺蛳粉创业企业为载体，以预算管理为主线，按照资金需求预测到

投融资决策，再到预算编制、短期经营决策，最后对财务报表进行分析的路径进行项目化的设计，将大赛所需技能与本课程相关知识进行有机融合，搭建出专创融合课程教学体系，同时开发形成6个课堂教学项目和1个综合实训项目（见表8-3）。

表8-3 重构专创融合内容

序号	大学生创新创业大赛商业计划书内容	会计技能大赛知识	教学内容
1	创业企业资金计划	资金需求量预测	资金需求量预测
2	创业企业融资方案	融资方案决策	融资方案决策
3	创业企业投资项目可行性分析	投资项目可行性分析：投资回收期、净现值、现值指数、内含报酬率	投资项目可行性分析：投资回收期、净现值、现值指数、内含报酬率
4	预计销售收入、成本和利润	预算编制与控制	预算编制与控制
5	本量利分析	短期经营决策	本量利分析、短期经营决策
6	—	财务报表分析	财务报表分析

课程改革后的教学能做到财务与业务紧密结合，实施途径是结合创业项目、创业大赛来挖掘创新创业教育元素，把创新创业活动中涉及的知识、业务贯穿其中，并以创业项目为载体，诠释所授知识的用途，指明知识对创新、创业的作用，让学生清晰了解每个专业知识在双创活动中的用途。如讲授本量利分析法时，让学生利用本量利分析法来探讨创业活动中如何做一笔不亏本的小本生意见（见表8-4），这样把会计专业课程与双创项目相融合，同时做到理论联系实际，让学生通过专业课的学习学会或了解创业活动中可能碰到的实际问题及解决方法，课后让学生进行双创项目打磨实训，以此培养学生创新创业的思维及能力。

表8-4 基于双创的管理会计教学案例设计

序号	教学内容	教学案例
1	本量利分析的基本公式： 问题1：如何确定你的单位产品毛赚多少？——单位边际贡献 单位边际贡献=单价-单位变动成本 问题2：如何确定你每月净赚多少？（利润） 利润=单价×销售量-单位变动成本×销售量-固定成本 或：利润=（单价-单位变动成本）×销售量-固定成本=单位边际贡献×销售量-固定成本	小李毕业后开了一家米粉店，米粉的单位变动成本3元，售价8元，生产米粉设备月折旧额500元，门面月租金2 000元，工资3 000元/月，月销售量约为2 000碗，利润是多少元？
2	问题：成本何时能收回？（单一产品保本点分析） 保本销售量=固定成本÷（单价-单位变动成本）=固定成本÷单位边际贡献	小李毕业后开了家米粉店，米粉的单位变动成本3元，售价8元，生产米粉设备月折旧额500元，门面月租2 000元，工资3 000元/月，月销售量约为2 000碗，米粉店卖多少才能保本？
3	问题：综合保本何时能收回？（多种产品的保本点分析） 综合贡献毛利率法： （1）各种产品的销售比重 （2）综合边际贡献率=Σ（各种产品的贡献毛利率×各产品的销售比重） （3）综合保本销售额=固定成本总额/加权平均贡献毛利率 （4）某产品的保本销售额=综合保本销售额×该产品的销售比重	小李毕业后开了家米粉店，米粉的单位变动成本3元，售价8元，生产米粉设备月折旧额500元，门面月租2 000元，工资3 000元/月，月销售量约为2 000碗。为了提高米粉店的盈利能力，小李增加了油条及瓶装豆浆两个品种产品销售，油条进价0.5元，售价1元，月销售量为1 800根；瓶装豆浆进价1.5元，售价2元，月销售量为1 100瓶。请问米粉店的综合保本额是多少？
4	问题：如何知道为实现目标利润所需达到的业务量或收入？（保利量） 保利量=（固定成本+目标利润）/（单价-单位变动成本）=（固定成本+目标利润）/单位边际贡献 保利额=单价×保利量	小李毕业后开了家米粉店，米粉的单位变动成本3元，售价8元，生产米粉设备月折旧额500元，门面月租2 000元，工资3 000元/月，原月销售量为2 000碗，为达到目标利润9 000元，销售量应达到多少才能实现？
5	问题：你的经营是否安全？（安全边际量） 安全边际量=实际（或预计）销售量-保本销售量 安全边际额=实际（或预计）销售额-保本销售额=安全边际量×单价	小李毕业后开了家米粉店，米粉的单位变动成本3元，售价8元，生产米粉设备月折旧额500元，门面月租2 000元，工资3 000元/月。本月由于店前道路进行维护，影响其米粉销售，月销售量为1 300碗，请问他的经营是否安全？安全边际量、安全边际额、安全边际率是多少？

续表

序号	教学内容	教学案例
6	安全边际与利润关系分析： 利润=单价×销售量－单位变动成本×销售量－固定成本 =（单价－单位变动成本）×销售量－固定成本 =单位边际贡献×销售量－固定成本 =销售收入×边际贡献率－固定成本 =销售收入×边际贡献率－单价×保本销售量×边际贡献率 =安全边际额×边际贡献率 =安全边际量×单位边际贡献	小李毕业后开了家米粉店，米粉的单位变动成本3元，售价8元，生产米粉设备月折旧额500元，门面月租2 000元，工资3 000元/月，计划销售量4 000碗，本月利润14 500元，请进行安全边际与利润关系分析。

（二）根据课程教学内容，完善课程在线网络平台专创融合资源，自编以螺蛳粉创业企业为载体的讲义配合教学

管理会计课程在线网络平台资源种类丰富，包含文本、视频、动画、音频等多种形式，其中建设创新创业教育教学项目（文档）4个、双创比赛优秀案例（文档）10个、比赛视频10个、商业计划书5个、创新创业教育相关习题20道、试题库1个；资源颗粒化、碎片化程度高，表现形式适当，呈现结构合理，质量较高，有效解决了教学重点、难点、疑点问题，有利于提升学生的学习积极性和主动性，丰富学生学习方式，推进网络课程学习，提升专创融合教学效率和质量（见图8–9）。通过专创融合在线课程资源建设，切实推进线上、线上+线下混合式教学模式改革，带动课程专创融合教学改革。

课题组成员组建《管理会计实务》讲义开发小组，于2019年9月申报编写贴近工作实际并具有实战性质的讲义——《管理会计实务》，2020年获得学校立项（见图8–10）。自编讲义有以下四个特点：

（1）对接柳州地方特色产业，以螺蛳粉创业企业实例数据贯穿讲义所有的知识点，让知识通俗易懂，激发学生的学习兴趣，改变目前学生的学习状况。结合地方特色产业的实训教学，有助于学生毕业后创业或在企业开展管理会计实践活动中创新思维的培养。

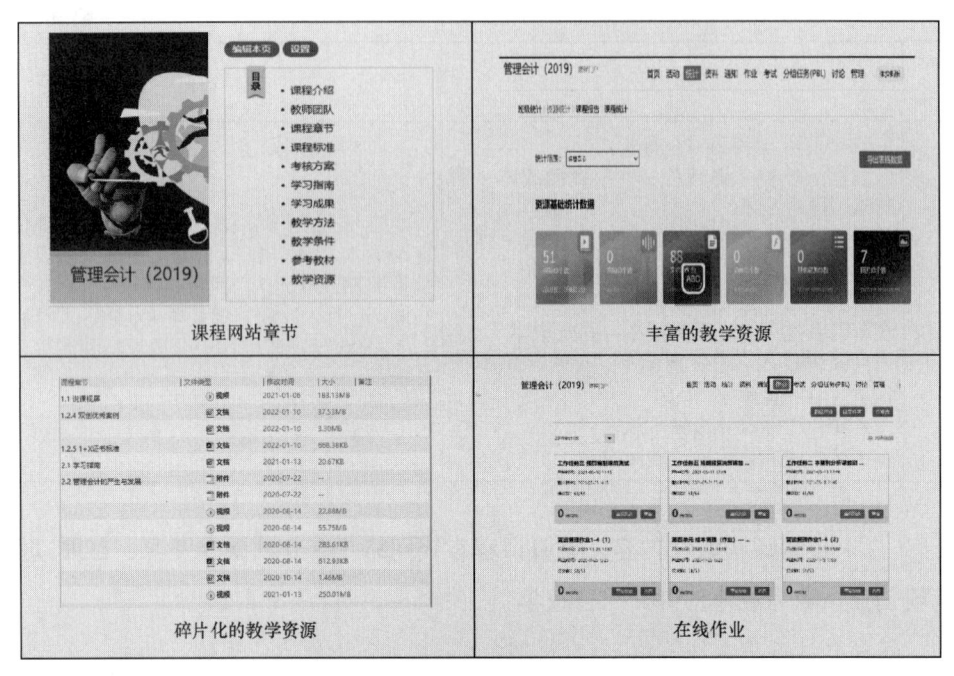

146 ■ 产创耦合 专创融合——基于企业一线问题库的高职双创教育研究与实践

图 8-9 在线网络平台专创融合资源

图 8-10 自编讲义

（2）对接创新创业大赛、会计技能大赛，以业财融合为视角、以螺蛳粉创业企业为载体选取教学案例，以预算管理为主线，从资金需求量预测、融资方案决策投资项目可行性分析、预算编制与控制、本量利分析、短期经营决策、财务报表分析 6 个方面构建基于业财融合视角下管理会计实务教学内容，让学生清晰地了解管理会计专业知识在企业管理中是如何具体运用的，为学生将来走上工作岗位奠定坚实的基础。

（3）增加能力拓展训练及反思。在设计上增加"实训拓展思考"及"实训反思"栏目，引导学生进行拓展思考、反思等，通过自我挑战、自我总结、自我升华来强化自身的专业能力、社会适应能力、语言表达能力、团队融合能力，有助于学生职业素养的提高。

（4）用工作手册式、活页式方式进行编写。打破传统的教材编写形式，从学生"学习与实战"的角度出发，尝试用活页式学习型教材编写手法进行编写，方便学生学习与实战。

（三）改革教学方法，完善专创融合课程考评方式，实现理实一体化教学

为了培养学生创新思维，促进学生自主式、探究式学习方式的运用，提高学习能力和实践能力，提高其综合素质，管理会计课程改革考核和评价方式，实现理实一体化教学。课程将淡化终结性考核，调动学生自主学习的积极性，不仅要考核学生对课程知识的掌握程度，也要考核学生综合运用各种知识和管理会计工具解决实际问题的能力以及职业素养；采取多样化考核形式、考核标准，灵活确定考核时间，全面考核学生的学习效果。改革的实践是探索非标准答案考核方式，强调职业素养和物化成果的考核，占比为总成绩的 60%；期末考试（终结性考核）由原来占总成绩的 50%下降到 30%；同时加强平时测试，以全面动态地考核学生的学习过程、能力提升过程、学习成果。

（四）依托智能云财税产业学院，共建创业研究室，激发学生创意灵感，提升创业项目孵化能力

智慧财会专业群 2021 年建成智能云财税产业学院，管理会计课程依托产业学院建设，对接柳州产业，共同建设"校内外双创平台、校内外双创导师、众创空间"的"三级联动"创新创业训练体系，共建创业研究室，激发学生创意灵感，提升创业项目孵化能力（见图 8-11）。

图 8-11 智能云财税产业学院

五、取得成效

(一)专业技能大赛硕果累累,大学生创新创业大赛成绩优异

教学团队指导会计和财务管理专业的学生参加自治区级学生会计技能、智能财税赛项,硕果累累(见图 8-12)。2018—2021 年,获自治区级一等奖 3 项、二等奖 5 项、三等奖 1 项(见表 8-5);在行业财务决策大赛中,获全国一等奖 4 项(见表 8-6)2017～2019 级会计和财务管理专业的学生参加中国国际"互联网"大学生创新创业大赛取得了优异成绩,第五届和第六届获铜奖各一项,第七届获铜奖 4 项(见表 8-7)。在学校首届"匠心杯"大学生创新创业大赛决赛中获奖 10 项。

通过管理会计课程专创融合教学,不仅提高了本门课程教学质量,同时也唤起了学生的创新创业意识,锻炼了学生的创新创业思维,培养了学生的创新创业能力。

第八章 双创课程建设实践　149

会计技能比赛区赛奖状	智能财税比赛区赛奖状
2020年会计技能比赛现场	2021年会计技能比赛现场
大学生双创比赛获奖证书	大学生双创比赛获奖证书

图 8-12　智能云财税产业学院

表 8-5　2018—2021 年自治区级学生会计技能、智能财税赛项获奖一览表

序号	级别	年份	项目名称	选手姓名	指导老师	获奖等级
1	区级	2021	2021年广西职业院校技能大赛—会计技能赛项（高职组）	李春梅、黄志敏、何林蔚、彭永英	郭皓华、李上田	二等奖
2	区级	2021	2021年广西职业院校技能大赛—智能财税技能（高职组）	黄惠婷、黄燕青、陈奎坤	石勤、肖岚岚	二等奖
3	区级	2020	2020年广西职业院校技能大赛—会计技能赛项（高职组）	谢艾君、朱少燕、杨家英、欧珮茹	刘劲松、周冰	一等奖
4	区级	2020	2020年广西职业院校技能大赛—智能财税技能（高职组）	周伟华、邓宇芳、陆丽婷	邓伟	二等奖

续表

序号	级别	年份	项目名称	选手姓名	指导老师	获奖等级
5	区级	2019	2019年广西职业院校技能大赛—会计技能赛项（高职组）	肖慧、文素连、骆小芳、郑叶雯	刘劲松、周冰	三等奖
6	区级	2019	2019年广西高校大学生学科专业竞赛—税技能赛项（高职组）	黄江雪、梁晓丽、李思璐、莫琪璟	邵丹、周冰	二等奖
7	区级	2019	2019年广西高校大学生学科专业竞赛—会计技能大赛（高职组）	潘军华、文素连、骆小芳、郑叶雯（1队）；廖美龙、杨家英、朱少燕、郑文玉（2队）	刘劲松、周冰	二等奖（2个队）
8	区级	2018	2018年广西职业院校技能大赛—会计技能赛项（高职组）	罗江龙、周凤、王思扬、罗仪	石勤、邵丹	一等奖
9	区级	2018	2018年广西职业院校技能大赛—财务管理决策技能赛项（高职组）	张琳、罗婷、曾超超、何美勤	周冰	一等奖

表8-6 2018—2021年财务决策竞赛获奖一览表

序号	级别	年份	项目名称	选手姓名	指导老师	获奖等级	举办单位
1	行业	2021	第十届全国高等职业院校"网中网杯"财务管理技能（财务管理决策）全国赛	李春梅、黄志敏、何林蔚、彭永英	周璟	一等奖	中国商业会计学会
2	行业	2020	第九届全国高等职业院校"网中网杯"财务管理技能（财务管理决策）全国赛	庞辉学、阮柏芝、廖海芹、黄洁清	曾阳欣玥	一等奖	中国商业会计学会
3	行业	2019	第八届全国高等职业院校"网中网杯"财务管理技能（财务管理决策）大赛	陈诗秀、王雪梅、王雪怡、黄敏仪	曾阳欣玥、肖岚岚	一等奖	中国商业会计学会
4	行业	2018	2018年全国高等职业院校"财务管理决策"大赛总决赛	张琳、罗婷、曾超超、何美勤	周冰	一等奖	中国高等教育学会高等财经教育分会

表8-7 中国国际"互联网"大学生创新创业大赛广西赛区选拔赛获奖名单一览表

序号	项目名称	负责人	成员	指导老师	备注
1	校园里的水果"快餐"	薛秋凤	蒋海宁、杨珊华、陈美玲、覃慧琳、李秋梅	卢旎	2019年第五届
2	校园"心理"话筒	莫海燕	杨渍、黄亚婷	卢方、邵丹、周冰	2020年第六届
3	侏螺记	苏雯雯	廖艳秋、黄梅颖、黄月媚、杨佳莹、黄婷	肖岚岚、卢旎	2021年第七届
4	萌宠宝贝们	花钰婷	黎裕婷、周满、李秀梅	肖岚岚、石勤	2021年第七届
5	美娇娘养生吧	张海男	何林蔚、隋宇欣、卢媚玲、李砚梅	卢旎、肖岚岚、李晓雯、陈颖、韦建玲	2021年第七届
6	螺蛳粉——智能烹饪贩卖机	陈惠珍	谢金潮、徐华林、杨婷婷、甘欣、黄德宇、陆美君	曾阳欣玥、周冰	2021年第七届

（二）管理会计课程专创融合教学改革效果显著，获得学生一致好评

管理会计课程通过专创融合改革，教学方面取得一定成效，获得学生的一致认可。2019—2021年，学生评教分数由90分提高至95分，课程满意度100%（见图8-13）。

姓名	课程	班级	得分
曾阳欣玥	管理会计	全日制2017财务管理1班	91.36
曾阳欣玥	管理会计	全日制2017财务管理2班	91.00
曾阳欣玥	管理会计	全日制2017财务管理3班	91.51
陈颖	管理会计	全日制2018会计2班	84.04
陈颖	管理会计	全日制2018会计3班	90.52
李上田	管理会计	全日制2018会计4班	92.17
李上田	管理会计	全日制2018会计5班	92.00
卢旎	管理会计	全日制2017会计1班	87.00
卢旎	管理会计	全日制2017会计3班	83.74
卢旎	管理会计	全日制2017会计4班	91.49
周冰	管理会计	全日制2018财务管理1班	91.93
周冰	管理会计	全日制2018财务管理1班	90.59
李上田	管理会计基础	全日制2019财务管理1班	97.19
李上田	管理会计基础	全日制2019会计1班	94.61
李上田	管理会计基础	全日制2019会计2班	96.43
卢旎	管理会计基础	全日制2019财务管理2班	91.05
卢旎	管理会计基础	全日制2019财务管理3班	95.55
卢旎	管理会计基础	全日制2019会计3班	97.26

图8-13 2020—2021管理会计课程学生评教数据汇总

(三）管理会计课程获柳州职业技术学院第一批精品在线课程，在学校第十四届教师教学能力大赛在线课程赛项获第二名

2019年3月，课题组成员开展管理会计精品在线课程建设，同年10月获得柳州职业技术学院第一批精品在线课程立项，并于2021年3月通过学校验收（见图8-14）；2022年1月，课程在学校第十四届教师教学能力大赛在线课程赛项获二等奖（见图8-15）。

通过管理会计精品在线课程的建设，加快转变教学理念，充分发挥线上和线下两种形式教学的优势，开展以翻转课堂为基础的混合式教学，培养学生自主学习、研究创新的能力。

附件：

柳州职业技术学院精品在线课程立项项目通过第二次验收名单

序号	课程名称	课程负责人	课程团队	所属二级学院
1	冲压工艺与模具设计	蒙以嫦	黄志江、郑滢滢	机电工程学院
2	二手车鉴定与评估	刘文龙	吴丽萍、范利红、汤瑞蔚、王洛宇	汽车工程学院
3	工程机械底盘检修	李光辉	周文海、谢毅、董军、王瑞、冯美芙、冯春林	汽车工程学院
4	数字电子技术	孔秩艳	黎艺华、蒙飓	电子信息工程学院
5	食品微生物检验	谢小瑜	覃俊达、黄姿梅、黄宁、林丽华	环境与食品工程学院
6	管理会计	卢旎	陈颖、周冰、李上田、曾阳欣玥	财经与物流管理学院
7	仓储管理实务	刘晓芳	周柳军、廖尧、李晓雯、莫海萍	财经与物流管理学院
8	会计信息化	石勤	卢方、刘劲松、邵丹、肖岚岚	财经与物流管理学院

图8-14 精品在线课验收名单

序号	课程名称	作品成员	所属二级学院	获奖等级
1	就业与创业	王静、许明、潘峰、岳德虎、崔爱华	通识教育学院	一等奖
2	管理会计	周冰、卢骁、李上田、曾阳欣玥、陈颖	财经与物流管理学院	二等奖
3	新媒体营销	刘铁宏、韦孟颖	贸易与旅游管理学院	二等奖
4	高等数学	钟磊、韦碧鹏、黄艳华、杨艳玲、肖聚德	通识教育学院	三等奖
5	覆盖件模具设计	向小汉、郑潇潇	机电工程学院	三等奖
6	二手车鉴定与评估	刘文龙、范利红、吴丽萍、杨瑞蔚、王浩羽	汽车工程学院	三等奖
7	网页设计与制作	陆晓希、覃宝珍、刘胜建	电子信息工程学院	三等奖

图 8-15 第十四届教师教学能力大赛在线课程赛项获奖名单

课题组成员组建《管理会计实务》讲义开发小组，于 2020 年 12 月完成初稿并在 2019 级会计专业使用，受益人数 212 人，获得学生好评（见表 8-8）。

表 8-8 《管理会计实务》使用班级一览表

序号	使用班级	学生人数/人	合计/人
1	2019 会计 1 班	53	212
2	2019 会计 2 班	54	
3	2019 会计 3 班	52	
4	2019 会计 4 班	53	

（四）丰富的创新创业教育形式，为创新创业教育与专业教育的有机融合提供课程范例

管理会计课程专创融合改革，有利于提高专任教师的实践能力，有利于丰富创新创业教育形式，为创新创业教育与专业教育的有机融合提供课程范例。对管理会计课程进行教学改革研究，将创新创业教育贯穿于高职人才培养全过程，可以紧跟市场发展趋势，强化会计服务于企业管理的职能，进一步提升高职会计教育的人才培养质量，引领会计职业教育改革的方向。

第七节　项目主导，专创融合，构建新能源汽车后市场服务生态圈

近 5 年来，学校汽车技术服务与营销专业与本地区汽车制造、销售和售后服务企业的合作办学步入深层次阶段，将创业教育理念融入人才培养全过程，将广义的创业能力训练聚焦到具备行业发展力、技术创新力的岗位创业训练，进行专创融合，为企业培养所需的高质量技能型及创新型人才，同时兼顾学生就业及创业需求，提升了学生的职业竞争力，实现了产教融合。但在创新创业的具体贯彻实践活动中，一些问题也逐步显现出来。

一、基本情况和存在问题

作为汽车技术服务与营销专业，对接本地车企，服务好地方产业，为产业的发展提供复合型、创新型和技能型人才支撑是专业的基本任务，但是目前在专业上缺乏对校企合作企业的行业技术与管理创新需求研究，以至于还不能针对商业模式、产品服务、管理运营、市场营销、工艺流程、应用场景等方面列出问题清单、对服务进行优化及创新，因此，反哺区域经济产业升级的作用还发挥得不够。

教育部原部长袁贵仁曾指出，双创教育与专业教育要从"两张皮"到内涵的转化和融通。在专业建设中，过多强调如何创业，而忽视专业技术技能应用与创新的支撑。跨学科的专业间互动以及师生共创、创学结合的专创融合教学模式尚未形成。好的创业项目离不开创新的支撑，如科技创新、流程创新、模式创新等，然而目前的状况是，双创教育与专业教育融合度尚不够。因此，如何将创新创业教育与专业培养相结合，采取哪些具体的措施去促进两者的融合，亟待专业教师认真思考。

创新能力不足，创新创业模式不清晰，对创新人才的培养规格缺乏量化标准，因此，如何培育师生的创新意识、创新能力，实现在专业特色上的创新创业，才是双创教育最根本的任务。

专创融合形式的创新创业需要具体的实践环境，而 2021 年前，本专业尚未

创建出校内大学生创新创业实践基地，不能为学生提供真实创业项目的实习、实践平台。

二、解决思路

（一）寻找典型企业进行合作，双创教育与产业发展紧密衔接

在探索过程中，本专业努力寻找典型企业，探索合作项目与模式。2020 年开始，以优秀毕业生合作企业"广西特斯途汽车科技有限公司"作为专业合作对象，开展深度的产教融合。通过列清单形式找出行业痛点，发现行业及企业在运营过程中存在的问题，组成攻关团队，寻找解决方案，帮助企业突破经营发展中的瓶颈问题，助力区域新能源汽车售后服务市场的模式创新。

（二）跨学科、跨专业进行创新创业教育，建立三级台阶式创新实践教学体系

以项目为主导，以校级大学生创新创造科研课题以及中国国际"互联网＋"大学生创新创业大赛作为切入点和助推器，强化学科特点和专业特色，培养学生创新实践能力，逐渐形成系列化、品牌化的竞赛氛围，建立"课上创新创业基地实训＋课后校内运维中心实践＋课外创业项目孵化延伸"三级台阶式创新实践教学体系，进一步提升学生创新创业的综合能力，让创新创业优秀人才或团队在比赛中脱颖而出，引领崇尚创新创业的价值导向。鼓励不同专业、不同年级的学生积极参与创新创业活动，推动创新创业人才培养。

（三）建立大学生创新创造实践基地，打造真实的创业氛围，为企业本土化服务人才的培养提供创业实战培训

与广西特斯途汽车科技有限公司合作，找准专业发展特色之路，树立新能后市场服务标准化模式，缔造新能源汽车后市场服务生态圈。与该企业在校内共建"柳州职业技术学院—特斯途协同创新中心""特斯途智能制造基地""特斯途智能车服平台&南方 E 充充电桩管理平台综合运维管理中心"，打造真实的新能源充电桩研发及组装基地、智能车服平台运维中心，作为培育学生创新意识、创新创业训练、实践实习的场所和创新项目的孵化园地。

三、解决措施

（一）专创融合，真实项目运作，服务模式创新，解决企业瓶颈问题

项目团队学生参与企业实际运营，在实践中发现特斯途充电用户仅仅充电消费，而前来修车的客户基本不是公司的充电用户，于是设想搭建一个"特斯途智能车服平台"，将特斯途众多充电用户引导到店里进行消费，让到店维修的用户成为自己的充电用户。同时分析得出行业存在四大痛点，与公司一起提出解决方案，并创新商业模式、创新服务流程及描绘应用场景，解决新能源汽车后市场服务行业的新能源汽车后市场服务单一、售后服务网点分布少、4S店服务容量有限、缺乏核心部件的本土化服务等问题，独创区域性一站式新能源汽车服务模式，一站式解决用户从充电到用车的全过程问题，帮助企业解决瓶颈问题，构建新能源后市场服务生态圈。

在教学上，将真实项目引入课堂：引入"运维中心"真实运作项目，作为汽车营销与服务专业教学项目；引入新能源充电桩制造关键技术，作为新能源汽车专业课程内容；引入新能源汽车维修真实项目，作为新能源汽车维修专业核心课程内容，实现了教学内容与企业生产过程的对接。

（二）技术创新，搭建校内服务云平台，两个平台数据互联互通，依靠用户流量提升企业效益，通过实践真实项目使教学受益

成立广西特斯途智能物联科技有限公司（以下简称特斯途公司），与柳州职业技术学院协同创新研究院合作建立一个在线新能源汽车后市场服务云平台——"特斯途智能车服平台"，开创"充电桩—车服平台—维修门店—生活服务"的区域性一站式新能源汽车服务模式，填补国内新能源后市场的一项服务空白。

实现"充电平台"和"车服平台"数据互通，平台互通，车辆用户可在手机端以最快捷的方式获得充电和维修的服务方案，便于用户车辆即时得到维修保养。将充电用户导流到汽车门店，主动将优势服务业务推送给客户，一站式解决客户充电、买车、修车、保养车的问题。

以充电桩运营为基础，通过"充电平台"和"车服平台"互联互通，采用积

分兑换导流用户到汽车服务门店，激发消费潜力，闭环服务，大量的充电用户将直接转化成车服平台用户，建立汽车后市场服务大数据平台，依靠用户流量实现项目收益，为企业创造价值，为专业教学提供真实案例。

公司现有客户 2.1 万人，充电 278 万度，处理订单 241 155 单，完成建设充电场站 73 个站点、充电桩 720 个、私家充电桩 230 个，获得 15 个品牌厂家的服务授权，拥有发明专利、实用新型专利、软件著作权等 42 项。2021 年业务覆盖 11 个汽车品牌，服务车辆 3 000 余辆，营业收入 800 万元，带动就业 500 人。

柳州职业技术学院—特斯途协同创新中心每年可接待参观实习学生达 800 多人。校企双方基于技术应用变化，共同开发了汽车营销与服务专业教学项目、新能源充电桩技术、新能源汽车检测与维修相关教学项目，保证教学内容与技术发展同步，受益学生达 2 000 多人。

（三）以与企业的合作项目作为大学生创新创业大赛载体，激发学生参与创新创造活动

企业的真实项目进课堂，将其作为自治区、校两级大学生创新创业大赛载体，以项目化教学为抓手，以各类竞赛为平台，实现课堂、训练、备赛和参赛有机结合，构建"以赛促学，寓赛于学"的专创教育教学新模式，体现项目教学的实践性、开放性和职业性特色，培育师生的创新意识、创新能力，实现在专业特色上的创新创业。

协助企业参加中国创新创业大赛广西赛区新能源汽车产业复赛、柳州市科技局举办的创新创业比赛，提升创业能力；同时学习及借鉴入围优秀企业的创业经验、创新思路及模式。

四、取得成效

（一）创新创业、实践育人和产学研形成一体，推动汽车工程学院创新创业工作形成良好局面

项目主导，专创融合，产教融合中实践育人改革，是一种颇具特色的人才培养模式的探索，它主动寻求格局创新，建立与企业、社会的深度合作。近 3 年来，汽车技术服务与营销专业参加创业比赛项目共 8 个，70%的团队教师参与指导创

新创业比赛，学生全员参加大学生创新创业比赛，跨学院跨专业进行项目组队，与新能源汽车技术专业、汽车运用与维修技术专业组成项目组，校级创新创业项目立项5项，获得24项专利和14项软件著作权。参加中国国际"互联网+"大学生创新创业大赛广西选拔赛获得奖励5项，其中金奖1项、银奖1项、铜奖3项。以"特斯途智能车服平台&南方E充充电桩管理平台综合运维管理中心"为基础孵化的创新创业项目"为爱车充电，为生活储能——基于充电桩运营的新能源汽车智能车服平台"，获第七届中国国际"互联网+"大学生创新创业赛项广西总决赛金奖，使汽车工程学院实现"金奖"零的突破，具有里程碑的意义，孵化的广西特斯途智能物联科技有限公司2021年营业收入达800多万元。

（二）为企业优化服务流程，创造价值，为专业教学及实践提供真实案例

在教学上，引入"运维中心"真实项目，作为汽车营销与服务专业教学项目。开发了新能源汽车智能车服平台，将"充电平台"和"车服平台"进行数据互通，平台一站式解决用户从充电到用车的全过程问题，解决新能源汽车后市场服务行业的痛点问题和企业的痛点问题，优化了企业服务流程，创新了服务模式，实现了教学内容与企业生产过程的对接，打造了广西区域性新能源后市场服务一站式生态圈。该项目转化为大学生创新创业比赛项目，带动了在校生创新创业，实现了"大赛育人、创业育人、实践育人"。

（三）建成广西高校大学生创新创业典型示范基地、创业实践基地

柳州职业技术学院—特斯途协同创新中心每年为400名汽车类相关专业学生提供实训、实践和就业。校企双方基于技术应用变化，共同开发了汽车营销与服务专业教学项目、新能源充电桩技术、新能源汽车检测与维修相关教学项目，保证教学内容与技术发展同步，学生受益达2 000多人。

目前该基地设立在汽车工程学院T4-A206，已成为学校大学生创新创业示范基地，基地曾接待广西教育厅、柳州市人社局等领导的参观考察，他们对基地的运行模式、项目创新及实施效果等给予高度评价，赞扬本专业把学生创新创业活动真正落到实处。

第八节 "焊匠"一站式工业机器人焊接引领者

"焊匠"一站式工业机器人焊接引领者，集焊接领域里的三大核心技术为一体，实现了焊接生产过程的全机械自动化，极大地提高了安全生产效率，解决了在目前全球新冠疫情背景下焊接高端技术人才短缺，传统的人工焊接以及半自动化焊接设备生产效率低，传统的焊接方式危险系数高技术误差大等痛点。项目已申请国家专利 19 项，已授权实用新型专利 11 项，已公开发明专利 2 项。项目曾代表学校参加第七届中国国际"互联网+"大学生创新创业大赛荣获区级金奖，代表广西参加第七届中国国际"互联网+"大学生创新创业大赛荣获国家级银奖。该项目取得了如此丰硕的成果离不开一支专业技术强劲、双创能力出众的高效团结奋进的师生团队。在"大众创业、万众创新"的时代背景下，创新创业已成为高职院校提升学生创新能力和就业能力的重要抓手，本项目在创新创业教育与专业教育方面实现了有机融合，切实有效地推动我国高职院校创新创业人才培养的长久发展。

一、基本情况和存在问题

柳州市是广西壮族自治区重工业重点发展城市，同时也是中国五大汽车城之一，焊接技术在工业生产中必不可少，而柳州职业技术学院是柳州市汽车及工程机械的摇篮。创新创业教育是一个系统的工程，从外部看需要与地方产业耦合对接，从内部看需要与专业教育融合，整合产业链、资金链、政策链和创新链，共同构建支持双创教育的生态圈。

1. 全球新冠疫情背景下焊接高端技术人才、智能制造技术人才匮乏

焊接是智能制造产业升级的关键技术，"十三五"期间，焊接技术在风电、核电、航空航天、尖端武器装备等领域的关键产品开发与生产中至关重要。"十四五"时期，国内市场高端材料、装备与工艺需求规模持续增加，国内高端市场将成为焊接行业新的增长点。由工业机器人白皮书可知，国家大力支持焊接机器人的发展，作为世界上重要的工业制造大国，我国对于焊接机器人的需求和依赖尤为强烈。与此同时，在职业教育发展史中，截至 21 世纪 20 年代，焊接专业的

发展慢慢走向夕阳专业，今非昔比，绝大多数年轻人不愿从事焊工这类高强度、高危险性、高污染性的行业工种。因此，在全球新冠疫情背景下，培养"焊接高端技术、智能制造技术"人才以及开发焊接自动化技术，对我国工业制造业尤为重要。从职业教育和双创教育的发展角度来看，这对高职教师的师资力量又提出了更高的要求。

2. 焊接质量不高，焊接柔性技术不高，缺少个性化的解决方案，是当前焊接行业的三大痛点

焊接质量，关乎工业自动化整条生产线的质量，目前行业焊接质量不高主要是由于焊接过程中厚板件熔深不够、钣金件容易变形，导致焊接成品瑕疵多、美观度差。

焊接柔性，决定了工业自动化生产中的灵活性和可塑造性，而当前焊接技术水平不高，主要是焊接生产线不能灵活快速地换模或编程且传统焊接设备笨重、占地大、成本高。

个性化整体解决方案缺乏，也是当前焊接行业的一大痛点，不能满足企业特殊焊接需求，且针对特殊材料与特殊设备的焊接工艺的方案较少、价格昂贵。由此可见，焊接智能化、自动化的解决方案尤为重要。

二、解决思路

为保证学校应用型高职院校建设水平的有效提升，保证学生将学校教育中学到的工业机器人应用技术、焊接自动化技术知识有效应用于工作岗位，需要创新教学理念、优化教学方式、完善教学体系，突破现实困境，需要在当今教学改革的浪潮中，构建一支教学水平过硬的师资队伍。与此同时，教师在教学中应当注重"以赛促学、赛课联动"，将比赛作为学生在校的"战场"，充分调动学生的积极主动性，培养学生的专业意识、团结协作意识和创新精神，促使创新创业教育与专业教育有机融合，从而提高学生的职业技能和学习质量。

教师作为专创融合课程的实施者，在确保专创融合教育质量和提升双创人才培养质量方面具有重大作用。专创融合课程的授课教师不仅要具备丰富的工业机器人应用技术、焊接自动化等专业知识，同时还要有创新创业方面的知识和经验

以及企业生产、管理等实践经验。为此，课程组教师每年定期分批次进入企业，向企业学习生产、管理、组织及运作、新产品研发设计等方面的知识和经验；每年定期邀请工业机器人行业和焊接行业的知名企业家、高级工程师、大师走进学校，为课程组教师进行创新创业专题培训。

三、解决措施

焊匠项目的团队成员分为学生团队、指导教师团队、顾问团队，广纳多专业多行业的人才。其中学生团队汇集了工业机器人专业、工业设计专业、数控技术专业以及会计、经济管理、物流管理等专业，实现了专业互补；指导教师团队涵盖了创新创业专家、中青年创业导师、国家级技能大师、企业高级工程师、机器人技术工程师等专业人才，为各方面发展提供帮助。学生在工业机器人应用技术、工装夹具设计技术、焊接机器人应用技术等专业能力提升时同步增加了双创能力，有效地促进专创融合。

解决措施一：培养学生学习、专研双轨优化工艺技术、焊缝轨迹补偿技术、多层多轨道焊接技术，增加了厚板焊接熔深，实现对焊接质量的优化。

自主研发焊点定位技术，采用焊缝轨迹补偿技术，由焊缝质量检测装置系统捕捉焊缝轨迹图，将焊缝轨迹图像由智能处理系统做一系列处理工作，进行焊缝轨迹偏差补偿，实现焊缝效果美观质量高；采用多层多轨道焊接技术，由多层且每层又分多道焊接而成对接、角接或塞接焊缝，精准定位焊点。

解决措施二：培养学生学习、专研工装夹具柔性设计技术，能够达到标准化、模块化，自主研发快速切换焊接装置。

自主研发设计的工装夹具，工件定位更精准，更换更便捷，焊枪对焊点更精准。工装夹具柔性设计技术具有高柔性、轻量化、高通用、高精度、高效率。高柔性，即夹具的二爪、三爪、四爪通过调整、组合等方式适应工艺变化；轻量化，即夹具由超硬质铝材料制造，质量减轻，设备负载减少，提高工作效率；高通用，即定位块、螺栓、螺帽等实行标准化，能快速切换产品；高精度，即夹具自身制造精度高，严格按照高于国家标准的行业团体标准制造；高效率，即自主研发夹具切换装置，切换时间缩短了80%，进一步提高了生产效率。针对个性化需求，根据不同的场景设计夹具，使机器人的动作能够更加简洁，减少耗时。提高焊接效率，为一站式焊接打通了道路桥梁。

解决措施三：培养学生学习、专研专用变位机技术，满足企业特殊焊接需求，实现工件焊点的360°全方位无死角焊接。

专用变位机＋机器人程序轨迹设计实现产品360°无死角焊接，得到理想的加工位置和焊接速度，完成一站式焊接机器人工作站最后一公里，在行业处于领先水平。专注服务于中小型制造加工企业，解决了传统全方位焊接工作站价格过高的问题。

四、取得成效

团队成立佰创自动化科技有限公司，让一站式工业机器人焊接工作站为更多企业提供专业的服务，"让工匠精神持续永流传，为达成2025制造强国的目标而努力奋斗"始终是焊匠团队的最终目标。

团队于2019年在校组建，已申请国家专利19项，已授权实用新型专利11项，已公开发明专利2项，经过近3年的磨炼与改进，培育出了一支专业技术强劲、双创能力出众的教师学生群体。

在团队建设方面，焊匠项目团队是一支以教师指导为中心、以学生发展为核心的双创队伍，曾代表学校参加第七届中国国际"互联网＋"大学生创新创业大赛广西赛区选拔赛荣获金奖，参加"挑战杯"广西大学生创业计划竞赛获得自治区一等奖，代表广西参加第七届中国国际"互联网＋"大学生创新创业大赛荣获银奖。团队人员的专业具有多样性，每一名学生都能在其中发挥出自己所学的专业特长，为项目团队提供有效帮助。例如，工业机器人技术专业的学生从事工业机器人技术解决方案的研发，工业设计专业的学生从事焊接工装夹具的设计开发，数控技术专业的学生负责将其制造出模型以及后续零部件生产制造，经济管理以及物流管理专业的学生负责项目方案的撰写和财务管理，团队成员相互配合，将在校所学的专业知识在创新创业比赛中充分利用。

在教育引领方面，团队基于国家级工业机器人实训基地与上汽通用五菱和发那科公司合作，创立学校人才工作室，3年内开展9期技能培训，累计培养约500

名企业人才。同时团队基于学校人才工作室，与三松自动化科技有限公司等签订校企合作协议，大力助推院校和企业的科技创新成果有效转化。

在社会影响方面，团队在焊接领域直接带动就业人数 50 人以上，间接带动就业人数达 500 人，实现了良好的社会效益，促进了经济的发展。同时，项目未来将成立焊接人才技术研究所，建立自己的专属品牌，计划带动就业 2 500 人，服务企业 100 家，培养高级技术人才 50 名。

第九章
双创师资建设实践

第一节　智能装备类专业教学创新团队建设实践报告

一、建设思路

学校与广西汽车集团、上汽通用五菱等龙头企业深度合作，在政府政策支持下，整合双方的技术团队，通过产业学院、智能制造创新赋能中心、智能制造专项技术方向创新工作室、工业机器人职业技能等级鉴定等平台的建设，构建一支专兼结合的高水平教学创新团队，服务于具有创新创业素养的复合型高技能人才培养。

二、具体建设措施

（一）团队建设

1. 聚焦前沿技术整合校企资源，校企合作加强教师创新创业能力建设

2020年，学校与广西汽车集团签署协议，依托柳州发展智能制造产业战略规划，以柳州申报国家产教融合试点城市为契机，围绕广西打造"先进制造业"创新名片战略目标，以智能制造技术为引领，校企双方共建集人才培养、技术应用

研发、创新孵化、标准研制、社会服务于一体的"智能制造产业学院"(见图9-1)。打造智能制造新技术研究、应用、推广的工程中心及实训基地，建成一个智能制造示范工厂，形成智能制造方案，验证投入与产出效益；建成一个可对外输出的工业互联网平台，形成标准化智能工厂软件体系，降低智能制造成本；聚焦以工业机器人技术为核心的智能制造前沿技术，汇集高端技术技能人才，培育专业领军人才，攻克智能制造技术、工业机器人关键技术，开展技术应用项目，推进国际化进程，以深化产教融合，促进教育链、人才链与产业链、创新链和培训链的有机衔接，实现学校教育资源与企业技术资源的深度融合，打造一支高水平的双创型队伍，培养符合企业和产业发展需求的"创新型、创业型、复合型、应用型"人才。

图9-1 智能制造产业学院建立

（1）建立健全教学团队建设的制度机制。依托"柳州职业技术学院人才特区"机制，建立健全有利于教学创新团队建设、团队目标实现和团队成员成长发展的制度机制。制定《产业导师管理办法》，明确产业导师的条件、待遇、工作方式和考核办法等，确保产业导师顺利开展工作；构建教师跨界合作、校企人员双向流动机制，明确教师和企业人员的管理方式、工作方式和待遇等；健全考核评价机制，制定考核标准、考核方式、评价依据以及考核结果运用制度；建立健全多元化分配制度，多劳多得，质优酬厚，鼓励教师展示自我、争取各项荣誉。

（2）组建校企混编团队，形成双师型教师培养常态机制。在广西智能制造创新赋能中心平台下，引入广西汽车集团五菱装备 30 人的技术技能团队及装备技改项目，通过校企双方成员定期相互挂职，共同开展技术项目开发，打造一支掌握工业机器人技术领域关键技术技能的国家级、自治区级专兼教师教学创新团队，实现年实施项目金额 500 万元，年完成技术专利 10 项以上、企业标准 2 项以上的技术创新成果目标。同时围绕工业机器人技术领域，建立专业教师技术等级标准，建立技术及教学能力测评体系，促进混编团队技术交流，建成国家级职业教育教师教学创新团队。

（3）培养站在技术前沿、具有国际视野的专业带头人。在广西智能制造产业学院平台下，与广西汽车集团等合作，充分利用学校及广西汽车集团多年的智能装备开发与应用经验，开展智能制造示范工厂建设与优化，提炼出智能工厂规划指导标准、智能工厂物流标准、智能工厂产品规划标准、智能工厂信息化标准等各项技术标准，通过项目不断实施优化，进行深度智能制造研究和验证，培养综合能力强的青年专业领军人，带领团队攻克智能制造关键技术，形成智能工厂建设及运行技术标准。

（4）组建技能大师协会。与广西汽车集团、柳州市公共实训基地等合作，整合柳州市的国家级、自治区级技能大师，共同组建柳州市数控技术技能大师协会，通过搭建高技能人才研修平台，以技能大师为带头人，传绝技、带高徒，立足企业需求进行技术攻关，实施技术改造，解决生产技术难题，传承传统技能技艺，培育一批技术能手，并培养了 1 名的国家级大师。

2. 协作体建设

（1）与广西汽车集团共同建立智能工厂建设标准以及技术集成标准，融入标准制定智能制造人才方案，共同培养智能制造技术技能人才，为学校培养创新创业复合型技术技能人才、广西汽车集团提升职工继续教育水平提供平台。依托实训基地建立技能竞赛机制与技能大赛平台，以智能制造主流技术特别是新技术为导向，面向集团技术骨干、合作院校专业教师和学生，定期举办智能制造相关技术技能竞赛。

(2) 与广西汽车集团共建智能制造技术人力资源发展中心，融合双方优秀技术技能人才，形成产业学院常态化运行机制以及技术交流和共享机制，定期派送教师到广西汽车集团挂职锻炼，广西汽车集团技术骨干兼职授课，共同实施技术攻关及技术服务工作。针对智能制造发展需求，校企合作开发中高端复合型技能人才能力标准，基于能力标准开发专项技术资源以及测评题库，构建能力测评系统，定期为企业员工与教师实施能力测评，依据测评结果构建培训课程和资源，构建企业员工、教师终身培训体系。

（二）课程体系创新建设

1. 创新人才培养模式，构建对接职业标准的"1＋3"课程体系

基于广西专业群发展研究基地平台的研究及产业学院平台建设，专业将通过前期"引进、消化、创新"的国际先进职业教育模式，继续深化与广西汽车集团等企业开展工业智能装备技术类专业现代学徒制人才培养实践。针对生源多元化趋势，汇集多方渠道资源，包括上汽通用五菱、广西汽车集团、柳工等区域知名企业，ABB、FANUC等世界500强企业等，协同构建职业能力标准，以"完一课成一事"的成果导向开发模块化课程及课程资源，为企业提供可持续发展的复合型高技术技能人才。

(1)"七步循环法"制定人才培养方案。创建人才培养方案制定"七步循环法"，从产业分析和工作任务分析、课程体系构建、课程标准和活动方案制定、人才培养方案论证和审核、人才培养保障条件设计和建设、人才培养方案实施和效果反馈七个步骤，规范人才培养方案制定修订和审定流程。定期邀请企业专家召开产业分析会，明确产业构成、产业中的高端技术及对应的岗位（群），并通过工作任务分析，确定学生职业能力要求，作为人才培养方案制定、课程体系构建和课程标准修订的依据，及时将视觉检测、激光定位等新技术纳入课程标准和教学内容。

(2) 试点1＋X证书制度，探索智能制造跨领域多技能人才培养。在产业学院平台基础上，构建区域汽车、机械行业认可，且与收入挂钩的智能制造装备技术职业技能育训证书体系；与广西汽车集团等企业共同开发人工智能工程技术人员、物联网工程技术人员、大数据工程技术人员、工业机器人系统操作员、工业

机器人系统运维员、物联网安装调试员 6 个新工种职业技能考核标准及题库；针对新技术应用，开发系列专项能力认证体系，如视觉检测技术、自动线虚拟仿真调试技术、安全生产智能监控技术等；积极申报国家改革试点，实施 1+X 证书，将证书有机融入育训人才培养方案，给予学生及被培训者自主选择学习的机会，将培训认证内容与现有课程体系进行有机结合，实施学分互换，并继续实施学分、活动分、诚信分"三分"毕业要求，服务学习者的跨领域复合技术学习的需要。将育训证书体系有机融入人才培养方案，优化课程设置和教学内容。

（3）建设共性、特色、跨领域技术课程模块。校企双元协同，铺设课程、活动、环境三维育人路径，构建以理想信念为引领的思想教育体系、以协同创新能力为核心的双创教育体系、以新技术为引领的专业能力培养体系、以工匠精神为核心的素养养成体系，培养有理想信念、工匠精神、高超技艺的"素养·管理·创新"国际化复合型技术技能人才。

基于智能制造产业学院平台，校企开展岗位能力调研，归纳职业岗位典型工作任务，依据"契合产业发展需求和适度超前产业发展"建设思路，确定学生职业能力要求，形成职业能力标准，按照学生认知规律和职业成长规律，紧跟智能制造前沿技术，构建包含四个体系课程的兼顾"共性""特色""跨领域"于一体的"1+3"课程体系（见图 9-2）。

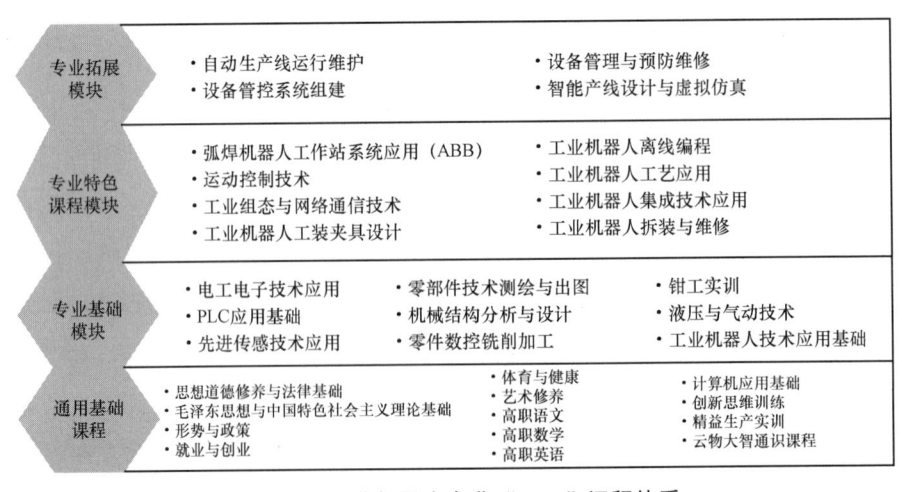

专业拓展模块	·自动生产线运行维护 ·设备管控系统组建	·设备管理与预防维修 ·智能产线设计与虚拟仿真
专业特色课程模块	·弧焊机器人工作站系统应用（ABB） ·运动控制技术 ·工业组态与网络通信技术 ·工业机器人工装夹具设计	·工业机器人离线编程 ·工业机器人工艺应用 ·工业机器人集成技术应用 ·工业机器人拆装与维修
专业基础模块	·电工电子技术应用 ·PLC 应用基础 ·先进传感技术应用	·零部件技术测绘与出图 ·机械结构分析与设计 ·零件数控铣削加工	·钳工实训 ·液压与气动技术 ·工业机器人技术应用基础
通用基础课程	·思想道德修养与法律基础 ·毛泽东思想与中国特色社会主义理论基础 ·形势与政策 ·就业与创业	·体育与健康 ·艺术修养 ·高职语文 ·高职数学 ·高职英语	·计算机应用基础 ·创新思维训练 ·精益生产实训 ·云物大智识课程

图 9-2　工业机器人专业"1+3"课程体系

2. 模块化教学模式

（1）全面实施课程思政改革。团队成员由专业课教师和思政课教师构成，共同研究制定人才培养方案、课程标准，共同实施课程教学，推进"思政课程"与"课程思政"改革。梳理专业课程的思想政治教育元素，把习近平新时代中国特色社会主义思想和社会主义核心价值观教育落实到课程标准、教案、教材讲义、考核方案等教学文件，在课程教学目标、教学内容、教学方法、教学评价、教材选用等各要素中全方位渗透，实现100%的智能装备技术专业课程融入思想政治教育，实现思想政治教育与技术技能培养融合统一。

（2）创新模块化教学模式。在智能制造中的技术应用领域，建立包括智能工装夹具开发、工业机器人本体设计、智能制造产线设计与虚拟调试、工作站，以及产线集成、工业机器人拆装与维修、智能装备开发、大数据及云端管控8个技术方向优秀人才工作室。工作室负责人担任对应技术领域课程模块负责人，既负责该方向的关键技术突破，也承担技术领域内各个课程模块的开发及实施。依托大师工作室、优秀人才工作室开展真实项目教学，教师分工协作完成模块化教学，学生通过完成企业真实产品研发、制造、工艺改进、技术改造等项目，掌握汽车零部件精密制造、工业机器人系统集成、智能网联等关键技术。实现超过50%的专业课进行以真实项目为载体的"课程组"教学试点，100%的专业课开展小班化教学。

（3）推动信息技术应用。依托网络教学平台建设在线精品课程，积极开展翻转课堂等混合式教学模式改革，通过平台分析学生学习行为数据，有效开展教学过程监测，准确掌握学情，实施对应的教学策略。构建个性化自主学习支持系统，将学生毕业能力和要求数字化、精细化，对学生学习过程和资源进行全过程管理和跟踪，对多源数据进行分析与挖掘。通过分析学生学业数据和活动数据、智能分析学生测评分数，依据学习者模型推送适合的学习资源，准确诊断、评价学习过程与结果，向学习者反馈最适合的学习建议。

（三）教学方式与手段改革

1. 推进多元化的课堂教学方式改革，提升课堂教学成效

借鉴国际职业教育先进教学方式，在课程模块化改革基础上，基于"完一课

成一事"的结果导向教学理念，研究出一套根据教学内容灵活使用不同教学方法的有效教学方式，灵活地采用行动学习、项目导向学习、问题导向学习、角色扮演、翻转课堂等多元化学习方式，结合线上线下多元化的资源，融合于课堂教学中，实施模块化课堂教学，形成积极的学习氛围，激发学生的学习兴趣，提升学习成效。

进一步优化合格课程、优质课程、精品课程三级课程的评价指标，在教考分离的基础上，将依据能力标准进行的考核结果作为教师绩效考核的重要指标，与教师绩效分配挂钩，激发教师动能，促进教师推动课堂革命，实现教师上课有成就感、学生学习有收获感的良性效果。

2. 构建基于职业能力标准的测评体系

基于"完一课成一事"的项目教学理念，改革课程考核评价办法，以考核拉动教与学。"完一课成一事"的教学内容与测评始终以职业能力标准为出发点，实施模块化教学，完善考试委员会，共性技术及专业方向课程全部实现考教分离，建成工程项目全过程实施的考核体系。构建"理论+操作实施+情景对话"的综合测评模式，科学、全面地评价学生课程学习成效。优化现有学生分级职业能力测评方案，对接 1+X 证书制度，开展专项技术能力与综合应用能力相结合的测评方式，满足学生个性化学习需要，培养技术技能复合型人才。

3. 实施学分兑换制，促进学生个性化、创新性发展

针对生源多元化特点，打破现有班级制，实施课堂教学"四化改革"，即课程教学安排柔性化、实验实训场地开放化、网络课程资源共享化、考核方式灵活化。学生自主选择学习方式，自主提出考核申请，打破时间、空间的限制，把学生从课堂中释放出来，实现全部学生参与校级技能竞赛等技能交流活动，大部分学生参与创新创业以及专业社团的创新活动，部分学生参与研究院、工作室的对外技术项目，并实施学分兑换制，最大限度地促进学生个性化、创新性发展。

三、建设成效

近年，柳州汽车、工程机械等制造产业智能化发展迅猛，为专业提供了快速成长的契机。通过大力开展智能装备类专业教学团队的教学与科研创新能力建设，团队结构不断优化，实力稳步提升，获得如下相关标志性成果：国家"双高

建设"专业群、国家教材一等奖 1 项、国家级教学团队 1 个、职业教育国家级教学成果奖 4 项、教育部现代学徒制试点单位、创新行动计划骨干专业 3 个、国家级教学名师 1 人、全国优秀教师 1 人、全国模范教师 1 人、国家技能大师 1 人。

第二节 智能网联汽车技术专业教学创新团队建设与实践

汽车工程学院紧跟汽车智能网联化发展，及时优化团队结构，围绕智能网联汽车关键技术，跨二级学院、跨专业整合优质教师资源，与企业一起组建跨界融合的校企混编教学团队。团队依托校级车辆工程技术开发工作室、工程车辆大数据研究工作室，对车辆智能技术等关键技术开展技术研发。

一、强化跨界汇聚融合，打造高水平双创团队

建立校企专兼职教师双向交流跨界合作机制，整合校企优质人才资源，优化团队成员配备结构，强化师德引领，跨界汇聚高端人才，校企交融组建名师名匠领衔的开放型教学创新团队和技术技能创新服务团队，实施"一项一案"持续精准培养，构建有效激发教师内生动力的评价激励机制，全面提高教师创新创研水平，促进教师职业发展，加快建成高水平双创队伍，从而进一步推动专业群教育教学和产学研工作总体水平的提高。开展针对智能汽车开发、新型传感器应用、无人驾驶智能系统融合等前瞻性应用技术的研发，建立优秀人才工作室，使团队成员知识结构实现跨"汽车+电子+通信+人工智能"专业的跨界融合。

二、构建校企协作共同体，建立双向流动技术创新团队

与上汽大众、东风柳汽、上汽通用五菱和广汽集团开展深度校企协作，完善校企协同工作机制，共建若干高水平教师企业实践基地，构建校企协作共同体。出台教师企业实践基地建设制度，完善教师企业实践制度，建立产业导师聘用制度，健全团队管理机制等，为提高教师双师能力、建设技术创新服务团队和教学创新团队提供制度保障。

搭建双向交流技术平台。以智能汽车技术领军人物和国家级技能大师领衔，

以"专家联合工作室""教师企业实践基地"为平台，开展新技术转化推广、技术难题攻关，建立校企人员共同参与的双向流动型技术技能创新服务团队，推动区域智能网联汽车产业升级。团队内企业技术专家、技能大师担任专业产业导师和兼职教师，在学校内建立专家联合工作室，组织产业导师与学校教师建立"师徒"关系，确保专任教师能够及时掌握行业最新信息及技术，兼职教师有实质性教学任务，承担专业课教学任务授课。切实做到校内专业教师培养周期内至少有半年时间到企业实践锻炼，提高专任教师企业实践锻炼效果。

三、寻找典型企业进行合作，双创教育与产业发展紧密衔接

在探索过程中，汽车工程学院努力寻找典型企业，探索合作项目与模式，开展深度的产教融合，通过列清单形式找出行业痛点，发现行业及企业运营过程中存在的问题，组成攻关团队，寻找解决方案，帮助企业突破经营发展中的瓶颈问题，助力区域汽车产业创新创研。

四、跨学科、跨专业进行创新创业教育，建立三级台阶式创新实践教学体系

以项目为主导，以校级大学生创新创造科研课题以及中国国际"互联网+"大学生创新创业大赛作为切入点和助推器，强化学科特点和专业特色，培养学生创新实践能力，逐渐形成系列化、品牌化的竞赛氛围，建立"课上创新创业基地实训+课后校内运维中心实践+课外创业项目孵化延伸"三级台阶式创新实践教学体系，进一步提升学生创新创业的综合能力，让创新创业优秀人才或团队在比赛中脱颖而出，引领崇尚创新创业的价值导向。鼓励不同专业、不同年级的学生积极参与创新创业活动，推动创新创业人才培养。

五、建立大学生创新创造实践基地，打造真实的创业氛围，为企业本土化服务人才的培养提供创业实战培训

与区域企业合作，找准专业发展特色之路，树立汽车新四化服务标准化模式，缔造智能网联汽车生态圈，与企业在校内共建"柳州职业技术学院—特斯途协同创新中心""上汽通用五菱智慧汽车服务中心""新能源汽车前置服务中心"，作

为培育学生创新意识、创新创业训练、实践实习的场所和创新项目的孵化园地。

第三节　就业与创业系列课程教学团队建设与实践

一、团队基本情况

团队拥有专职教师 6 人，其中有教授 2 人、副教授 1 人，具有研究生学历的 5 人，双师型 4 人，兼职教师 31 人，全员具有职业指导师、生涯规划师、心理咨询师、创业指导师、KAB 创业讲师和培训师等资格。

二、团队优势

（一）专任教师专业配合适当，兼职教师互补融合

专任教师的专业背景包括教育管理、企业管理、汉语言文学、商务礼仪、心理学等，还有来自行业、企业的 31 位兼职教师，齐心协力打造了适应高职教育的就业与创业课程体系。

（二）教学能力强，综合素质高

许明教授和岳德虎教授是全国高职院校创新创业先进个人，团队获得 2020 年度全国职业院校教学能力大赛高职组三等奖、2020 年广西职业院校教学能力大赛高职组课堂教学比赛一等奖，指导学生获得包括国家级特等奖 1 项、银奖 2 项，省级金奖 5 项等在内的数十项大奖。

三、团队劣势

团队劣势主要是专任教师博士学位比较缺乏，副高和中级职称偏少。

针对上述劣势，团队积极鼓励专任年轻教师在攻读博士学位的同时，不断提升团队的职称水平。2021 年有一位教师取得副高级职称，一位教师取得中级职称。

四、团队主要业绩、成果

就业与创业教育起始于 1998 年面向毕业生开设的就业指导讲座；在广西高

校教学名师、学校教学副校长张翔教授的组织下，2005 年开发为面向全校学生的公共必修课就业与创业，并被确立为校级精品课程；2006 年 6 月被确立为省级精品课程；2007 年 10 月被确立为国家级精品课程；2008 年 5 月就业与创业教学团队被评为广西高校自治区级教学团队；2020 年，在负责人许明教授的带领下，在原有国家精品课程、国家精品在线资源课程的基础上，围绕"双高建设"和学校专业人才培养的需要，针对学校学生基础知识和专业学习实际，经过团队教师不断努力实践，全新推出"一案到底"的教学模式，打造"三融合"教学组合，设计"五线谱"教学策略，开发"针对性分析画布"。由此开发的线上课程自 2020 年 5 月开始上线，得到全国 489 所高校、26 916 人次的学习，互动日志有 2 923 885 次。项目主持人许明教授应邀到云南、福建、浙江、河南、湖北等 8 省份，包括浙江大学城市学院、温州职业技术学院等在内的 10 余所大学，为学生做就业创业培训指导，多次在国内就业创业研讨会进行经验分享，为国内其他高职院校开展此类教学实践与改革提供有益的参考，受到了国内教育界高度重视。

2020 年，在许明教授的带领下，团队获得广西中青年项目课题立项 1 项，2020 广西职业教育教改课题立项 1 项，广西教育科学结题 1 项；发表教改论文 5 篇，学术论文 3 篇。团队开发的"香蕉创业兴乡村 生态反哺育新业"教学项目获得 2020 年度全国职业院校教学能力大赛高职组三等奖、2020 年广西职业院校教学能力大赛高职组课堂教学比赛一等奖和学校第十三届教师教学能力大赛二等奖。2020 年 6 月获得学校第十六届（2019 年）校级教学成果二等奖。6 位专任教师均获 2020 年第六届中国国际"互联网+"大学生创新创业大赛广西赛区和全国"优秀指导教师"称号。岳德虎老师获得 2020 年第七届"学创杯"全国大学生创业综合模拟大赛全国"最佳指导教师"称号，六名专任教师均获得"学创杯"2020 全国大学生创业综合模拟大赛区赛"优秀指导教师"称号。

在 2020 年的各级各类创新创业大赛中，在许明教授带领下，团队教师全员参与。特别是在第六届中国国际"互联网+"大学生创新创业大赛备赛过程中，团队教师累计指导参赛项目 3 800 余项，涉及学生 1.5 万余人次。从校级赛到国家总决赛历时近 6 个月，团队教师全程参与指导，从项目规划、设计、打磨、路演，直至参赛的决赛现场，始终与学生保持在第一线，确保了学生参赛的热情和信心，最终获得总决赛银奖 1 项，广西赛区金奖 1 项（第一名）、银奖 1 项、铜奖 9 项。同时获得 2020 年第九届"挑战杯"全国总决赛银奖 1 项、广西赛区金奖 2 项、银奖 2 项、铜奖 4 项；"学创杯" 2020 全国大学生创业综合模拟大赛全国特等奖和广西赛区 3 个一等奖；2020 促进金砖工业创新合作大赛之中国"创新设计"总决赛三等奖 1 项，2020 促进金砖工业创新合作大赛之中国"创新设计"选拔赛金奖 1 项；第三届广西中华职业教育创新创业大赛暨第四届中华职业教育创新创业大赛广西赛区总决赛金奖 1 项；"中国梦＋青年力量" 2020 年广西青年创业创新大赛金奖 1 项；第八届柳州市创新创业大赛银奖 1 项。这些成绩说明学校的就业与创业教育走在了国内高职院校前列。

2020 年团队还完善了就业创业学业标准、课程标准、师资标准、教学过程标准的构建，形成了独具特色的就业创业课程设置及教学视频等物化成果。据初步统计，累计 10 次获得国家、地方主流媒体的高度关注，其中中国新闻网、中国高职高专教育网、人民网、广西日报、八桂职教网等。部分主流媒体以专刊形式以《从"90 后"高职生到千万元企业 CEO——记柳职优秀校友肖杰夫的创业故事》为题，报道了 2020 年第六届中国国际"互联网＋"大学生创新创业大赛全国银奖获得者的励志故事，有效地提升了学校就业创业的知名度与影响力。

五、团队开展"双高建设"视域下高职学生就业与创业高质量发展研究案例

（一）项目背景

2019 年 4 月，教育部、财政部印发《关于实施中国特色高水平高职学校和专业建设计划的意见》，提出总体目标明确："双高建设"支撑国家重点产业、区域支柱产业发展，引领新时代职业教育实现高质量发展。2021 年 1 月，人民日报发文：我国职业教育迈入高质量发展新阶段。

（二）项目研究基础和可行性

1. 形成了集课程开发、教学实践、社会验证的全方位育能体系

本项目团队成员由专任教师、专业教师、学生辅导员、职场精英、社会企业家等共同组成，融教学、实践、验证、帮扶等为一体，以培养学生就业

和创新创业应用能力为目标，做到在校有指导、出校有服务、困难有帮扶的全方位育能体系。

2. 打造了就业与创新创业个性化的育能全服务贯通体系

以课堂教学与互动增强就业创业意识，以课余培训明确就业创业认知，以精心参赛锻炼就业创业能力，以适应社会验证自我的选择，以社会企业家满意为育能目标，进行学生就业创业的全学习服务贯通。

3. 开发了符合高职新时代要求的课程体系

本项目以大学生就业创业实际需要为基础，将就业与创业一门课程开发为职业生涯规划、创新思维训练、就业指导与职业核心能力训练、创新创业基础和移动商务运营五级融通式课程，集线上线下的学习与实训为一体，建立了从学习到职场服务的全程化课程体系。

（三）项目研究方法和思路

本项目坚持以辩证唯物主义和历史唯物主义为指导，综合运用文献资料法、实证研究法、社会调查法、比较分析法和系统研究法等多种研究方法，以"双高建设"、就业与创业、高质量发展相结合为主线，对"双高建设"视域下高职学生就业与创业高质量发展相关问题进行系统研究，既有理论基础的详细阐述，又有实证数据相佐证，增强了本项目研究结论的有效性和实际应用性。

（四）项目研究的创新点

1. 分类分层拓宽就业与创业实践育人路径

在当前就业与创业教育体系中，无论是理论还是实践都相对丰富，但受众面主要还是"大众化"，缺乏"个性化"。"分类分层"的方式方法就有效地解决了这样的问题。分类是指按照学生的主要目标是就业还是创业进行指导；分层是指按照学生就业和创业程度的不同分别进行指导。

2. 项目引导实践

项目引导是指在原有实践育人路径的基础上，注重以项目参与的形式培养学生就业与创业意识和奠定知识基础。引导学生积极参与并经选拔进入就业或创业的项目和团队，使就业创业教育与项目成果相互转化，切实培养学生就业与创业能力。

3. 探索不同专业群就业与创业教育建设模式，分类推进

本项目根据教育部、财政部印发的《关于实施中国特色高水平高职学校和专业建设计划的意见》等有关文件精神，落实习近平总书记关于大学生就业与创业的有关指示，依据高职院校就业与创业教育和专业教育融合的实际，结合专业人才培养目标，促进高职学生就业与创业的高质量发展。

第十章
双创平台建设实践

第一节 创新创业教育生态圈构建研究

一、柳州职业技术学院创新创业教育生态圈的构建与实践

（一）健全创新创业教育体制机制

1. 机构设置

学校成立了专门机构统筹协调学校的创新创业教育工作，构建健全的创新创业教育改革工作机制。成立由校长为组长，副校长为副组长，有关部门负责人共同参与的大学生创新创业教育工作领导小组。从学校整体规划设计创新创业教育工作，研究制定（修订）专业教学质量标准和人才培养方案、健全创新创业教育课程体系、加强创新创业实践基地建设、强化创新创业实践训练等具体工作任务。学校形成多部门齐抓共管协同机制，成立创新创业学院，在学校党委和行政统一领导下，围绕目标，突出重点，成立了"一学院四中心"组织机构，建立了校领导、教务处、学生工作处、科技开发处、校企合作处、就业处、团委、二级学院等多部门协调联动的创新运行机制。创新创业学院明确专人负责，定期研究创新创业人才教学与研究、组织创新创业专项培训指导、推进创新创业孵化与扶持、

营造创新创业型校园文化氛围、开展比赛训练和指导等相关工作。制订创新创业教育工作年度任务计划，设置专项经费预算、开展项目建设，结合学生专业和兴趣成立对应的创新创业工作室、双创中心、专业创研基地、"产学研创"工坊，全面开展大学生创新创业教育工作。

2. 制度保障

学校坚持落实立德树人根本任务，制定《深化创新创业教育改革实施方案》《三全育人改革实施方案》《课程思政实施方案》等系统有效的相关制度，明确创新创业改革任务，从制度机制上推进创新创业教育，并把党建和思想政治教育工作贯穿到创新创业教育全过程。同时，学校加强创新创业教育保障制度，相继出台了学生创新创业学分认定与转换、制订创新创业能力培养计划、建立创新创业档案和成绩单等制度，设置弹性学制，鼓励在校学生开展创业实践；在资金上予以扶持，修订了学生评优规定及奖励办法、技能竞赛管理规定等管理制度，鼓励学生积极开展创新创业实践，并对取得专利或技术创新奖等成果的学生给予相应的荣誉及奖励。

（二）构建完善双创课程体系

课程是高校践行创新创业教育最基本、最重要的载体之一，而创新创业教育课程体系建设更是统筹整合创新创业教育过程的核心。创新创业教育多元化课程模块建设能够满足不同创业需求、特点的学生的双创实践需要。面向全校学生开设创新思维、批判性思维及创业基础等通识类课程，设计创新思维训练、创新创业实务、职业发展与生涯规划、职业发展与就业指导等 38 个课程模块，涵盖创新创业基础、财会、税务、管理、生产、营销等多个学科领域，为培养学生的双创能力提供全面、专业性、综合性的课程体系。通过加强课程信息化建设，打破学生学习的时空限制，自主建设一批创新创业教育在线开放课程，推行线上线下相结合的混合式教学模式，并建立了创新创业在线开放课程学习认证和学分认定制度。疫情期间完成就业与创业、创新与创业实务、移动商务创业三门创新创业系列在线课程建设，截至 2020 年 10 月，累计选课人数超过 9.75 万人次。同时，学校积极建设专创融合特色示范课程，倡导专业教师在教学过程中渗透创新创业理念和知识，将创业知识合理、有序地融入课程章节与知识点；建设专创融合案例库、课件库等教学素材，培养学生的创新创业能力；学校重点打造了云物大智基础等近 400 门特色必修课程，累计选课人次达 12 万人。

（三）加强双创师资队伍培养

创新创业是一项高度复杂、难度较大的社会生产实践活动，因此创新创业教育师资必须同时具有深厚的理论素养、完善的专业知识结构以及丰富的实践经验。学校建设启蒙导师、初创导师、成长教练三级创新创业导师队伍。启蒙导师以创新创业基础课程教学团队的校内教师为主；初创导师以创新创业提高课程教师为主；成长教练队伍由创业实践经验和传帮带能力强的高水平创新创业教师、优秀毕业生、知名企业家、创业教练组成。聘请校外创新创业教育专家、有关创业成功者、企业家等构建创新创业"导师库"，同时制定了兼职教师聘用考核及管理办法，规范兼职教师教学过程管理。学校支持专业教师讲授创新创业类课程，通过多种途径支持专业教师指导学生创新创业活动，专业教师参与双创课程教学、教改项目、学生双创竞赛指导、学生双创科研立项、学生创新创业实践活动指导等活动，覆盖率达 100%。同时学校面向教师开展创新创业教育相关培训，近年出台了一系列师资队伍建设制度和创新性措施，提升创新创业教师的教学和指导服务能力。将提高教师创新创业教育的意识和能力作为岗前培训、课程轮训、骨干研修的重要内容，将创新创业能力培养融入教师专业发展范畴。

（四）以竞赛与活动为引领

学校重视创新创业活动的实践育人作用，通过组织、举办各类双创活动培养师生的双创热情与素养能力，以双创竞赛与实践活动为抓手，在实战中帮助师生形成双创认知、强化双创意识、磨炼双创能力、培育双创素养。学校组织学生参加各级各类的创新创业竞赛，注重培养学生的创业意识，致力于发现和培养一批具有创新思维和创业潜力的优秀人才。学校高度重视双创实践活动的育人作用，积极组织举办各类双创实践活动、社会活动及公益活动，实现学生双创能力培养、社会责任意识培养、社会公益能力的统一。学校依托学生专业社团实施人才培养计划，开展丰富多彩的社团活动，学生在自我管理中不断提高；深入持续开展"青年红色筑梦之旅"活动，聚焦脱贫攻坚工作，开展了职业技能培训、乡村振兴理论宣讲、对口科技扶贫、电商直播带货等系列活动，形成良好的社会效益，打造了一堂有温度、有深度、有广度的学校思政课。

（五）夯实双创实践平台

为了使人才培养更好地适应地方产业转型升级需要，学校整合政府、企业、行业、区域、学校五方资源，构建了"内外统筹、五方协同"的协同创新育人平台，为培养高水平创新创业人才、助力柳州工业高质量发展打造强有力的平台支撑。

在协同创新育人平台的框架下，学校牵头联合地方院校、企业、行业协会共建广西汽车产业职业教育集团，先后获批广西高校大学生创业示范基地、广西第五批自治区级技术转移示范机构、市级众创空间、柳州市创业孵化基地（大学生创业园），与广西汽车集团联合建立"青年创新实践基地"等众多创新创业载体，以及建立院士创新工作站1个、柳州市工程技术研究中心等6个研究机构，有效提升了学校的整体科研创新水平和服务地方产业转型升级的能力。2018—2020年为地方企业开展技术服务近800项，政府购买服务到款额超过7 000万元，技术服务到款额达6 000余万元，产生了良好的社会效益。

二、柳州职业技术学院创新创业教育生态圈的实施效果

（一）创新创业教育辐射面广、师生参与度高

学校面向全校学生开设创新创业必修课和选修课，并面向全校学生积极组织开展各类创新创业类活动、竞赛、实训、校外实践、社会公益活动等。创新创业教育的学生覆盖面、在校学生创新创业实践参与率达100%。

（二）创新创业教育研究成果丰硕

学校重视创新创业教育研究工作，积极倡导教师"教中研、教中创"，以研促教，以教促研，教研相长。学校近年获得创新创业教育改革获省部级以上教学成果奖7项。

（三）创新创业教育研究成果示范性效益强

近5年，学生参加双创大赛累计37 015人次，共计9 705项，国家级竞赛获奖162项，其中获中国国际"互联网+"大学生创新创业大赛和全国"挑战杯"大学生创新创业大赛特等奖、金奖、一等奖的项目15项，与专业结合的双创项

目 210 项，发明专利授权 56 项；依托学生专业社团实施人才培养计划，开展丰富多彩的社团活动，学校大学生 KAB 创业俱乐部荣获"广西十佳社团"荣誉称号。据麦可思应届毕业生培养质量报告，近 5 年，用人单位对学校就业工作的满意度为 96%，平均就业率为 90%以上，高于全国高职水平，学校连续 21 年获"广西高校毕业生就业创业工作先进单位"（广西高职唯一），累计 30 多次在全国或区域推介双创经验。鞠红霞教授在第三届全国高校校企协同创新育人高峰论坛做"发挥校企合作优势，服务地方产业发展，构建高职院校大学生创新创业生态圈"讲座；2015 年，许明教授在四川大学 KAB 年会分享"'小而美'的创业教育"；学校先后到浙江大学、中国地质大学、郑州大学等 20 余所大学培训指导，开发"创新与创业实务""就业与创业""移动商务创业"在线课程 3 门，学员单位 903 个。

（四）培育出一批有创新、有实践、能落地、带动就业性强的双创项目

在学校对在校生及毕业生创业大力扶持与持续关注下，逐渐培育出一批具有代表性的学生真实创业项目，这些项目具有创新性高、竞争力强、带动就业效果好等特点。近年，学校培育的优质双创项目（公司）如广西玉林市信荣服装有限公司、兵兵到家（北京）科技有限公司、柳州旭至自动化科技有限公司等企业，充分发挥带动就业创业的作用，毕业生创新创业创造经济效益近 4.89 亿元，累计带动就业人数逾 1.1 万人。

（五）形成良好的毕业生创业就业氛围

学校为在校生和毕业生提供系统化、全方位的创业帮扶体系，营造了良好的毕业生创业就业氛围，在双创竞赛训练、双创导师帮扶、服务中心建设、创业政策支持和专项资金支持等方面予以学生创业有利条件。

第二节 协同创新研究院创新实践探索

一、协同创新的实践探索

2016 年，柳州职业技术学院联合柳州市柳东新区管委会共建柳州职业技术学院协同创新研究院（以下简称"研究院"）。通过5年的建设，研究院已逐步建设成为集技术创新、技术成果转化、创新创业孵化、专业人才培养等功能于一体的协同创新平台。

（一）改革创新，构建协同创新新形态

协同创新，是实现自我可持续发展的战略需要，也是区域内实现互利共赢的重要发展方向。高职院校协同创新的实施，要有宏观战略思考，做好顶层设计。在研究院建设发展过程中，柳州职业技术学院始终以创新为引领，着力在组织模式和体制机制上下功夫，努力实现学校创新发展方式的根本转变。

在学校内部，研究院打破了传统小而散的科研组织管理模式，将学校各科技平台纳入研究院管理，并通过组建复合型创新团队、组织联合申报大型项目等手段，把校内科技创新资源整合为有机整体，发挥群聚效应，形成合力。在学校外部，通过与地方政府战略合作共建研究院、引入小微企业和团队入驻研究院、与大中型企业共建产教联盟等多种方式，研究院整合政府、学校、企业、行业的创新资源和要素，发挥各参与主体的优势，构建多元化的组织管理模式。研究院建设发展过程中，学校不断探索政产学研合作模式，创新合作机制，规范管理方式，先后发布了《柳州职业技术学院科研平台管理办法》《柳州职业技术学院科研团队管理办法》《柳州职业技术学院柔性人才引进办法》《柳州职业技术学院入驻企业管理办法》《柳州职业技术学院校企合作工作管理办法》等制度，构建了从科技平台到创新团队、技术人员的多层次的科技组织架构，实现了从场地、仪器设备到资讯、人员的全方位的开放共享，打造了从科学研究、技术攻关到成果转化、企业孵化的科技创新链，逐步形成了人才融合、技术融合、文化融合、设备共享、平台共享、成果共享、利益共享的"三融合四共享"发展模式。

（二）与产业需求融合，建设多层次科技创新平台

研究院依托学校专业资源，围绕柳州地区经济社会发展的重大需求，主动融入柳州发展战略，建成自治区级技术转移示范机构1个、市级工程技术研究中心6个，共建院士创新工作站1个、高端人才创新中心2个，产业集群培育基地1个，形成了以院士、国家高端人才、学校教授为带头人的，从省部级到校级的多层次的科技创新平台体系。

研究院积极组织组建科研平台，现有"工业机器人集成及应用工程技术研究中心""车辆NVH工程技术研究中心"等6个柳州市工程技术研究中心，"工业物联网研究中心""特色产业废水生物处理技术实验中心"等7个校级科研平台，累计投入超过2 000万元。学校建有工程实践中心、检验检测中心等一批技术服务平台，拥有数控车床、数控铣床、加工中心、精密三坐标检测仪、工业机器人等设备设施超过100台套，可为企业提供模具开发与设计、样件试制、检验检测等服务。2020年，与国家级高端人才张正文教授合作共建金属3D打印创新中心，与国家级高端人才杨亚涛教授合作共建激光加工技术应用与推广中心，投入设备总值超过千万元，在金属3D打印、激光加工制造等新兴领域为区域企业提供服务支持。

研究院依托学校资源，打造创新创业孵化平台。在原有孵化中心的基础上，2019年联合柳东管委会、长江学者孙立宁教授、广东汇博机器人公司四方新建机器人产业培育基地，通过政府出政策、出资金，学校出场地设施，企业出运营团队，高端人才出技术的方式共同打造创新创业平台。目前研究院已建成孵化场地面积4 000余平方米，累计吸引超过20家企业、团队入驻，已成功培育高新技术企业2家，规上企业3家。

（三）汇聚高端人才，打造混合创新团队

科技创新的关键在人才。柳州职业技术学院根据当地市场发展需要，着力打造开放式、全方位、分层次的人才培养体系，建设一支规模宏大、结构合理、素质优良的创新人才队伍，最大限度地将"三融合四共享"中的高端人才融合机制效能释放出来，以此更好地带动自身发展。

一方面，研究院依托研究院科技平台，积极引进国内外知名专家、学者、科研技术能手等国内外高端人才，与柳州职业技术学院教师共同组建创新团队，共同开展技术创新和技术成果转化研究。如学校2018年建设了蔡鹤皋院士工作站，即形成了以蔡鹤皋院士为首，863专家、长江学者、苏州大学孙立宁教授为领军人才，广东省明星企业家秦磊博士为高层次创新人才，学校高学历、高职称专业教师参与其中的高层次高水平创新团队。院士创新团队在钢铁行业开展了"基于机器视觉棒材关键质量检测""基于激光技术的有轨机车无人作业"等技术攻关，在汽车零部件企业开展了"协作机器人在装配岗位应用关键技术研究""机器人装备在重要生产工序的租赁模式"等研究和实践,取得了一批高水平技术创新成果。

另一方面,研究院结合学校专业优势和地方企业需求,以解决企业实际技术应用问题为导向,联合地方企业共同打造校企混合应用型科技创新团队。例如学校依托智能制造产业学院,与广西汽车集团联合成立了智能制造团队,充分发挥企业的技术装备与市场资源优势和学校的人力资源与科研优势,专注于校企双方在人才培养、技术应用研发、创新孵化等方面的深度合作,为提升柳州智能制造水平、推动柳州制造业向中高端迈进奠定人才基础。

(四)深化产教融合,促进应用型人才培养

整合创新主体资源,促进应用型人才协同培养,是高职院校协同创新的重要内容。柳州职业技术学院协同创新研究院打通人才培养渠道,开放人才共享平台,通过项目合作、对外服务等多种方式,培养应用型人才。

研究院通过与企业合作,充分利用企业研发和制造平台,传授实战经验,强化学生的实践能力和创新能力,培养教师的实践教学能力。2017—2020年,研究院入驻企业,以项目合作、项目参与、项目实践等方式,累计为教师提供岗位学习124个,为学生提供学习岗位551个,与学校60%以上的专业有人才培养、科技攻关、技术服务等合作。

同时,研究院依托学校丰富的教学资源,以行业企业需求为驱动力,积极协助开展社会服务,面向社会人员开展各类技术技能人才培训、职教师资培训、新型职业农民培训、社区教育培训、科学普及与研学活动。

(五)聚焦研发应用,推动企业技术创新

协同创新应该突出跨界协同的特点,使之成为当地技术技能创新的支撑点,支撑当地优势产业,突出特色行业。自成立以来,研究院一直致力于打造技术技能创新服务平台的旗舰版,推进"产学研用"一体,以提升能力为基础,以服务需求为导向,以共建共享为路径,与行业企业共同推进技术技能积累,将科研重点放在应用技术开发、科技成果转化、技术服务咨询等方面,重点服务柳州区域中小微企业发展,通过技术反求、技术转移、技术改良、技术革新,帮助中小企业解决所面临的技术问题，提高产品的技术附加值。

研究院以技术研发以企业技术难题为切入点，以形成纵向课题为高度，以解决企业技术问题为落脚点，致力于应用技术的开发和研究。一方面，科研团队潜心研究，追踪前沿技术研发新产品，为企业提供技术服务。学校联合柳州一阳科技有限公司合作开发"汽车稀土铝合金轮毂关键技术研究及应用示范"，联合柳钢股份开展了"基于大数据分析的热轧工艺优化""数据驱动型智能系统在复杂流程企业开发和示范"项目；学校教师自主研发的汽车零部件总成柔性检测系统，改变了汽车行业传统的钣金件人工检测方式，不仅提高了钣金件质量检测的准确性，且极大地提升了检测效率，一套设备就能为企业年节约12万元的人工成本。另一方面，创新团队深入研发，不断调试、改良，实现智能装备自动化代替作坊手工操作的生产升级。工业机器人集成应用科研团队联合研究院入驻企业广西华欧机械、三松自动化公司开展基于视觉抓取、机器人本体组装测试应用研究，研究成果用于上汽通用五菱生产线；在越南"水塔架焊接"项目中，学校的创新团队设计采用机器人代替专业焊工操作，将装件取件的顺序、钳工序工艺等进行了重新布局、调整与优化，成功将生产效率和质量提高了30%左右；学校联合三松自动化公司开展的"螺蛳粉包装自动化生产线研发"，更是体现了研发成果聚焦并及时应用到企业生产的现代化工业化时代特色，推动了企业生产技术的不断革新。

在科技成果转化方面，实现供需精准对接，开展高端技术研发，孵化工业大数据和人工智能产业，形成一批拥有自主知识产权的高端技术成果。校企联合举办先进技术及技术成果推介会，惠及中小微企业约30家。在科技局支持下，开设柳州市汽车产业前沿技术大讲堂，将世界范围内汽车先进技术传输给柳州汽车企业。对接柳东新区政府，对入驻企业开展高新技术企业、规上企业政策宣贯，为企业提供服务支持。

二、柳州职业技术学院协同创新成果成效

研究院先后获得了"第五批自治区技术转移示范机构""2016年柳州市双创示范平台""2017年柳州市第一批微小企业公共服务平台"称号，2018年被认定

为"柳州市创业孵化基地（大学生创业园）"，2019 年被认定为教育部《高等职业教育创新发展行动计划（2015—2018 年）》"协同创新中心"项目，2020 年入选"广西壮族自治区大众创业万众创新示范基地"。成立以来，通过研究院平台开展技术研发和科技攻关项目累计超过 400 项，累计为大中小微型企业开展技术服务 800 多项，科技成果转化 63 项，引进和培育 30 多个创新创业团队。柳州职业技术学院科研水平也借助研究院平台得到新的提升，累计获得市厅级以上科技项目 206 项，专利授权 377 项。

三、下一步工作思路

研究院以柳州区域产业需求为导向，建立了集技术创新、人才培养、成果转化、创新创业为一体的协同创新服务平台，构建协同创新发展新形态，为地方经济与职业教育高质量发展提供强有力的支撑。协同创新平台的成功搭建，与政府、企业的支持密不可分。高职院校应与政府企业有机融合，建立良好的组织模式和体制机制，充分发挥地方政府、合作企业的作用，汇聚整合智力资源，并扎根实际应用的科学研究，更好地服务和发挥社会生产效能，实现良性循环，推进地方产业经济发展。

下一步，柳州职业技术学院将进一步加强平台和团队的管理和绩效评价，构建学校与企业之间更通畅的沟通渠道，建立健全企业技术需求库、学校创新人才库，深化推进校企合作项目落地，加强合作交流，推进协同创新平台提质增效。

第三节　大学生科技园/大学生创业园建设实践

一、项目简介

1. 项目概要

大学生科创园设有知识学习区、创业孵化区、虚拟体验区、项目展示区四大功能区，面向全校所有学生以及全社会开展层次化的创业教育，从创业基础概念普及到创业综合能力提升、再到创业项目孵化的全过程，层层递进实现创业教育的全面覆盖，还兼具参观、咨询、培训、技术服务等创业孵化器功能。

项目第一期建设资金金额为122万元，其中80万元主要用于购买创业综合训练平台软件，包含创新能力测评平台、TRIZ创新思维训练平台、创业认知实践平台、商业模式设计训练平台、创业营销实训平台，独立使用不受使用时间限制，同时能提供创业项目打磨服务，服务期至少3年以上，每年提供1 000个项目的打磨服务，帮助学生学会如何申请专利、技术创新，能较好地解决中国国际"互联网＋"大学生创新创业大赛项目指导的需求。10万元用于购买大学生科创园需要配套的家具，32万元用于购买28台电脑、两台一体机、音响、网络设备等。

2. 建设年限

项目建设周期为12个月：2021年9月—2022年9月。

3. 计划资金

项目建设计划总资金122万元，其中80万元主要用于购买创业综合训练平台软件，10万元用于购买大学生科创园需要配套的家具，32万元用于购买28台电脑、一体机、音响、网络设备等项目软硬件的建设，详见《项目设备配置方案明细表》。

二、建设背景

教育部、财政部联合启动中国特色高水平高等职业学校和专业建设计划。"双高计划"舞起新时代职业教育发展的"龙头"，支持一批优质高职学校和专业群率先发展，引领职业教育服务国家战略、融入区域发展、促进产业升级，对于服务建设现代化经济体系和更高质量更充分就业具有重大意义。

柳州职业技术学院是自治区级首批深化创新创业教育改革示范高校、全国高职院校创新创业教育工作先进单位、全国高职院校创新创业示范校50强、广西高校大学生创业示范基地、广西第五批自治区级技术转移示范机构、柳州市小微企业创业创新基地城市示范单位、柳州市小微企业公共服务平台、柳州市创业孵化基地（柳州市大学生创业园）、广西壮族自治区大众创业万众创新示范基地培育学校。

学校目前仅有一间创新创业实训室,每年承担全校的中国国际"互联网+"大学生创新创业大赛、全国"挑战杯"大学生创业大赛、"学创杯"大学生创业综合能力大赛等重要双创赛事的培训、指导项目打磨等任务,还开展创客马拉松、大学生职业生涯规划大赛等创新创业活动,承担创新思维训练、创新创业基础、大学职业生涯规划等课程的分教学任务。创新创业实训室的具体地点为大学生活动中心三楼,面积 200 平方米,2019 年 6 月配置 21 台电脑,现有的创业之星软件已经无法满足竞争激烈的双创大赛在专利申请、商业模式创新等方面的需求,受场地以及学生电脑数量的限制,很多校内创新创业活动无法开展,无法满足全校师生的创新创业实践活动开展需求。

三、建设的必要性和可行性

1. 建设项目的必要性

中国梦的实现需要复合型创新创业人才,目前学校官塘校区主要有机电工程学院、汽车工程学院、电子信息工程学院等以理工科为主的专业,购买的软件核心有 TRIZ 创新思维训练平台,基于 TRIZ 发明理论原理,内置大量生活化多角度的 TRIZ 创新训练项目任务,教师、学生均可以根据 TRIZ 矛盾矩阵完善自己的创新方案,学会专利申请,提升项目的科技含量,解决高职创业项目缺乏科技创新问题。购买的两台一体机可以满足远程路演网络会议等功能,解决疫情对线下交流的影响。

2. 建设项目的可行性

(1) 场地规划基础。大学生科创园一期工程申请场地 3 400 平方米,主要是官塘校区 T4 协同创新研究院 5 间教室和 T4D401-402 两间独立教室,包含楼道长廊、教室外 300 平方米的公共空间区域,目前已经完成水电、中央空调等基础设施,但是缺乏文化墙建设,没有办公家具、电器、电脑网络架构等设施。

(2) 建设项目基础。历经 10 年发展,学校创新创业成果显著。一方面,与国内优秀的创新创业组织机构、地方创业企业形成良好的互动交流与合作关系;另一方面,学校培养的一批优秀毕业生已经茁壮成长起来,大量毕业生初创成功项目涌现,如兵兵到家项目、智能充电桩项目、御楠香项目等,已经具备了良好的发展基础,拟将这些毕业生优秀项目引到大学生创新创业孵化器,采用"校企联合创业导师团+社会优秀项目+毕业生初创项目+在校生创新创业活动"的模式,促进在校学生积极参与创新创业活动,充分发挥优秀毕业生优秀项目的带动效应,进而将学校双创事业推向一个新的高度。

(3)管理人员基础。创新创业学院专任教师有创新创业孵化器的运营和维护管理能力,此外专业管理员及后勤部门的专业维修人员也是项目建设及维护的重要人员。

四、建设思路、目标与预期效益

1. 建设思路

设立创业咖啡、路演厅、创业讲堂、孵化基地等并投入实体运营,共计占地面积 3 400 平方米,投入资金 122 万元,努力营造创新创业教育和实践的良好平台,促进学校创新创业教育。

(1)深化改革,完善生态。持续深化创新创业教育改革,推动创新创业教育与专业教育深度有机融合,稳步构建课程、师资、平台、训练、帮扶一体化创新创业生态圈。

(2)育人为本,全面发展。创新创业教育贯穿于人才培养全过程,覆盖全体学生,实现创新创业教育的"全过程,广覆盖,普收益,可持续",着力学生创新精神、创业意识和创新创业能力的培养。

(3)产业逻辑,跨界协作。以产业为逻辑起点,创新创业教育对接地方产业发展,聚焦柳州汽车、工程机械支柱产业、螺蛳粉产业等高端产业与新兴产业,通过"政校行企"多元协作,专业跨界融合,增强双创发展活力、优化双创发展环境。

(4)开放协同,特色发展。建设开放式创新创业教育,促进"政校行企"合作,加强国际合作,打造创新创业教育高端国际化平台,服务国家创新驱动战略。

创新创业平台建设思路见图 10-1。

2. 建设目标与预期效益

(1)总体目标。通过场地环境建设、文化氛围打造进行大学生科创园的建设,以其开放性、多功能性和综合性特色,成为融创新创业教育、创业资讯、创业交

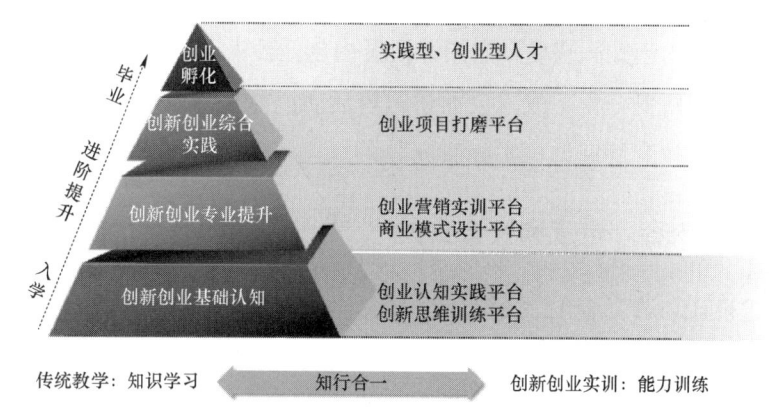

图 10-1　创新创业新平台建设思路

流及创业服务等于一体的创新创业新平台，也成为展示校园创业文化的特色名片。

项目建成后，将有效解决学校创新创业的众多问题，促进学校双创事业大发展，提升创新创业教学效果及质量。此外，在满足正常校内双创活动开展的同时，还可以进行创新创业社会培训、承办区内和学校创新创业赛事活动、创新产品研发等工作。

（2）具体目标与预期效益。设立创业咖啡、路演厅、创业讲堂、孵化基地等并投入实体运营，共计占地面积 3 400 平方米，投入资金 122 万元，努力营造创业创业教育和实践的良好平台，促进学校创新创业教育。

第一步：购买相关的创新创业实践软件和硬件设施，并进行师资培训。

建设就业与创业公共必修课的教学实训场所，既能解决专业教学实训设备老化问题、满足自身教学需要，又能开展各项社会服务培训项目。积极利用项目资金支持，主要用于场地装修、设备的购置、创业办公区域办公设备的购置等。

第二步：开发相关课程和设计，作为翻转课堂和在线开放课程的线下体验。开发包括创业基础、中小企业创业实务、创造性思维、风险投资、法律知识、商业计划书撰写、机会识别、创业营销、小企业管理等创业通用知识培训和创业能力提升培训课程。同时在企业建立实训基地，充分利用企业真实生产项目服务教学，每年受益学生约 6 000 人。

第三步：每年组织或参与 1～2 次创业与创业教育国际学术研讨会，坚持开设已经举办多年的创业大讲堂,定期开展国内创业沙龙及公益性活动。组织国内外青少年创业创新夏令营、成人创业学习等活动;参与国内外创业、创业文化、创业评估、创业教育等理论与实践研究。

五、重点建设内容、进度和资金安排

项目建设计划总资金 122 万元,全部由学校自筹,主要用于项目软硬件的建设,详见《项目设备配置方案明细表》,第一期于 2022 年 4 月完成,主要完成官塘校区实训平台软件购买和电器、电脑的购买。

项目第一期建设主要是利用现有的创新协同研究院(官塘校区 T4 三楼 5 间教室和两间独立教室)的场地(见图 10-2),购买创新能力测评平台、TRIZ 创新

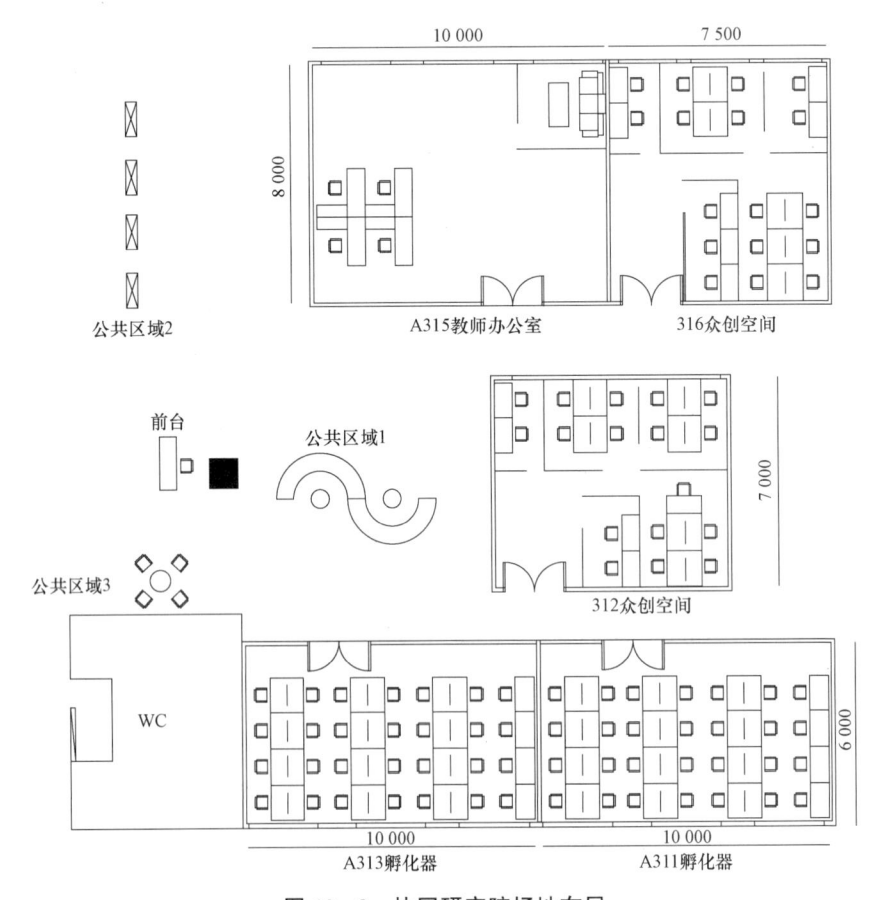

图 10-2　协同研究院场地布局

思维训练平台、创业认知实践平台、商业模式设计训练平台、创业营销实训平台，28 台电脑，1 套音响，1 套多媒体系统，5 台立式空调，2 套办公沙发，2 台教学平板，LED 显示屏，1 项综合布线，配套办公设备家具、洽谈桌椅、沙发等（见图 10-3）。

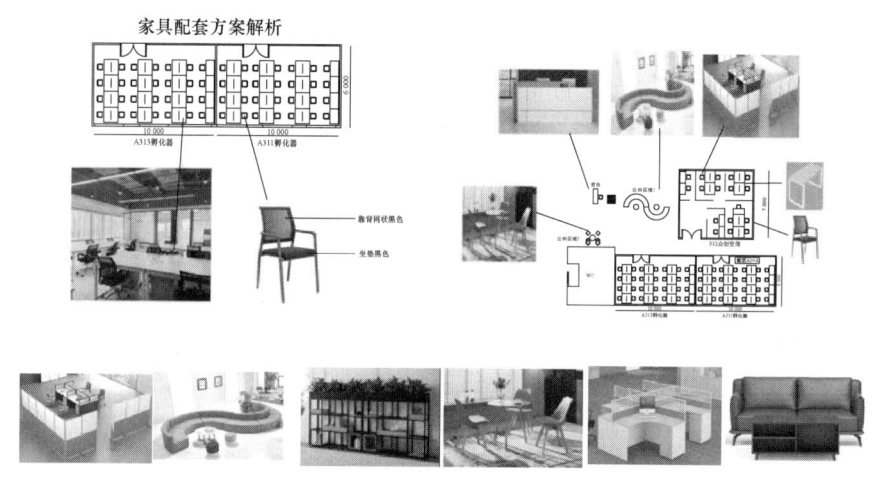

图 10-3 家具配套方案

六、项目建设保障措施

保障措施包括人员保障（工作机构和组成、责任分工等）、资金保障（多渠道经费筹措及落实情况等）、制度保障（项目经费使用、招投标、物资采购等重点环节过程监管等）。

1. 人员保障

为了确保实训基地建设规划的顺利实施，学校组织校领导、行业企业专家、相关部门成立专门的"实训基地规划建设实施领导小组"，制定规划实施领导小组工作职责，明确职责范围，根据集体领导和分工负责相结合的原则，健全和完善实训基地各项管理制度，通过一整套规范的制度和科学的运行管理，使实习实训基地建设工作顺利实施，确保人才培养目标的实现。

2. 资金保障

"十四五"期间，学校进一步争取自治区、市政府的支持，用于实训基地的基础设施、设备、教学、师资、生产等方面建设,并确保专项资金用于实训基地建设。同时,根据学校发展实际,积极与行业企业合作,吸引企业投资,联合开发,共同建设,建立多渠道、多形式的筹资模式,实现实训基地建设投入的多元化和可持续发展。

3. 制度保障

学校将出台一系列文件,优化资源配置,规范有效地做好建设项目的论证、实施、验收和管理工作,保证项目总体建设目标和任务的完成,为项目提供全面科学的制度保障。做到依法管理,建立、健全和完善决策、执行、监督相互协调、相互制约的体制和机制,保证建设项目按计划、有序、公正地实施。

七、项目实践

(一)双创教育融入研究项目,培养双创精英

制定《大学生创新创造项目管理办法》,实施大学生创新创造项目计划,鼓励和引导学生开展创新与创造活动,培养学生的创新与创造意识和能力。2020—2022年,实施大学生创新创造项目计划,立项210项,已结题58项。

(二)开办"天工班",以科研项目培养技能精英

开展技术技能精英"天工班"试点。每年跨专业选拔约90名品德优秀、学习实践能力强、技能突出、具有创新能力的学生,组建3个"天工班"。依托学校工程技术实践中心、大师工作室、创新创业基地,开展教学和训练,培养一批柳州支柱产业转型升级急需的具有双创意识、双创能力的精英。

(三)依托科技创新服务平台,开展科技攻关

以平台为依托,以实践项目为载体,针对企业具体的技术需求,组建师生技术团队,联合企业开展技术攻关,解决产业发展瓶颈问题,推广先进技术应用,实现产业与新技术对接。如机电工程学院梁云、王富春等组成的师生专业技术研发团队,先后为上汽通用五菱、东风柳汽、柳钢、柳工等知名企业实施设备改造、技术研发等项目多达180多项,在区域内具有极大的影响力。

第四节 大众创业万众创新示范基地建设方案

一、工作基础

（一）学校基本情况

柳州职业技术学院是 1998 年全国首批国家批准成立的全日制综合性高等职业院校，是全国 100 所国家示范性高职院校、国家优质专科高等职业院校、国家"双高计划"建设单位，是全国高等职业院校教学资源 50 强、全国职业院校教学管理 50 强、全国职业院校学生管理 50 强、全国高职院校创新创业示范校 50 强院校。

学校秉承"让学生成为企业的首选"的使命和"求真务实、追求卓越"的价值观，深入实施"党建引领，聚力'双高'，彰显特色，建成国内一流高职名校"的发展战略，不断向"成为受人尊重的高职名校"的愿景奋力迈进，为世界职教贡献"柳职智慧"。

（二）双创工作基础

学校坚持以习近平新时代中国特色社会主义思想为指导，主动服务地方经济发展、服务"一带一路"建设，积极贯彻落实创新驱动发展战略，助力打造广西九张创新名片，合力打造双创升级版，在双创人才培养、深化双创教学改革、提升毕业生就业创业质量等方面取得了一系列标志性成果。学校先后获得"全国高职院校创新创业示范校 50 强""全国高职院校创新创业教育工作先进单位""自治区级首批深化创新创业教育改革示范高校""广西高校大学生创业示范基地"等称号，连续 21 年获"广西高校毕业生就业创业工作先进单位"称号。

1. 机构健全机制完善落实建设任务

强化顶层设计，成立以校长为组长的创新创业教育工作领导小组，下设创新创业学院，由分管校领导任院长、教务处处长任执行院长，学工处、科研处等部门负责人任副院长，建立多部门协同运行、齐抓共管的工作机制（见图 10-4）。定期召开工作例会，确保创新创业教育工作有序推进。2018—2020 年年均支持资金达 2 300 余万元，为创新创业工作提供充足的资金保障。

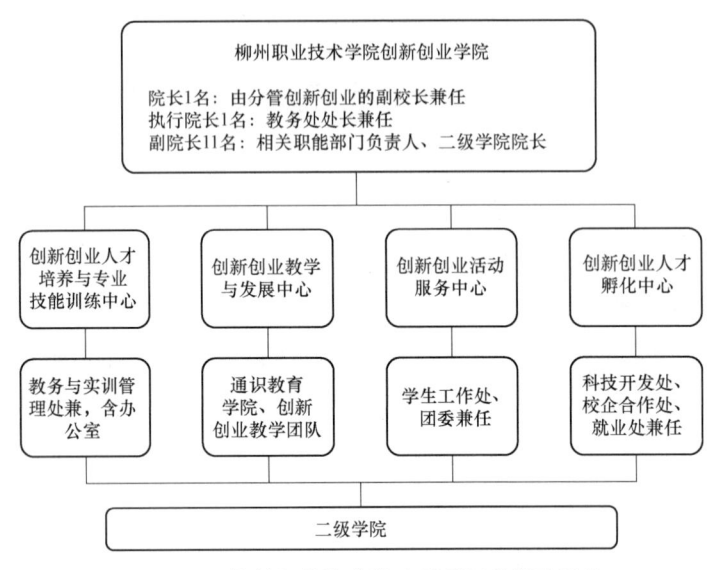

图 10-4　柳州职业技术学院创新创业学院结构

2. 构建"内外统筹、五方协同"创新创业生态圈，跨界联合共育双创人才

为了使人才培养更好地适应地方产业转型升级需要，学校整合政府、企业、行业、区域、学校五方资源，构建了"内外统筹、五方协同"的创新创业生态圈，为培养高水平创新创业人才、助力柳州工业高质量发展打造强有力的平台支撑（见图10-5）。

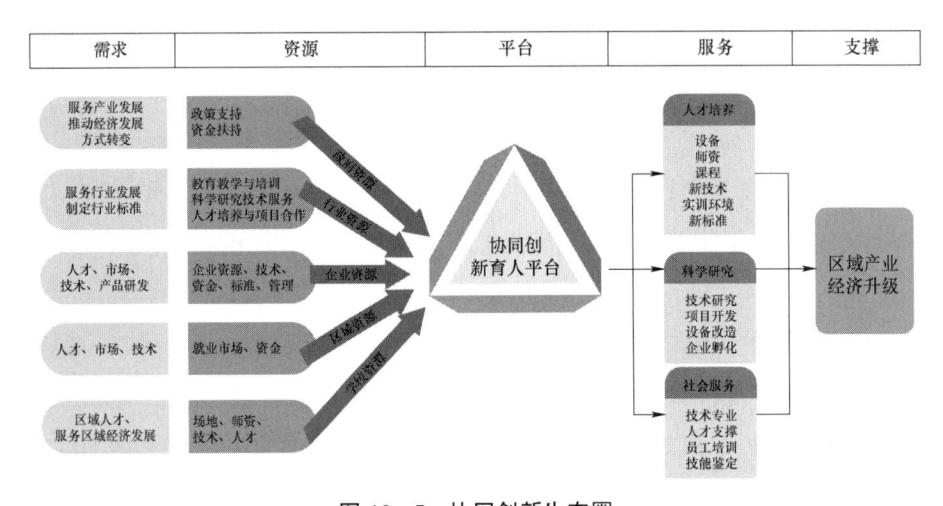

图 10-5　协同创新生态圈

在协同创新育人平台的框架下，学校牵头联合地方院校、企业、行业协会共建广西汽车产业职业教育集团，成为广西首批示范性职业教育集团；先后建立了广西高校大学生创业示范基地、广西第五批自治区级技术转移示范机构、柳州市"小微企业创业创新基地城市示范单位"、"柳州市小微企业公共服务平台"、柳州市创业孵化基地（大学生创业园），与广西汽车集团联合建立"青年创新实践基地"等众多创新创业载体，以及建立院士创新工作站1个、柳州市工程技术中心等6个研究机构，有效提升了学校的整体科研创新水平和服务地方产业转型升级的能力。2018—2020年为地方企业开展技术服务近800项，政府购买服务到款额超过7000万元，技术服务到款额达6000余万元，产生了良好的社会效益。

3. 建设高水平创新创业实训基地

坚持"校企共建共管""教学做合一"和"专创教育融合"原则，以"八合一"标准建设了一批覆盖所有专业的高水平实训基地，总面积达131 604平方米，还建设了一批国家级、自治区级、市级的众创空间或创新创业孵化基地（见图10-6）。促进实验教学平台面向学生开放，开放率达到100%，设计性实验和创新性实验达到30%以上，与实训基地互为补充形成整体，充分满足所有专业学生的创新创业实践需求。

图10-6 "八合一"实训基地建设标准

二、主要特色与定量化指标完成情况

（一）构建一站式的创业就业帮扶体系

一是建立完善"校—省—国"创新创业竞赛体系，实现专业全覆盖、学生全参与，达到以赛促学、以赛促教、以赛促创的目的。学校每年组织各类创新创业大赛10余项，累计参与的项目数超过5 000项、学生参与人数1.3万余人次。二是建立完善双创导师辅导体系，双创导师队伍每年开展创新创业类培训和讲座10余场，近3年协助15个学生创业项目成功落地。三是建立和完善政策支持体系，实行弹性学制，明确为休学创新创业的学生保留学籍；允许有其他专业特长的学生在学习期间申请转专业。制定创新创业学分奖励管理办法等相关制度，将学生完成的创新实验、论文、专利等成果折算为学分。四是建立完善就业创业的资金支持体系。一方面丰富融资渠道，通过政府双创补贴、科研课题立项、为企业开展技术服务等途径近5年累计获得8 100余万元融资；另一方面建立创业就业专项经费，每年划拨部分经费专项支持学生创新创业活动，设立创业基金10万元用于扶持学生自主创业项目，设立专项资金6.8万元用于毕业生就业精准帮扶；同时开展大学生创业补贴发放工作，每年获得补贴人数占当年毕业生人数的34.36%。

学校建立了24小时全天候响应的大学生综合服务中心，同时配套就业创业服务网站、协同创新研究院网站、微信公众号等线上空间，构建线下线上同时服务的一站式服务平台，为学生创新创业活动保驾护航（见图10-7）。

（二）打造一批创新创业精品课程

面向全校所有学生开设创新创业基础课创新思维训练、创新创业基础等4门必修课程；面向项目孵化团队，开设创新创业强化课精益创业等多门选修课程。开发配套教材4种，其中，与全国高职高专创新创业协作会联合编写的《创新创业基础》成为国家文化产业资金支持媒体融合重大项目。建设创新思维训练等2门在线开放课程，受益学生人数超过6万名。疫情期间，完成就业与创业、创新与创业实务、移动商务创业三门创新创业系列课程在线课程建设，截至2022年10月，累计选课人数超过9.75万人次。

图 10-7　创业就业帮扶系统

（三）发挥创新创业实践育人作用，以赛促教、以赛促学

以创新创业大赛为实践引领，充分发挥创新创业大赛"以赛促教、以赛促学、以赛促创、以赛促改"的作用，积极组织参与各类创新创业竞赛。2018—2020 年学生在"互联网+""挑战杯"等创新创业大赛中获国家级奖励 30 余项，其中特等奖、金奖、一等奖 10 余项；依托学生专业社团实施人才培养计划，开展丰富多彩的社团活动，其中柳州职业技术学院大学生 KAB 创业俱乐部荣获"广西十佳社团"荣誉称号；深入持续开展"青年红色筑梦之旅"活动，坚持 5 年的恒美乡村女童公益项目入选 2018 年全国大学生公益创业行动成果 20 佳。按期组织创新创业特训系列活动，每年举办大学生创新创业冬季训练营，共 1 000 余名师生参与；2020 年疫情期间，学校组织线上培训活动 30 场，参加师生 900 余人次；中国国际"互联网+"大学生创新创业大赛校级赛期间组织线下培训 7 场，累计参加师生 600 余人次。

（四）积极开展创业就业培训，社会服务效益显著

学校面向校内师生、毕业生，以及退伍军人等社会群体开展创业就业类培训。建设创新创业导师库，内含创新创业导师 90 余人；聘请知名科学家、创业成功者、企业家、风险投资人等各行各业优秀人才 40 余人担任创新创业课授课或指导教师，定期开展创业就业类讲座、指导及培训；组织举办、参加 SYB 创业培训、技能培训、管理能力培训等创业就业类型培训 70 余次，辐射校内外各类人群、参与逾千人次，为学校及社会提供了大量优质创业就业服务。

学校毕业生 75%以上在广西就业，60%以上在柳州本地就业，为地方产业高质量发展提供强有力的技术技能人才支撑。培养出党的十九大代表、全国杰出青年岗位能手、"全国五一劳动奖章"获得者丘柳滨，中国五四青年奖章、全国巾帼建功标兵获得者袁茵，"广西五一劳动奖章"获得者梁华、房九林等一批典型的优秀毕业生，许多毕业生现已成为企业技术骨干，为学校赢得了良好声誉。

（五）定量化指标完成情况

1. 吸纳或带动重点人群的年平均就业人数

（1）组织学校毕业生、退役军人等其他社会群体参加各类创业培训，提升就业创业综合能力，2018—2020 年年均培训人数 3 056 人（见图 10-8）。

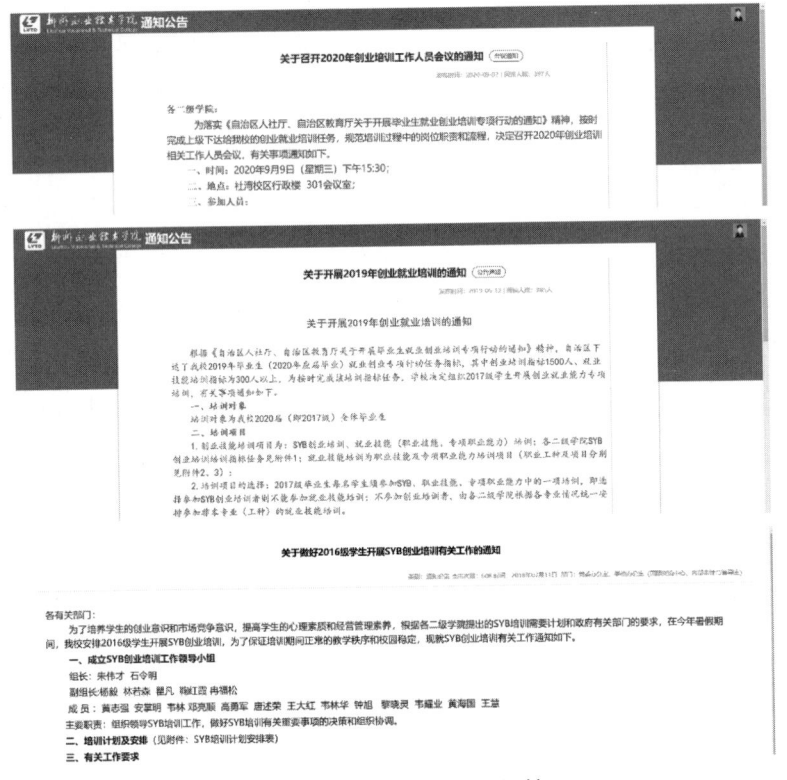

图 10-8　学生创业培训计划情况

附件：

2016 级学生 SYB 创业培训计划表

序号	二级学院	计划开班时间	培训人数	教学地点
1	贸易与旅游管理学院	2018.7.10—7.20	277	博闻楼
2	环境与食品管理学院	2018.7.10—7.20	136	博闻楼
3	汽车工程学院	2018.7.11—7.21	30	博闻楼
4	财经与物流学院	2018.7.14—7.24	549	官塘 T1
5	机电工程学院	2018.7.16—7.26	588	官塘 T1、T3
6	艺术学院	2018.7.16—7.26	375	博闻楼
7	汽车工程学院	2018.7.23—8.2	261	博闻楼
8	贸易与旅游管理学院	2018.8.25—9.4	330	博闻楼
9	机电工程学院	2018.8.27—9.6	71	官塘 T1、T3
10	电子信息工程学院	9 月份	583	博闻楼
11	电子信息工程学院	10 月份	168	博闻楼
12	合计		3368	

图 10－8 学生创业培训计划情况（续）

（2）组织参加市级以上创新创业项目实践训练人数，2018—2020 年年均人数达 216 人（见图 10－9）。

项目类别	时间	项目名称	获奖等级	获奖选手
自治区级	201906	复合工作模式的多功能清洁刷	二等奖	宫源攀（电信）、谢杉行（机电）、何培玮（机电）、陆耀世（机电）
自治区级	201906	——	一等奖	黄国兴（电信）、邓廷师（电信）、冯慧清（贸旅）
自治区级	201906	——	一等奖	黄旺正（机电）、韦宏伦（贸旅）、黄永健（机电）
自治区级	201906	——	二等奖	李扬平、周锦源（贸旅）、韦华萍（贸旅）
自治区级	201907	《创讯：助力敏捷制造的柔性工装夹具供应商》	金奖	陆毅涵、辛岱霖、陈荣圣、陈威宇、蓝丕潢、梁文昌、尹梓懿、何泽昱、董妮娜（会计）、黄浩（会计）、杨雪升、周文丽（会计）
自治区级	201907	《兵兵到家一带动退伍士兵就业，打造社区生活一站式服务平台》	金奖	陈锦寅、赵建武、陈天康、谢思捷、谢鸿庆、黄茵（会计）、严有龙、胡方正、李思明
自治区级	201907	《梦回唐朝村》	银奖	粟钰晶、韦林纯、罗存清、马维利、党裕铭、林福坤
自治区级	201907	广西玉房网络科技	铜奖	赵建武、党裕铭
自治区级	201907	校园里的水果”快餐“	铜奖	蒋海宁、李秋梅、杨姗华、陈美玲、覃慧琳
自治区级	201907	掌上明猪	铜奖	赵建武、周永勇、杨雁雁、李兴惟、张冬兰、陆永安
自治区级	201907	壮美民族风	铜奖	莫蔚宁、谢鸿庆、秦凯奕、黄茵
自治区级	201907	聆水监测器	铜奖	黄婉、龙倚汉、黄小愉、黄德千
自治区级	201907	染染升起	铜奖	韦慧敏、李凤华、黄家怡
自治区级	201907	遇见Grass情侣主题餐厅	铜奖	廖锐、覃颜
自治区级	201907	车到家共享服务	铜奖	张媛媛、马永驰、钟胜龙、何际佳、房九林
自治区级	201907	赤灵芝生物科技：食用菌健康饮料引领者	铜奖	莫连鼎、李敏妍、罗凤招、何李慧芷、杨思宇
自治区级	201907	“首”不可当，守初心“行”——柳州民族工艺品开发	铜奖	[illegible]
自治区级	201907	美丽乡村先锋文化讲堂	铜奖	[illegible]
自治区级	201908	绿循科技——新能源汽车智能安全充电服务商	铜奖	党裕铭、[illegible]
自治区级	201909	基于新能源汽车平台的移动售饮服务车	铜奖	[illegible]
自治区级	201910	[illegible]	铜奖	[illegible]
自治区级	201911	模具设计制造解决方案	铜奖	[illegible]
自治区级	201912	[illegible]	铜奖	[illegible]
自治区级	201911	——	一等奖	何泽昱（机电工程学院）
市级	201911	《绿境科技》项目	三等奖	马付臣、韦林纯、粟钰晶、吴坤财、[illegible]
国家级	201910	——	特等奖	黄国兴（电信）、黄旺正（机电）、韦宏伦（贸旅）
市级	201912	[illegible]电子科技有限公司	铜奖	马付臣、[illegible]
国家级	201909	《创讯：助力敏捷制造的柔性工装夹具供应商》	三等奖	陆毅涵、辛岱霖、陈荣圣、陈威宇、蓝丕潢、梁文昌、尹梓懿、何泽昱、董妮娜（会计）、黄浩（会计）、杨雪升、周文丽（会计）
自治区级	201912	[illegible]	三等奖	[illegible]
自治区级	201912	[illegible]——实现汽车零部件柔性高速智能生产	二等奖	何泽昱、杨雪升、[illegible]
自治区级	201912	[illegible]	三等奖	[illegible]
自治区级	201912	室内监控节能系统	二等奖	[illegible]
自治区级	201912		无获奖	[illegible]
自治区级	201912	智能农业移动机器人	无获奖	[illegible]
自治区级	201912	多用途手推式清洁设备	无获奖	何培玮、宫源攀、[illegible]
自治区级	201912	[illegible]	无获奖	[illegible]

图 10－9 选取 2019 年度部分项目情况

(3)近年来毕业生创业带动就业人数超过1 600人（见表10-1）。

表10-1 近年来学生创新创业情况一览表（部分）

序号	姓名	专业	毕业时间	创业项目名称	带动就业人数
1	肖杰夫	旅游管理	2014	广西玉林市信荣服装有限公司	约500
2	黄浩	数控技术	2015	柳州旭至动化科技有限公司	约100
3	林福坤	汽车检测与维修技术	2014年	广西藏富科技有限公司	约150
4	牙政法	环境监测与治理技术	2012年	广西耀辉水电设备安装有限公司	123
5	谭维优	机电设备与维修	2010年	柳州市铭泽房地产中介有限公司	112
6	马付恒	数控技术	2014年	广西尊越贸易有限公司	约110
7	团剑开	制冷与冷藏技术	2010年	贵港银泉环保建材有限公司	107
8	苏坤	制冷与冷藏技术	2013年	柳州凌度制冷设备有限公司	约100
9	吴雅婧	会计电算化	2014级	柳州非常非凡科技有限公司	53
10	邓海妹	电算化会计	2009年	南宁腾辉商务服务有限公司；广西南宁家佳净商贸有限公司；广西南宁依莱净商贸有限公司	51
11	陈升俊	计算机应用技术	2010年	玉林市华姿贸易有限公司	46
12	潘文运	计算机信息管理（企业IT技术）	2013年	海利科技电脑公司	44
13	林聪	现代电子技术	2005年	深圳电应普科技有限公司	43
14	李娇妮	市场营销	2010年	柳州市铭泽房地产中介有限公司	34
15	潘立甲	国际经济与贸易	2013年	广州跃海进出口贸易有限公司	31
16	蒋艺萍	广告设计与制作	2007年	柳州品志广告有限公司	23

2. 支持创新创业的投入

2018—2020年学校在双创基地建设、学生双创科研经费、学生双创竞赛奖励、教学建设等项目累计投入约 6 031.6 万元（见表 10-2）。

表 10-2 2018—2020 创新创业经费投入一览表　　单位：万元

项目类型	2018 年	2019 年	2020 年（含预算）
双创基地建设	518	1 500	1 791
学生双创科研经费	20.0	10.0	10.0
学生双创竞赛奖励	78.6	111.4	130.0
教学建设	28.6	50.0	1 246.0
师资培养	15.0	22.0	201.0
其他	—	—	300
小计	660.2	1 693.4	3 678
总计	6 031.6		

3. 新孵化或增加企业数量的年均增速

学校拥有两家柳州市级众创空间，2016—2019 年新孵化或增加企业 43 家，年均增速约为 22%（见表 10-3）。

表 10-3 众创空间近三年新孵化或增加企业情况一览表

序号	企业/团队名称	进驻时间
1	广西盛源行电脑有限责任公司项目团队	2019 年 1 月
2	中兴通讯股份有限公司项目团队	2019 年 1 月
3	华信咨询设计研究院有限公司项目团队	2019 年 1 月
4	武汉尚云客网络技术有限公司项目团队	2019 年 1 月
5	广西百世捷教育投资管有限公司项目团队	2019 年 1 月
6	柳州市航盛科技有限公司项目团队	2019 年 1 月
7	广西汇添诚网络科技有限公司项目团队	2019 年 1 月
8	柳州市双飞汽车电器配件制造有限公司项目团队	2019 年 1 月
9	广西网络信息安全服务研究所项目团队	2019 年 1 月
10	北京新大陆时代教育科技有限公司项目团队	2019 年 1 月

续表

序号	企业/团队名称	进驻时间
11	广东佛山市顺德区资乐电器有限公司项目团队	2019年1月
12	广西岢延电子科技有限责任公司项目团队	2019年1月
13	广西信东地源热泵有限公司项目团队	2019年1月
14	广州瀚信通信科技股份有限公司项目团队	2019年1月
15	杭州华星博鸿通信技术有限公司项目团队	2018年1月
16	杭州友华通信工程设计有限公司项目团队	2018年1月
17	杭州紫光通信技术股份有限公司项目团队	2018年1月
18	柳州市华创数码科技有限公司项目团队	2018年1月
19	南京嘉环科技有限公司广西分公司项目团队	2018年1月
20	南宁市创勤信息技术有限责任公司项目团队	2018年1月
21	柳州道缘科技有限公司	2018年9月
22	电子科技小组	2018年9月
23	家电维修部	2018年9月
24	M-ICT虚拟公司（团队）	2018年9月
25	天锐工作室	2018年9月
26	新创建站工作室	2017年8月
27	唯云官网运营工作室	2017年8月
28	微时代微商城工作室	2017年8月
29	天旗天猫运营工作室	2017年7月
30	淘乐淘客工作室	2017年6月
31	柳州市鱼峰区凭逸食品经营部	2017年6月
32	柳州市鱼峰区奋翼食品经营部	2017年5月
33	涵易招商工作室	2017年5月
34	畅想策划工作室	2017年5月
35	美哆多项目	2017年5月
36	纯乡源创客集市	2017年5月
37	淘宝两面针企业店铺代运营	2017年5月

续表

序号	企业/团队名称	进驻时间
38	天地壹号苹果醋饮料校园市场的创新销售渠道	2016 年
39	乡村旅游，魅力世团	2016 年
40	纸上洗衣服务共享平台	2016 年
41	"风雅颂"互联网+形象礼仪工作室	2016 年
42	打开"甜柿子"的三度销售空间，让东科村飞起来！	2016 年
43	互联网+"慕夕到家"社区新零售营销推广模式	2016 年

三、2020—2022 年发展思路

以习近平新时代中国特色社会主义思想为指导，深入贯彻落实《国务院办公厅关于建设大众创业万众创新示范基地的实施意见》（国办发〔2016〕35 号）等文件精神，牢固树立新发展理念，服务广西创新发展"九张名片"，积极贯彻落实创新驱动发展战略，支撑柳州建设现代中国制造城、打造万亿工业城市的发展行动。

四、2020—2022 年主要建设任务与保障措施

（一）深化创新创业教育改革工程

1. 系统设计创新创业教育

细化创新创业素质能力要求，不断完善以"职业发展与生涯规划""创新思维训练""职业发展与就业指导""创新与创业实务"为核心的"4+X"创新创业教育课程体系，将"就业与创业"国家级精品资源共享课升级为国家级精品在线开放课程。

2. 强化创新创业实践教学体系

建设多层次、立体化的创新创业实践基地。实施大学生创新与创造项目计划，每年重点支持 30 项大学生创新与创造项目。校企共建大学生科技园，建设 7 个"产学研创"基地，培养协同创新能力，促进创业实践训练和创新创意项目、发

明项目落地孵化。

（二）打造技术技能创新服务平台旗舰版

1. 技术平台进阶计划

应对行业企业技术创新和发展需求，与ABB机器人公司（中国）、清华大学清研新能源汽车工程中心、柳州国家汽车质量检测中心等国内外知名企业和研究机构共建10个公共技术服务中心。到2023年，累计专利授权300个，科技创新项目100项，科研经费到账累计1 500万元，承担省部级科技项目6项，承担国家科技项目2项，发表高水平论文80篇。

2. 高端科技创新提档计划

对接柳州高端装备制造、人工智能、新材料、汽车等产业需求，与行业龙头企业、领军企业或科研院所合作，规划建成机器人产业集群培育基地、智能制造创新研究院2个高水平科技创新基地。

3. 产业人才智库升级计划

以项目和平台汇聚高端人才。与国家级高端人才共建创新中心，组建"高端人才+本地科技人才"的混合技术团队，培养本地高层次创新人才。

以技术攻关开展英才培养。聚焦机器人及机电一体化系统集成、工业大数据与人工智能技术应用等技术领域，组建"高端人才+学校科研人才+企业技术创新人才"的团队。到2022年，汇聚高层次人才60人，培养英才100人，培育省级创新团队2个。

4. 协同创新"特区"机制创新计划

制定修订《科研岗管理办法》《科研创新团队培育与管理办法》等10个管理办法（制度），激发科研人员的创造性和创新活力，营造良好的科研氛围，形成对全国具有示范引领作用、可复制可推广的协同创新管理制度体系。

（三）打造高水平双创师资队伍

1. 建设"善做善教"的开放型教学创新团队

建立由行业企业能工巧匠和学校骨干教师混编组成的开放型教学创新团队，培养国家级教学名师1人、自治区级教学名师2人，创建1个国家级教学创新团队、1个国家级"双师型"名师工作室和1个国家级教师技艺技能传承创新平台。

2. 建设"企业离不开"的开放型技术技能创新服务团队

建立校企人员共同参与的开放型技术技能创新服务团队，以"院士工作站""专家联合工作室"为平台，开展新技术转化推广、技术难题攻关，推动区域支柱产业升级。建设一批高水平、校企双向流动的技术技能创新服务团队，教师获得专业技能、教学能力大赛国家级奖项 5 项、自治区级教师教学能力大赛一等奖 20 项。

（四）创新校企合作共建双创实践平台

1. 共建产业学院

与上汽通用五菱、柳工、广西汽车集团等区域领军企业和柳州螺蛳粉行业企业，在人才培养、技术创新、社会服务、就业创业等方面开展深度合作，重点建设汽车智能制造、工程车辆、工业机器人、数字产业、现代物流、柳州螺蛳粉、民族文化创意 7 个产业学院。

2. 建设创新实践基地

与广西汽车集团等企业深入合作建立"创新工坊""青年创新实践基地"等一批创新实践基地，利用学校工业机器人技术应用工程中心、精密在线检测技术应用等多个创新实验室，为创新成果的成长与产出提供丰厚的沃土，支撑创新人才的培养，助推产教深度融合。

（五）打造学生创业就业服务育人平台

1. 打造学生发展服务育人平台

建设网络＋实体的"一站式"学生事务中心。按照"一站式"服务的模式，通过线上与线下相结合的服务方式，为学生提供从入学到毕业、从学习到生活等日常事务服务，拓展到学生发展服务。

建立一支以学生为主体的服务育人队伍。强化学生自主服务团队培训，组建事务中心线上教师服务团队，为学生提供心理咨询、就业指导等全方位的服务。

2. 打造学生创业就业服务育人平台

搭建面向全体学生的"生涯规划"服务平台。为学生提供线上线下咨询与服务，内容涵盖职业生涯咨询、求职素养训练、生涯规划培养、专业职业认知等特色服务。

建设全方位就业服务平台。打造信息共享与就业个性服务为一体的线上创业就业信息服务平台，组建由课程专任教师、二级学院就业专干、企业人力资源主管、就业服务政务部门工作人员等组成的线上线下指导答疑服务团队。

建设创新创业园区。提升学生创新创业能力，推动大学生创业孵化园、众创空间、创新创业训练中心建设。组织开展全校性创新创业大赛活动，丰富校园创新创业训练营等活动内容，制定大学生创新创业项目计划管理办法、创新创业奖励学分管理办法，为学生的职业生涯发展服务提供强有力的服务支撑。

（六）保障措施

1. 组织领导保障

成立以校长为组长的创新创业教育工作领导小组，下设创新创业学院，建立多部门协同运行、齐抓共管的工作机制，确保创新创业教育工作有序推进。

2. 资金投入保障

学校将从"双高建设"支持资金中划拨专项经费进行基地建设，同时积极争取各级财政专项投入；促成行业企业以共建、共培、共训等方式积极参与项目建设；积极筹集社会优质资源，增强学校硬件支撑项目建设；积极推动行业企业投入资金和学校自筹建设资金按期到位，增强自我造血功能，保障多元化投入。

3. 监督管理保障

制定出台系列配套制度，成立双创示范基地建设领导小组，加强监督考核制度及能力建设，细化目标任务，督促落地落实；对参与双创示范基地建设的相关单位实行问责制，依据工作方案进行考核，确保建设项目顺利推进。

五、预期发展目标

根据柳州职业技术学院双创示范基地建设的指导思想和战略定位，力争到2022年末，打造良性循环、强势发展、具有特色优势的创新创业生态圈。学校紧紧围绕中国特色高水平高等职业学校和专业建设计划的奋斗目标，建设引领性、开放式、生态型创新创业育人环境，贯彻落实"国际引领、内涵升级、六化并举，建成特色鲜明高职一流名校"的发展战略，为中国特色高水平高等职业学校创新创业教育提供可借鉴的经验和可复制的模式。

学校将持续围绕和加强创新创业帮扶体系、创新创业能力训练体系、创新创业教育师资体系、创新创业课程体系和创新创业实训平台体系五大体系建设,在创新创业人才培养体系、科技创新及成果转化体系、学生指导服务体系、理论研究和智库建设体系等关键环节上取得重大成果,让创新创业的理念和文化在全校深入人心,师生创新精神、创造意识、创业能力明显增强,科技成果转化率显著提升,创新创业项目及产业园区建设取得重大进展,形成一批双创理论研究与实践、双创生态与文化建设等方面可复制、可推广的工作经验和研究成果,打造地方双创人才培养高地,为区域经济社会发展提供有力支撑。

经过3年建设,至2022年年底形成可评估双创指标如下:

(1) 建成总面积5 000平方米以上、功能完备、在全区及全国具有典型示范效应的大学生科技园,累计孵化学生创业企业超过50家,带动就业创业规模超过3 000人。

(2) 全校范围内建设不少于7个"产学研创"工坊,支持10~20个创业团队孵化服务,形成系统化的创客支撑与服务体系。

(3) 组织举办SYB创业培训等各类创业就业培训活动50余场次,累计培训超过3 000人次。

(4) 创新创业类竞赛覆盖率达100%,支持60项学生科技创新竞赛以及创新创业大赛。

(5) 完成大学生创新与创造科研立项90项,获得专利30项。

(6) 创新创业类课程覆盖率达100%,累计超过40 000人次。

第五节 产创耦合、专创融合,培养具有创业精神的创新型工匠

一、案例实施背景

创新创业教育是一个系统的工程,从外部看需要与地方产业耦合对接,从内部看需要与专业教育融合,整合产业链、资金链、政策链和创新链,共同构建支

持双创教育的生态圈。当前，所有高职院校都在开展双创教育，但仍存在一些问题亟须正视和解决。

（1）双创教育与产业发展实际脱节。课程教学、双创大赛、实践实训、科研项目等方面与地方支柱产业和特色产业脱节，双创教育不能反哺地方产业升级，不能满足地方产业高质量发展对创新人才的需求。

（2）双创教育与专业教育"两张皮"。双创教育没有结合专业的特点和学生成长的需求开展，缺乏专业特色，千人一面，千校一面。双创教育没有融入学校整体，没有成为拉动培养创新型技术人才的引擎。

（3）双创教育缺乏多方联动机制，没有形成良好的生态环境，难以可持续推进与升级。双创教育与政府工商、税务、财政等主管部门和相关企业没有建立可持续的联动机制，双创教育生态环境有待优化。

二、实施路径及方法

（一）建立双创教育与产业发展耦合机制

在柳州市政府引导下，借助汽车、工程机械等行业协会指导，学校与地方产业的主流企业建立长期稳定的合作关系，实现在理念、需求、内容、形式与机制、文化等方面合作。

1. 双创教育与产业发展的目标耦合

学校坚持立德树人，把理想信念、"四个能力"（认知能力、合作能力、创新能力、职业能力）、工匠精神等融进培养目标，确立"卓越工匠"目标架构：培养培训有理想信念、工匠精神、高超技艺的"素养·管理·创新"国际化复合型技术技能人才（见图10-10）。

2. 双创教育与产业发展的平台耦合

与行业企业共同成立柳州螺蛳粉产业学院，与广西汽车集团共建智能制造产业学院，与上汽通用五菱共建智能网络汽车产业学院等产业学院；与政府、高校、行业、企业"四方"紧密合作、资源互补，建设柳州职业技术学院协同创新研究院，近三年累计开展技术服务800多项，获得发明专利67项，助力超过30%的柳州中小微企业高质量发展，成为自治区级技术转移示

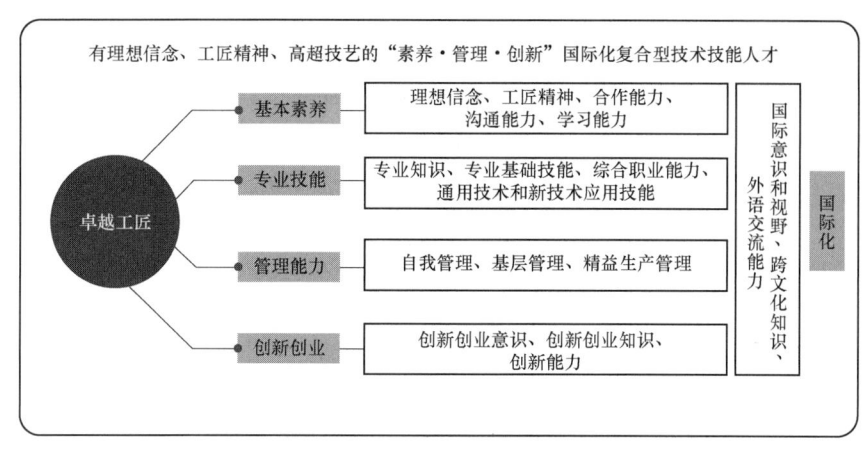

图 10-10 "卓越工匠"目标架构示意图

范机构。柳州职业技术学院智能制造协同创新中心被认定为国家级协同创新中心。

（二）创新课赛训研一体化专创融合育人模式

1. 双创教育融入专业课程，改革课程体系与内容

实施"课程双创"行动计划，每个专业不少于 2 门课程要明确双创教育的目标、双创教育的内容、结合专业的双创考核。实施"新技术引领"行动计划，每个专业不少于 24 学分共计 408 门课程建成新技术、新业态课程。

2. 双创教育融入竞赛，竞赛与双创相互促进

以创新创业大赛为抓手，以大赛为逻辑带动专业教学，设计教学内容和教学过程，通过比赛活动检验专业教学成果。设计实施以产业为导向的创新创业大赛，与广西汽车集团、螺蛳粉企业等地方龙头企业联合举办创新创业大赛，累计参赛项目 6 000 余项、参赛学生 1.5 万余人次，参赛项目直接对接企业真实生产问题及需求，转化效益高。

3. 双创教育融入专业实训教学，提升实训教学的内涵

广泛实施以行动导向教学为主导的多样化教学方法，积极开展翻转课堂等混合式教学模式改革；制定《考核方式改革指导性意见》，将课程目标具体落实到考核标准中；借鉴国家、行业标准，提升学生创新能力；开展学生综合素质测评，形成全方位的考核体系。打造"博奥机械协会""驰美汽车协会"等 35 个学生社

团,社团涵盖 6 101 名学生,形成"恒美公益"等系列品牌双创实践活动。结合学生专业,实施"一案到底+针对性分析画布"教学法,实施"兴趣培养—商业计划撰写—实物制作—产品推广"的教学模式改革,通过项目体验、路演、实践来实现双创项目与教学、创新之间的紧密结合。

4. 双创教育融入研究项目,培养双创精英

学校鼓励和引导学生开展创新与创造活动,近三年立项大学生项目 150 项、横向项目 80 项。开展技术技能精英"天工班"试点,依托学校工程技术实践中心、大师工作室、创新创业基地开展教学和训练,培养一批柳州支柱产业转型升级急需的具有双创意识与能力的技术技能精英。

(三)探索双创教学项目开发的"四因素法"

1. 双创教学项目开发的"四因素法"

按照经济价值和社会价值两个维度,结合时政背景、产业需求、专业特色、榜样示范,开发和遴选双创教学项目(见图 10-11)。根据产业升级和乡村振兴的时代背景,依托柳州的汽车、柳州螺蛳粉等产业,结合"以制造业为主体,服务业为特色"的专业背景,延续或继承成功实施的具有正能量的双创典型和成功案例,开发和遴选双创教学项目 50 多项。

图 10-11 双创教学项目开发的"四因素法"

2. 双创教学项目的开发流程

围绕学校专业人才培养方案教学和能力目标,经过细致的学情分析,设定"五线谱"生态教学策略,以任务线为课程总领,以案例线为设计基础,以活动线为

任务推动，以手段线为实现方式，以能力线为提升目标，按照"探寻问题—剖析原因—解决办法—评判效果—优化拓展"五个环节展开。

3. 双创教学项目的教学实施

结合专业人才培养目标，设计了创新创业的项目创意、项目优化、项目路演、项目衍生四大模块，让学生能够运用专业技能解决创新创业问题，使学生能够结合市场产生创新创业项目，对项目进行优化、路演，具备创办企业的基本知识和技能，提升学生创新创业能力，实现专创融合。

（四）构建双创教育多方联动的双创教育生态圈

构建政府、行业企业、学校、科研机构和社会服务机构多方联动的双创教育生态圈，推动双创项目可持续发展（见图10-12）。

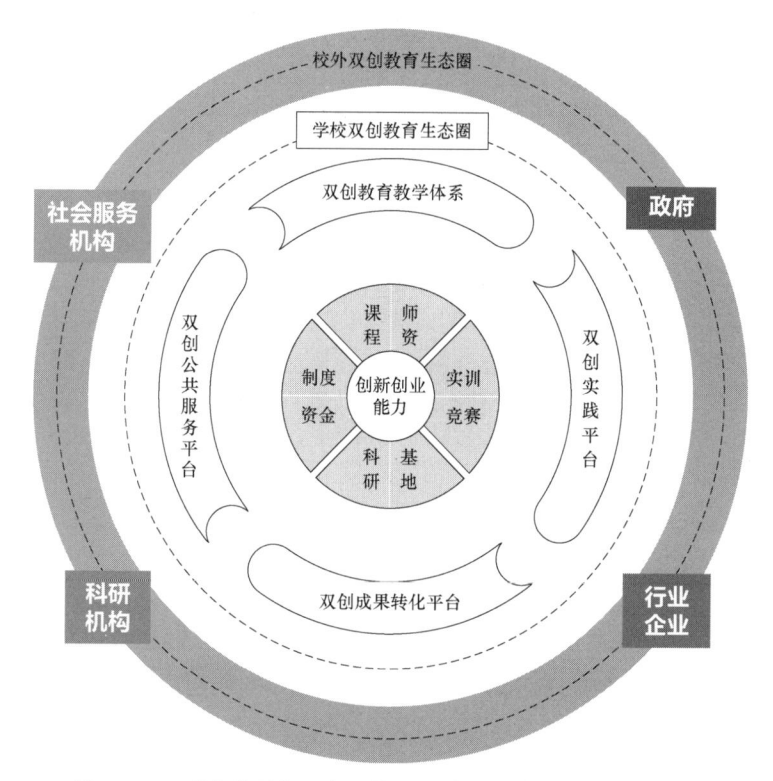

图10-12 "产业引领，多元协同"高职院校创新创业生态圈

1. 搭建双创教育教学体系，打造教育生态

构建创新创业课程体系，建设国家级精品课程、国家级精品资源共享课就业

与创业。面向全校学生开设基础课创新思维训练等4门必修课程，强化精益创业等选修课程。主编出版《大学生职业生涯规划与就业指导》《创新创业基础》《大学生就业指导》3部教材，获国家规划教材1部、国家文化产业资金支持媒体融合重大项目1部。实施学分制，修订学分、学籍管理制度、学分转换制度；允许学生休学创业保留学籍，为本科毕业到学校学习的学生单独制订培养计划实施个性化培养。组建专业导师、企业技术专家、优秀创业校友、知名创业导师及学者构成的结构化双创师资团队，开展"团队—项目—导师"三级对接指导与服务。

2. 搭建双创实践平台，打造实践生态

构建由双创科研平台、双创实训平台、双创活动平台构成的创新创业实践平台，建成国家级生产性实训基地2个、国家级示范实训基地10个（见图10-13）。

图10-13　柳州职业技术学院创新创业实践平台

3. 搭建双创成果转化平台，打造成果生态

与柳州市柳东新区管委会紧密合作搭建产学研协同创新育人平台——协同创新研究院，已入驻企业11家、引进（孵化）30多个创新创业团队、高层次创新创业团队8个；三年累计专利授权300个，科技创新项目100项，成果转化率15%；与广西汽车集团等地方龙头企业合作共享菱动科技企业孵化器，提供学生双创项目实践训练、孵化等平台支持。与柳州市科技局、柳东新区管委会等政府部门共同搭建产学研协同育人平台，为学生双创提供政策与资金支持。

4. 搭建双创公共服务平台，打造支持生态

成立创新创业学院，创新创业学院在学校党委和行政统一领导下，建立教学、学工、科研等多部门协同运行、齐抓共管的工作机制，全面开展大学生双创教育工作。

学校于 2011 年率先将源自美国波多里奇国家质量奖、现应用于我国政府质量奖的评审标准——《卓越绩效评价准则》（GB/T 19580）导入学校教育教学中，根据其中"客户中心"核心理念，在广西高校首设"一站式"综合服务中心，实现 24 小时响应、全方位覆盖，为学生提供全方位双创服务支持。

三、应用成效

经过 21 年实践，学校在双创教育的课程、教材、基地、师资、"互联网＋"大赛和学生社团等方面，取得一系列国家级标志性成果：

全国高职院校创新创业示范校 50 强；
全国高职院校创新创业教育工作先进单位；
全国大学生 KAB 创业教育基地（西部地区院校唯一）；
联合国教科文组织创业教育联盟理事单位（广西唯一）；
连续 21 年获"广西高校毕业生就业创业工作先进单位"（广西唯一）。

（一）课程与教材建设

- 国家级精品课程：就业与创业；
- 国家精品资源共享课：就业与创业；
- 国家级规划教材：《大学生职业生涯规划与就业指导》；
- 国家文化产业资金支持媒体融合重大项目：《创新创业基础》。

（二）师资队伍建设

- 国家级教学创新团队；
- 国家级技能大师工作室；
- 全国十佳创业导师：许明；
- 全国高职高专创业教育先进个人；

- 全国优秀创新创业指导导师。

（三）双创实践平台
- 国家级协同创新研究院：智能制造协同创新中心；
- 广西高校大学生创业示范基地；
- 自治区大众创业万众创新示范基地培育单位；
- 广西高校大学生创业示范基地；
- 广西第五批自治区级技术转移示范机构；
- 柳州市小微企业公共服务平台。

（四）学生竞赛获奖
- 中国国际"互联网+"大学生创新创业大赛金奖 1 项、银奖 4 项、铜奖 4 项；
- 全国"挑战杯"银奖 2 项；
- "互联网+""挑战杯""学创杯"等高水平双创大赛特等奖、金奖、一等奖 37 项。

（五）学生社团获奖
- 全国十佳优秀社团：大学生 KAB 创业俱乐部；
- 全国百优创业社团。

（六）学生荣誉
- 全国十强创业英雄 1 人：肖杰夫；
- 全国百强创业英雄 5 人：卢川、马付恒、李思明、林福坤、吴雅婧；

四、创新经验

（一）理念创新

在校内，双创教育融入人才培养体系，面向全体学生，贯穿培养全过程，涵盖育人全环节，实现双创教育全要素参与。在校外，形成政府、行业企业、学校、科研机构和金融机构等支持学校双创的生态环境，建立多部门协同运行、齐抓共管的工作机制，形成"大双创"教育格局。

（二）机制创新：双创教育与产业发展耦合机制

汇聚政府、企业、社会机构等多方资源，构建双创教育教学体系，搭建产教融合双创平台，在课程设计、师资培训、大赛组织与设计、学生创业实践活动等方面与行业企业共同研究、共同开发。

（三）模式创新："课赛训研"一体化专创融合育人模式

双创教育融入专业课程体系，融入包括双创竞赛和专业竞赛的竞赛系统，融入实践教学环节和实践活动，融入大学生科技项目和教师研究项目，破解专创"两张皮"发展困境。

五、推广应用

（一）校内推广和应用

学生受益面广，近4万名学生受益，全国、广西"五一劳动奖章"12人、国家技能大师工作室3个、全国大学生创业英雄"十强"1人、"百强"5人。双创竞赛成绩突出，近5年参加双创大赛的学生达37 015人次，共计9 705项参赛项目，获"互联网＋"和"挑战杯"等大赛特等奖、金奖、一等奖18项，与专业结合的双创项目142项，发明专利授权56项。

（二）校外推广和应用

示范辐射作用大，累计30多次在全国或区域推介双创经验，到浙江大学、中国地质大学等20余所大学培训指导，开发在线课程3门，学习人数超过9.75万人次，学员单位707个。

影响力不断提升，获中国新闻网等10多家主流媒体报道累计63次，成为联合国教科文组织创业教育联盟理事单位、全国创新创业示范校50强、广西深化创新创业教育改革示范高校。

（三）双创教育理论研究成果突出

出版专著1部，发表论文96篇，教材3部，撰写了8篇近4万字的专题研究报告、14篇近4.2万字的实践案例。

（四）对产业行业企业的贡献大

学校双创平台已入驻企业11家，引进（孵化）30多个创新创业团队；为大中小微型企业开展技术服务 800 多项，为企业创造经济效益近 4 亿元。近 2 年，学校培育的优质双创项目累计带动就业人数超过 1 300 人。

（五）各级领导高度认可

孙春兰副总理高度认可学校毕业生黄浩的双创项目，教育部原部长陈宝生调研学校时说"你们学校办得很好"，并对双创教育成果给予高度评价，教育部原副部长鲁昕肯定学校"学生搞创新发明，采用先进技术服务社会发展"的做法。

第六节　打造"三融合"创新创业育人生态圈实践

柳州职业技术学院作为国家示范性高职院校和国家"双高计划"建设单位，在全面贯彻落实习近平总书记关于就业创业工作的重要指示精神以及服务党中央"六稳""六保"决策部署上，按照"以创业带动就业，以就业促进创业"的整体思路，打造创新创业教育与职业成长、"课赛训研"、区域产业相融合的"三融合"创新创业育人生态圈，大力提升学生就业基础能力、实战能力和产业支撑能力，开创了创业带动就业新格局。学校荣获全国高职院校创新创业教育工作先进单位称号，入选全国高职院校创新创业示范校 50 强，是广西唯一一所连续 21 年获"广西普通高校毕业生就业创业工作突出单位"荣誉称号的国家示范性高职院校。

一、创新创业与职业成长相融合，带动就业基础能力提升

将创新创业融入学生成长全过程。一是坚持开展创新创业启蒙教育。早在 2006 年，学校就将创新创业启蒙教育增加到各专业人才培养方案中，从大一开始贯穿始终，成为较早开展创新创业启蒙教育的高职院校。"就业与创业"入选国家级精品课程、国家精品资源共享课，《大学生职业生涯规划与就业指导》入选国家级规划教材，《创新创业基础》入选国家文化产业资金支持媒体融合重大项目。二是坚持提升学生综合素质能力的育人初心。通过举办创新创业大赛、讲座、论坛、工匠会客厅、模拟实践等方式，丰富学生的创新创业知识和体验，提升学

生的创新精神和创业能力。三是坚持就业创业竞争力的可持续提升。学校大学生 KAB 创业俱乐部获全国十佳创业社团，毕业生入选大学生创业英雄"十强"1 人、"百强"5 人、"双创之星"1 人。2020 届毕业生肖杰夫入围中国青年报社"寻访 2019—2020 年大学生创业英雄"10 强，其所创企业与母校构建全国首个牛仔学院，带动当地就业 500 余人，其中吸纳学校毕业生 20 余人。2020 年，学校荣获第六届中国国际"互联网+"大学生创新创业大赛银奖，作为代表向国务院副总理孙春兰作汇报，得到高度认可。教育部原部长陈宝生、教育部原副部长鲁昕对学校创业带动就业、服务社会的办学成效也给予了鼓励与肯定。

二、创新创业与"课赛训研"相融合，带动就业实战能力提升

将创新创业教育融入专业教育课程、竞赛、实训和科研项目。一是创新创业教育融入专业课程。升级双创人才培养目标，完善双创课程体系，实施"课程双创""新技术课程"行动计划，开发融合双创或新技术的专业课程 408 门。创新创业课程获国家精品课程，学校荣获自治区级首批深化创新创业教育改革示范高校，就业创业团队获自治区级教学团队，团队教师许明教授获全国十佳创新创业导师。二是创新创业融入竞赛。双创大赛设置专业赛道，专业竞赛评审标准包含双创要素，近 3 年组织各级各类双创大赛 300 余场次、双创专题活动 500 余场次，学生参与率达 100%，与专业紧密结合的创新创业项目 142 项，获得专利 100 多项。近 5 年学生在各类创新创业大赛累计参赛 37 015 人次，参赛项目 9 705 项，获得"互联网+""挑战杯"等高水平大赛特等奖、金奖、一等奖 15 项。三是创新创业融入科研项目。近 3 年立项大学生项目 150 项、学生参与横向项目 80 项，在科技研发实践中提升学生创新创业能力。

三、创新创业与区域产业相融合，带动就业支撑能力提升

将创新创业与区域产业需求融合。一是整合资源建立创新创业联动机制。共建柳州螺蛳粉产业学院、智能制造产业学院、智能网联汽车产业学院等产业学院，搭建协同创新研究院和混合所有制二级学院，以混合所有制、共建共享、战略结

盟等方式实现产创目标耦合，提升毕业生双创能力，带动就业支撑能力提升。二是对接地方产业发展需求。学校培养出一大批高素质高技能的双创型人才，有力支撑地方经济发展。近 3 年毕业生就业率均超 95%，毕业生 65%在广西就业，36%在柳州就业。2020 届毕业生创业 86 人，占比 2.3%，带动就业 500 余人。学校成为区域产业升级发展的技术技能人才核心动力源。

第十一章
双创社团建设案例

第一节 KAB 创业俱乐部建设案例

一、社团基本情况

柳州职业技术学院大学生 KAB 创业俱乐部成立于 2007 年 12 月 20 日,是由团中央授权、公共基础部直接领导的、由原张翔副院长和就业指导中心许明老师指导的、全国统一命名的校学生社团,KAB 的全称为（KNOW ABOUT BUSINESS),意思是"了解企业",是国际劳工组织为培养大学生的创业意识和创业能力而专门开发的新项目。2012 年新成立了大学生 KAB 创业俱乐部南校区分部。大学生 KAB 创业俱乐部以在校大学生为主要对象,通过教授有关企业和创业的基本知识,帮助大学生树立企业家意识,引领大学生创业和就业。

2021 年是大学生 KAB 创业俱乐部成立第 14 周年,现有"人力资源部、企划部、财务部、市场部、销售部、研发部、技术拓展部、公益创意部"八大部门,社团新增会员社湾校区 252 人、官塘校区 118 人,共 440 人,在职理事社湾校区为 33 人、官塘校区为 16 人。

二、社团主要活动

大学生 KAB 创业俱乐部周年庆：由许明教授与理事们对社团近一年来的工作状况进行总结，并且邀请历届创业成功的理事进行"圆桌论坛"活动，与在场师生们分享个人的创业经历，增强社团凝聚力与情感交流。

公益营销大赛：活动以团队形式完成，建立 5~8 人的团队，以校园摆摊、直播带货等多种形式介绍各自家乡的土特产或者有特色的产品。公益营销大赛为期三天，结束后在公益营销闭幕式上举行募捐活动，然后把捐款投入女童保护中。本次大赛主要是培养和挖掘大学生的社会责任感并提高自身的能力，也能在本次公益活动中学到许多创业和营销的知识，并充分融入本次公益活动中。

科学商店进社区活动：组织学生到一些社区进行垃圾分类、猜对联、猜灯谜等活动，通过这种形式给社区老人送一些纸巾、湿巾等生活用品，与他们一起互动。此次活动不仅可以给他们带来一些生活乐趣，增强垃圾分类意识，也增强了大学生的社会责任感。

策划书大赛：先对参与的会员们进行策划书培训，然后通过初赛、复赛比赛流程，让学生对如何策划一个活动有更深刻的了解，提升学生的组织能力和思维能力。

三、社团在创新创业方面的亮点

在创新创业方面，社团特别组织了一个"金种子训练营"活动，"金种子训练营"采用"自主学习＋直播串讲＋项目辅导＋项目实践"的模式对入营项目进行辅导，选聘多位校内外导师全程指导项目。在具体教学实施方面，以"选拔金种子""选择你的赛道""掌握评审标准""掌握项目要点""打磨项目资料"五大内容为主题，以"选拔""分类""评分""指导""作业""展示"六大要素作为实战考核标准，实现"以赛促教、以赛促学"的教学目标，完成较好项目的迭代，实现"学＋教＋问＋做"深度融合。本次金种子致力于培养能上台路演、项目打磨、PPT 撰写的当代敢闯会创的有为青年，将他们孕育成一颗发光发亮的全能型金种子，也为"互联网＋"大赛与各种创新创业比赛培养人才，为学校争取荣誉。

四、社团近年来取得的成绩

在第七届中国国际"互联网+"大学生创新创业大赛和"数广集团杯"广西赛区选拔赛中，大学生 KAB 创业俱乐部获得金奖 3 项、银奖 8 项、铜奖 12 项；在第八届"学创杯"全国大学生创业综合模拟大赛中获得特等奖 2 项、一等奖 1 项；在第十届中国创新创业大赛柳州市鱼峰区赛区获得三等奖。

五、下一步工作设想

大学生 KAB 创业俱乐部将继续开展"金种子训练营"活动以及举办各种创新创业活动，与时俱进开创不同的项目。由许明教授带领的创新创业学院的教师对学生进行项目指导与人才培养，并且积极参与校级、自治区级、国家级的创业比赛，提升学生各方面能力，使学生具备创新创业意识以及企业所需的就业素养。

第二节 博奥机械协会建设案例

岁月如梭，转眼之间博奥机械协会已在柳州职业技术学院经历了 15 年的光景，在这如白驹过隙般的 15 年内，协会虽然经历了一些起落，但是这支年轻的队伍正在不断地成长着。在这 15 年中协会在校团委的指导下，在校团委社团工作部以及各兄弟社团的帮助下，圆满地完成了协会既定的任务，成功举办了一些有意义的协会活动，丰富了学校的校园文化。

一、社团基本情况

博奥机械协会成立于 2008 年 3 月 27 日，挂靠于机电工程学院，是一个以学习为主的社团，社团内开展了学习机械设计软件（AutoCAD 和 UG 等）和创新课程等与专业相关的教学活动，培养社团成员的软件操作能力，实现创新设计。

二、社团主要活动

AutoCAD 授课：作为计算机辅助绘图工具，AutoCAD 以其完善的绘图功能，成功应用于制造业、建筑业、平面设计、艺术设计等领域。AutoCAD 图形也可作为各种图形、文字处理等软件的基础素材导入，是非专业人员也能够轻松完成图形制作的有效工具。本课程不仅适用于工科各专业学生学习，也适合文科、经管等各专业本科生学习。社团主要传授 AutoCAD 软件工具的使用方法（基本作图练习），并对专业图（机械、建筑、道路、电气等专业图）的绘制方法和技巧加以训练。

UG 授课：UG 软件具有突破性的创新技术，包括直接建模、处理几何体、交互地在屏幕上直观创建和修改。直接建模概念简单易学，并且进一步加快了产品的开发过程。

3D 打印授课：通过 3D 打印的培训加强和提升成员的学习技能水平，使他们在 AutoCAD、UG 等设计软件方面有更高的造诣，并促进成员之间的交流，进而提升会员的 3D 设计能力，培养学生的创新设计能力、综合设计能力与团体协作能力，提高学生针对实际需要进行机械创新思维、设计和制作等实际工作能力，为学生成为优秀人才创造条件。

技能竞赛：本类活动以丰富学生课余生活、调动学生积极性为目的，让学生得到一次动手动脑的能力挑战，敢于挑战自己，给自己来一次能力、信心和勇气的较量，既能锻炼自己也可以为今后的比赛做准备。

专题讲座：由优秀毕业生返校传授经验，可以加深学生对大学的认识，调动学生的学习动力，培养学生向上、向前、求知、求学的精神，从而为以后的大学生活规划更长远的目标。同时，为加强学风建设工作，特开展此类讲座活动。

三、社团在创新创业方面的亮点

协会内的基于导电滑环的仿生中医保健理疗仪、便捷式五轮爬楼车、防疫益心先行者、磁流变制动装置、深度清洁——复合式自动洗车仓、家有螺香自动煮粉机等科技发明，获得第十届"挑战杯"广西大学生课外学术科技作品竞赛二等奖。

本社团积极组织成员参加创新创业类相关比赛，如"互联网+""挑战杯"等赛项，并均取得优异的成绩。例如：社团成员负责的"旭至：国内领先的工业机器人夹具提供商"项目曾荣获第六届中国国际"互联网＋"大学生创新创业大赛全国总决赛银奖；社团成员负责的"工业机器人夹具及技术产业化"项目荣获第十二届"挑战杯"中国大学生创业计划竞赛铜奖。

为了更好地发掘创新创业方向的奇思妙想，社团预计将"金点子"计划列为主要活动之一。"金点子"计划针对社团成员的"新想法、好点子"进行征集，活动以圆桌会议的形式让社团成员面对面讨论自己对创新创业项目想法。对于相对完善的想法撰写项目书，展开立项工作。对于一些优秀但是还不成熟的想法加以研讨、细化，进行立案存档，待到时机合适时便启动立项。

四、社团近年来取得的成绩

2019 年社团项目"模智设计制造解决方案"获得第五届中国"互联网＋"大学生创新创业大赛广西赛区选拔赛铜奖。

2019 年社团项目"创讯：助力智能制造的柔性工装夹具供应商"获得第五届中国"互联网＋"大学生创新创业大赛广西赛区选拔赛金奖。

2019 年社团项目"创讯：助力智能制造的柔性工装夹具供应商"获得第五届中国"互联网＋"大学生创新创业大赛全国总决赛铜奖。

2019 年社团项目"创讯：助力智能制造的柔性工装夹具供应商"获得 2019 年第七届柳州大学生创新创业大赛二等奖。

2019 年社团成员获得广西高校第三届大学生"创客马拉松"活动一等奖。

2019 年社团项目"致力于打造柔性工装夹具推动汽车装备制造业发展"在 2019 年"创青春"中国青年汽车行业创新创业大赛创业组比赛中成功晋级半决赛。

2020 年社团项目"焊界先锋——实现汽车零部件柔性高速智能生产"获得第六届广西高校大学生创新设计与制作大赛机电结合类二等奖。

2020 年社团项目"柔性速换焊接工装及技术产业化"获得第六届中国国际"互联网＋"大学生创新创业大赛"数广集团杯"广西赛区选拔赛铜奖。

2020 年社团项目"旭至：国内领先的工业机器人夹具提供商"获得第六届中国国际"互联网＋"大学生创新创业大赛"数广集团杯"广西赛区选拔赛金奖。

2020 年社团项目"旭至：国内领先的工业机器人夹具提供商"获得第六届中

国国际"互联网+"大学生创新创业大赛全国总决赛银奖。

2020年社团项目"工业机器人夹具及技术产业化"获得第九届"挑战杯"广西大学生创业计划竞赛金奖。

2020年社团项目"工业机器人夹具及技术产业化"获得第三届广西中华职业教育创新创业大赛暨第四届中华职业教育创新创业大赛广西赛区金奖。

2020年社团项目"工业机器人夹具及技术产业化"获得第十二届"挑战杯"中国大学生创业计划竞赛铜奖。

2022年1月社团项目"家有螺香——智能煮粉设备先行者"获得2021年柳州螺蛳粉青年创业方案设计大赛优秀奖。

五、下一步工作设想

（1）积极参加创新创业类比赛，鼓励并发扬社团成员的创新思维，让社团成员体会到创新的乐趣、意义，同时也能激发社团成员的头脑风暴，积极创造建设新项目、新产品，如有新产品出现社团也会依法以社团成员的名义申请专利，为社团成员争取应有的利益。

（2）不断完善内部的选举制度，制定公平合理的选举制度，为换届工作做好完善的保障工作，为今后工作的健康发展奠定良好的基础。

（3）在社团文化的发展方面，开展特色活动，组织交流会，促进社团成员的交流，达到互相学习、共同提高的目的，使社团成员成为互相帮助、相互信赖的一家人。

（4）对各项工作要有明确、详细的规定，使社团有序化、正规化。例如，如何做好考核评估，如何做好物品、材料、财务管理，社团内部奖惩制度，开展活动时什么时候展出板块，以及活动前后的策划书必须在规定时间内完成等。

（5）充分调动社团成员的积极性，锻炼每个社团成员的能力，交叉进行娱乐性、知识性、实践性等活动，丰富大学生活，陶冶情操，感知生活，锻炼能力。

（6）发展社团特色，凸显品牌活动，同时改进不足，使得活动举办得更精彩，真正提高社团声誉，打出社团名号，扩大社团影响力。

第三节 电子科技小组建设案例

一、社团基本情状

电子科技小组创立于 2002 年，现挂靠电子信息工程学院，小组以电子技术为主导，本着实践课堂知识、拓展课外知识的原则组织开展各类有意义的活动。以创造积极学习气氛为己任，努力配合系部的教学要求，提高学生的电子科技知识和综合应用能力。

电子科技小组在注重学习、积极开创事业的同时，也注重精神文明建设，在小组的发展建设过程中，适当开展一些娱乐、交流活动，用精神文明的成果为小组目标的实现提供精神动力和智力支持。近年来，电子科技小组与广西科技大学"电气信息创新协会"、柳州铁道职业技术学院"无线电爱好者协会"联系密切，相互交流学习经验，这也给社团以及学校之间带来一个更好的交流平台。

二、社团主要活动

社团授课：激发学生对电子制作的兴趣，提高学生的创新能力，增强学生的创新思维，引导学生开展对电子的创新制作，鼓励学生踊跃参加课外科技活动。

电子元件基本认识：遵循社团"探索科技真理，培养现代化创新人才"的宗旨，将科技类的知识引进社团。新生步入校园的序章已经拉开，社团将带领电子科技新手认识基础的元件，同时也将带领着大二的学生回顾和巩固基础知识，提高学生对电子元件的识别能力，培养社团理论实际相结合的学风，提高学生的学习积极性，促进社团成员之间的合作沟通能力。

全国大学生电子竞赛：大赛重点培养学生的实践创新意识与基本能力、团队协作的精神和理论联系实际的能力，比赛内容从元器件的基本知识到基本电路，从专题设计任务，到具有一定综合设计要求、面向实际应用的作品，参赛的学生不断攻克难关，循序渐进，孜孜不倦地学习并实践着，锻炼了他们理论联系实际的科学实践能力，提高了他们面对困难、迎接挑战的自信心，实现了以赛促学。

电子趣味"大闯关":本次活动用到的设备电控部分由社团自己设计制作,如电路的设计、安装、调试,单片机程序的设计、调试,逻辑电路的设计,继电器自锁、互锁等,通过一系列的电控来达到设计预期的功能,实现了把知识变成实际的应用,达到了学以致用的效果。通过本次活动弘扬电子信息工程系的优良传统与特色,进一步促进电子科技小组与其他社团的团结互助和共同进步,提升电子科技小组的知名度。

三、社团在创新创业方面的亮点

2021年年初,社团积极参加各类创新创业大赛,用垂直领域的技能致力于打造横向的创新发展。社团成员有两个项目积极参与学校举办的首届"匠心杯"并获奖,也参加了"互联网+"大学生创新创业大赛,并在"青年红色筑梦之旅"赛道以大范围延时摄影小车项目获得铜奖。

2022年社团将在创新创业领域着重发展,在2021年第一次参赛过后吸取经验,致力于打造最好的项目,不仅仅发挥社团在专业领域的能力,还在市场调研、人才吸收方面发力,力争取得更好的成绩。

四、社团近年来取得的成绩

近年来社团举办了电子趣味"大闯关"、电子元件基本认识等6次竞赛活动,进行了7次授课活动。社团积极参加技能竞赛,在2021年的电子设计竞赛中"照度稳定可调LED台灯(K题)"分别获得了广西一等奖、广西三等奖的好成绩。

五、下一步工作设想

在未来社团将保持每月一活动,创新玩法,以精细化差异化的活动内容带动学生的热情,达成每周例会以及每周授课的目标。技术实践是社团的方向,理论应用与实际是社团的目的。

下学期课程活动规划主要是认识单片机、单片机入门、单片机IO、单片机并行通信、单片机与传感器等,在技术授课活动方面会有很大突破,让社团新一届的理事在学习中能学到自己擅长的方向,也能让全校学生学到电子技术知识。

加强采纳小组成员在创新方面的意见,并对每年创新创业获奖项目进行了解,收集小组成员对创新项目的想法,并讨论其可行性,为下一届的创新创业比赛设定方向以及目标。挑选一年级有兴趣的成员和大二、大三成员进行合作,更好地为创新创业的比赛做准备,争取取得好成绩。

第四节 家电维修部建设案例

自 1994 年到 2022 年,从只有几个人组成的家电维修小组到如今 40 余人的家电维修部,28 年累计下来的,不仅仅是修复了 1.6 万余件电器,而是传承了一种精益求精、持续专注、守正创新的工匠精神,肩负着雷锋精神薪火相传的时代责任与使命。目前社团正全面发展"守望夕阳"柳职学子科技助老专项公益服务,努力实现志愿服务精准化、品牌化发展。

一、社团基本情况

自 1994 年到 2022 年,家电维修部成立至今已有 28 年的历史,经过 28 年的历史沉淀,家电维修部形成了一种以值班、团训、例会、活动、团建为核心的家电维修部文化。家电维修部有属于社团内部的优良规章制度,有效地提高了社团成员的实践能力。近年来,家电维修部一直保持着良好的运行,坚持每天的值班活动、每月 1~2 次的外出义务维修活动,积极参与学校社团活动。

二、社团主要活动

社团最核心的活动是以"守望夕阳"为主题的柳职学子科技助老专项公益服务。自 2012 年 9 月以来,社团历年以特殊群体为重点对象,对社区居民进行定期不定点服务,主要面向经济条件不好、不能承担高额维修费用的人群,开展全免费维修家用电器服务(包括更换零件)。"守望夕阳"柳职学子科技助老专项公益服务首先以狮山社区为试点,然后对羊角山社区、白云社区、屏山小区、元江社区、屏山花苑、东化社区、西船大院、西江社区、双龙苑十个社区分别开展服务。该项目基本完成西江社区以东、屏山小区以西、西船大院以南、狮山社区以北的区域性基本覆盖。

社团每年参加学校组织的暑期"三下乡"社会实践，奔赴柳州市三江县岜团镇、独峒镇、知了村、具盘村进行义务家电维修服务活动。

三、社团在创新创业方面的亮点

社团在工作创新方面有一定的突破。在互联网时代，家电维修部积极以"线下+线上"形式开展活动，积极使用短视频、交流平台、论坛上开设专门的部门进行社团宣传和相关账号管理。现阶段正在研发由学生自主牵头的"家电维修服务平台"，研发成功后会立即投入柳州职业技术学院家电维修部中使用。

四、社团近年来取得的成绩

家电维修部先后获得过十佳社团、五星级社团、社团精品立项A等奖、柳州职业技术学院第二届青年志愿服务项目大赛金奖、2019年柳州市第三届青年志愿服务项目大赛获铜奖、2020年度柳州市最佳志愿服务项目等奖项。除了开展校园活动，社团同时积极投入社区服务之中，自"守望夕阳"项目实施以来，家电维修部累计服务群众5 000余名、维修家用电器1.6万余件，时长达3 270小时，仅2020—2021年就外出义务维修服务超30次，获得各大社区的称赞。

五、下一步工作设想

1. 家电维修服务平台

在继续保持现阶段良好运行的基础上，家电维修部会积极开发"家电维修服务平台"，为柳州职业技术学院家电维修部的社区服务和乡村振兴下乡服务提供便利，实现更高效的沟通，改善预约服务的形式，形成信息共享、技术培训学习、社区服务一体化的新一代技术服务平台。

（1）家电维修部服务的社区居民可提前通过平台预约家电上门维修服务，社团成员可根据后台预约情况统一安排时间，定点定时上门维修。

（2）重点帮扶的乡镇村委可提前在平台上提出家电维修需求，后台根据需求量统一安排下乡时间，后期也可以在平台上沟通了解使用情况。

（3）各村委书记线上收集学习技术的需求，安排维修部技术人员现场培训，后续可在平台上沟通交流、帮助指导。

2. 家电维修服务平台优势介绍

（1）采用"线上+线下"的家电维修服务，相对于传统的收费式线下维修服务点，有更高效的工作效率。

（2）创新服务形式，以便社团更好地开展公益服务，为社团提供一个包容性更强、群众反映优良的公益平台。

（3）平台具有可发展商业化能效，在对符合公益服务条件的各社区、乡村保持公益服务的同时，平台可对有需求的个人或组织提供技能、信息服务。

（4）平台初步由社团组织研发，项目起步后能实现容纳性强的预期功能，方便与社会公益组织以及有相关需求的政府机构对接。

（5）平台在原有的下乡服务基础上，研发手机 APP 和电脑客户端，后期将开发线上、线下培训等一系列服务。

第五节　柳创车队建设案例

一、社团基本情况

柳州职业技术学院柳创车队在 2017 年成立，隶属于柳州职业技术学院汽车工程学院。车队第一届队长是黄仪梅，第二届队长是伍燕生，第三届队长是梁朝政，第四届队长是莫贤。2021 年是车队成立的第五年，第五届队长兼车身组组长是贾金志，副队长兼运营组组长是吴乐乐，动力组组长是赵远威，悬架组组长是陆祥，转向组组长是林峰，制动组组长是罗成坤，仿真组组长是刘奇。现有 7 个小组，车队成员 28 人，赛车 3 辆。

社团宗旨：秉承着创新、坚持、凝聚的理念，用梦想打造自己的赛车，构建未来的道路。

社团目标：以大学生巴哈大赛项目为起点，打造出一支技术创新、设计创新、能力强的团队，最终目标是参加中国大学生方程式汽车大赛（FSC）并取得优秀成绩。

二、社团主要活动

2018 年参加中国汽车工程学会巴哈大赛；

2019 年参加中国汽车工程学会巴哈大赛；

2020 年 11 月参加广西森林越野车大赛；

2021 年参加第七届中国国际"互联网+"大学生创新创业大赛广西区赛；

2021 年 3 月 23 日柳州市第九中学学生参观车队并交流学习；5 月 10 日在校内举办了"魅力巴哈，无限精彩"大学生巴哈赛车体验活动；6 月 9 日在校内举办赛车宣传体验活动；6 月 12 日受邀参加柳州国际会展中心柳州国际车展暨智能汽车产业博览会；7 月 4 日参与学校与东箭教育合作的研学游行；7 月 23 日参加东台社区新时代文明实践站"建党百年"系列活动——"探秘车学问"主题实践课程研学活动；9 月 25 日参加中国汽车工程学会巴哈大赛；10 月 3 日参加柳州职业技术学院汽服团队研学培训接待。

三、社团在创新创业的亮点

2021 赛季中，Z21 赛车的后轴首次采用中央轴制动结构，后悬架首次采用拖拽臂结构，自制双极主减速器，首次将 3D 打印技术、CVT 运行自动监控系统应用到赛车上，新技术的运用以及自制件的比例比往年上升了 20%，最高车速比上年提高了 17%，整车质量降低了 13%。自 2020 年 11 月赛车落地以来至今，赛车总成以及零部件结构均相对完好，可靠性相比以往大幅提高；并且首次运用了受力仿真分析技术，对整车主要受力零部件、车架进行了多种工况的分析，包括静态弯曲、扭曲工况、车架碰撞分析、车架模态分析等内容，为驾驶员的安全提供了一定的保障。依托柳创车队，在老师指导下，首次参加了"互联网+"大学生创新创业大赛，并成立了柳州灵速科技服务有限责任公司。社团在社交平台上创建了账号，收获了一定数量的粉丝，提高了学校与社团的知名度。

2021 年，我们首次参加新能源汽车轻量化关键技术比赛，在车身、动力方面都是全新的设计制作，首次采用底盘和车身分离的结构和可以快速拆卸组装的方向盘；考虑到车身因素，首次采用落地式踏板；并且成立了仿真小组。社团成员积极响应学校号召，参与 2021 年大学生创新与创造项目，设计了折叠式可调节旋转高度焊接台架和小型越野赛车用可变阻尼式转向机，并考虑应用到新赛车的设计制作上，为赛车在新的比赛中取得更好的成绩而做好准备。

四、社团近年来取得的成绩

2018 年 6 月 7 日参加中国巴哈校园车队训练赛（巴哈车手培训广州花都站），获得第二名；

2018 年参加中国汽车工程学会巴哈大赛，获得职校组优秀奖；

2019 年 6 月参加巴哈校园车队挑战赛暨广州花都赛车人明日之星大赛，获得第四名；

2019 年参加中国汽车工程学会巴哈大赛，获得职校组三等奖；

2019 年参加中国汽车工程学会巴哈大赛长白山站，获得年度总成绩（职校组）三等奖；

2020 年参加广西森林越野车大赛，获得单圈计时赛特等奖，操控赛一等奖，节油赛二等奖，牵引赛二等奖，直线加速赛三等奖，爬坡赛等奖，耐久赛三等奖。

2021 年参加第七届中国国际"互联网＋"大学生创新创业大赛"数广集团杯"广西赛区选拔赛获得高教主赛道铜奖，职教赛道银奖。

2021 年参加中国汽车工程学会巴哈大赛，获得职校组优秀奖。

五、下一步工作设想

社团将会继续依托柳创车队的成果去参加下一届的"互联网＋"大学生创新创业大赛，不断完善改进，力求取得更好的成绩。

人员管理方面：柳创车队是一个聚集热爱赛车、勤于钻研汽车知识的社团，社团成员思想上要牢记学校"志当高，学当勤，能必强，技必精"的校训，坚定个人信念；在工作中做到实事求是、互帮互助、持之以恒；同时也要严格要求自己，细心对待工作任务，加强团队责任感和凝聚力。

设备研发方面：柳创车队以柳州市 NVH 工程技术研究中心和机电学院先进制造工厂为依托，实现产品集设计、加工、制造、测试为一体，有着非常好的条件。在今后的工作中要多利用学校设备优势参与机械设备的专利研发，如小型越野车用可变阻尼式转向机研制和折叠式可调节旋转高度焊接台架设计研制等创新制造项目。

社团发展方面：加强车队工作中的焊接实操动手能力学习和 UG、ANSYS、MATLAB 等软件操作及理论知识学习，并加强与周边广西科技大学、柳州市第二职业技术学院等院校车队的交流学习；继续参加巴哈大赛、新能源轻量化大赛等赛事，拓展"互联网+"大学生创新创业大赛、"挑战杯"竞赛、方程式等比赛，培养更多创新创业型复合人才，为学校增光添彩。

第六节 手工艺术协会建设案例

一、社团基本情况

柳州职业技术学院手工艺术协会（以下简称"协会"）筹办于 2008 年 7 月 1 日，成立于 2008 年 9 月 20 日。协会以手工艺作品为媒介，以交流为主，制作为辅。通过继承、吸收、创新，以达到综合素质的全面提高以及弘扬中华民族优良传统工艺文化为宗旨，为手工爱好者提供一个交流的平台，同时可以丰富和美化学生的课外生活，增强学生的创新意识，激发学生的想象力，提高学生的动手能力，为社会主义现代化建设培养德智体美劳全面发展的大学生，使学生举手投足间可以尽显大学生的风采！

二、社团主要活动

协会剪纸教学活动的目的是弘扬中国剪纸文化，增加学生对剪纸的了解。剪纸作为我国的传统民族艺术，不仅历史悠久，而且风格淳朴，它对培养学生的思维能力、动手能力、审美能力有很大的作用。通过剪纸教学活动，在尝试学习剪纸的制作过程中，体验剪纸学习的乐趣、方法，促进学生艺术的感知与欣赏能力、艺术表现与创造能力，形成基本的美术素养，培养学生热爱民间传统工艺的热情。剪纸教学活动的举办，让更多的人做出更有创意的作品；通过作品展出，让更多人了解剪纸艺术并喜欢它。剪纸活动不仅为广大学生提供了释放自我能量、展示自我的舞台，而且发掘了他们对中华优秀传统文化的兴趣。学习中国剪纸是一种弘扬中华传统文化的举措，也是大学生保护我国非物质文化遗产的表现。

2021年12月5日协会在临江山庄与广西科技大学手工协会举办了户外联谊扎染活动，让学生对扎染有更深的了解。户外联谊活动让学生对传统工艺美术和现代艺术设计形成直观、真切的认识，并初步感受现代职业教育的教学模式。同时，也丰富了学生业余生活，扩大学习视野，并对传统工艺有了创新意识和深深的热爱。扎染是我国的民族传统手工艺，是我国的重要非遗技术，作为这项技术的传播者，协会致力于让更多人了解和学习这门手工艺。

2022年3月，协会积极参与学校开展的"我们的节日·三月三"中华优秀传统文化体验日活动，在活动中主要负责民俗手工艺制作体验环节。让学生感受"壮族三月三"节日丰富的文化内涵，展现出壮族的民俗民风，加深了学生对民族文化的了解，引导学生共同感受民族文化的博大精深，增强对壮族文化的认同感与自信心，达到弘扬中华优秀传统文化的目的。

三、社团在创新创业方面的亮点

2018年协会与电子科技小组联合开展了"创新杯"创新创业设计大赛，挖掘出一批专业过硬、富有创新意识的学生，这些学生也是每年参加本专业技能大赛的主要力量。

2021年协会开始探索新的创业路径，第一次尝试采用"教学+销售"的运行模式，采取"点对点"的储存寄卖方式，将学生使用自己采购的材料所制作的手工艺品进行存放，建立完整的、具有一定规模的手工艺术作品资源库，在校外活动时进行寄卖，这在一定程度上减少了资源的浪费，实现了资源的充分利用。寄卖成功后，也可以让作者体会到更多的认同感。同时"教学+销售"的运行模式有利于实现产品的升级换代，既节约了成本，又增强了协会的竞争优势。

四、社团近年来取得的成绩

2009—2010 年，荣获精品社团称号；

2010—2011 年，荣获十佳社团称号；

2011—2012 年，荣获十佳社团称号；

2017—2018 年，荣获十佳社团称号；

2018—2019 年，荣获十佳社团称号；

2020—2021 年，"扎染培训"在社团精品立项活动评选中荣获 A 等奖。

五、下一步工作设想

一是制定严格的规章制度和社团条例，认真执行社团制度，传承社团文化。

二是借鉴国内外的优秀手艺和管理经验，激发 DIY 手工制作灵感。

三是积极探索创新创业的新想法，结合社团特色，开展特色项目及活动，参与到更多的创新创业比赛中去。

第十二章
学生创新创业实践案例

第一节　为智能制造产业赋能助攻的高职生黄浩

从一名高职院校的在校生，成长为一家公司的CEO，黄浩，这名柳州职业技术学院（简称"柳职"）2015届数控技术专业毕业生仅仅用了4年。

黄浩与小伙伴们申请的21项国家发明专利和实用新型专利，绝大部分科技成果都成功实现了转化：为企业节省人工170多人，创效益8 000余万元，效率提升20%，"工业机器人夹具设计专家系统"使平均设计速度提高13倍，设计师由生手转为熟手由原来的5年缩短为两年！上述成果均以创新为目标，以智能制造技术为引领，体现了柳职人才培养、科技开发、创新创业、社会服务等的综合成果，真实演绎了"知识改变命运，技能成就人生"的成长轨迹。

一、建团队，打牢创业基础

2012年9月，刚踏进柳职校门的黄浩就清楚地知道自己的梦想是创办一家公司。在校期间，他刻苦学习理论知识，积极参加各项实践，为日后的创业打基础。

2013年秋，在工厂实习的黄浩接到老师陈勇棠的电话，让他牵头成立一个专门提供设计服务的工作室。黄浩既高兴又苦恼，高兴的是幸福来得太突然，苦恼的是不知从何下手。

在陈勇棠的帮助下,黄浩组建了一支 30 人的工作室。团队经过不断练习与受训,一个月后便接到了首笔订单,实现了顺利交付并得到企业方的认可。就这样,一个又一个订单接着飞来,整个团队士气大振!师生二人与专业从事汽车冲压模具、夹具、检具设计制造以及汽车零部件生产的民营企业——柳州高华机械有限公司(简称"高华")取得联系后,工作室接到了高华的出图业务,从开始的几套到后来的几十套,从简单的出图到 3D 设计,黄浩团队每次都能高质量完成,并得到高华的高度认可,在校学到的知识和技能在反复的实践中变成了快速变现的"掘金神器",黄浩希望这样的快乐来得更猛一些。2014 年暑假,带着拥有更多"掘金神器"的想法,黄浩走进高华实习。

黄浩的主要工作是进行夹具设计与制造。一个暑假下来,黄浩已经能够较好地完成公司交办的各项任务,带团队、接订单,使工作室的小伙伴们既能以诚实劳动获取报酬,又能进一步把技能磨得"闪闪发光",工作室成了黄浩"试水"创新创业的"孵化器"。

二、工作室"孵化"出一家公司

经过两年多在供应链上穿梭,接订单、加工工件、交付工件、换回报酬,黄浩已然驾轻就熟。这明明就是一个小工厂的雏形嘛!不如就把公司开起来?

2016 年 2 月,黄浩与好友黄师共同创办了"柳州旭至自动化科技有限公司"(以下简称"旭至"),致力于非标自动化设备设计、系统集成服务、自动化标准设备及标准零件销售。

公司成立之初,主要承接一些简单的设计服务业务。渐渐走上正轨后,黄浩发现,旭至现有的运营模式难以控制成本与定价,因为没有自己的生产场地和设备而流失了许多订单。百般懊恼之下,黄浩决定自己租厂房引进设备。

租下厂房不久,黄浩就接到了五菱工业 40 多万元的排气管夹具设计制造订单,紧接着,又接到了安川首钢机器人有限公司 102 万元的订单。旭至不断以自己的专业实力回应着智能制造产业链上的需求,慢慢地开始在业内打响了名气。

三、发明创造助推智能制造产业升级

在实际工作中，黄浩发现，目前使用的工业机器人夹具，存在通用性差、生产成本高、效率低、生产质量不稳定和故障率高等痛点。于是，黄浩细心钻研、攻坚克难，开发了一系列新型"工业机器人夹具"产品和技术，广泛运用于智能制造企业。

夹具是工业机器人本体的"手掌"，负责抓取、固定产品。平均每台工业机器人每年至少要配套两套夹具，每台工业机器人配套的夹具费用约占工业机器人本体的30%，按目前工业机器人夹具平均每年15%增长预计，不出几年，将会有数百亿元的突破。

看到广阔的市场，黄浩把更多的精力放在了技术创新和发明创造上。他与小伙伴们一起开发了5大系列标准化产品和260个个性定制单品，产品高柔性、高精度、高品质，能够满足工业机器人夹具行业的需求。

2019年上半年，旭至向柳工（中国工程机械行业排头兵）交付装载机铲斗动臂大型柔性焊接夹具，使用效果表明，该套夹具可替代人工12人，夹紧定位精度提高80%，产品质量提升52%，效率提高46%，创造经济效益700万元。

同时期，旭至还累计向上汽通用五菱（国内销量第一的微型车企）交付汽车冲压零件搬运吸盘夹具近260套，帮助上通五菱建成"无人工厂"，实现零工伤和智能化生产，效率提高100%，产能提升150%，经济效益达1 400万元……

如今，旭至拥有国家专利21项、软件著作权8项、行业团体标准两项、自主开发工业机器人夹具设计专家系统1套，并且在柳州、深圳、越南河内等国内外10多个城市的26家企业销售工业机器人夹具700多台套，累计销售额930万元，节省人工逾170人，实现经济效益8 000万余元，并实现了企业节能减排绿色发展的良性闭环，带动就业300多人。

黄浩利用自己的创业成果参加各类创新创业大赛，分别荣获国家级、自治区级和市级创新创业大赛奖项各两项；在第六届中国国际"互联网＋"大学生双创大赛中获得广西区金奖、第九届中国双创大赛广西赛区暨2020年广西双创大赛中晋级复赛。

经过3年的努力，旭至慢慢发展壮大，现有厂房1 000平方米，员工20余人，其中技术骨干8人。公司获得广西壮族自治区科学技术厅认可，成为广西壮族自治区2020年第四批科技型中小企业，并正在申报认定为广西高新技术企业。

黄浩与团队伙伴们研发的新产品、新技术已经在区域众多智能制造企业推广应用，有力地推动了柳州地方智能制造产业的转型升级。他说："创业是我的梦想，机械设计是我的爱好，技术是我的生活习惯，越挫越勇是我的个性，这些都是支撑我一路走过来的力量！"

未来，祝愿黄浩和他的公司在为地方智能制造产业升级转型中激发出更大的创新活力！

第二节 在沙特成功创业的"海外打工仔"陆利雁

陆利雁的创业故事有些传奇色彩，不仅在于他飞越重洋输出中国文化和中国智慧，而且在这么多国家开展国际贸易他都能做到游刃有余，怎么听都带着"王炸"的气息。

一、庆幸选对了柳职

开着小车去上班、住着小别墅、享受着高薪……上学时的梦想似乎一下子变成了现实。每念及此，这位在"一带一路"沿线国家之一——沙特阿拉伯王国做了6年多技术人员的小伙子暗暗庆幸，庆幸当初选对了柳州职业技术学院。如今，这位小伙子以踏实的工作、认真的态度和较强的学习能力为公司赢得了市场、赢得了客户，同时也为自己带来年薪30多万元的高收入。这位小伙子，就是柳职2011届机电一体化技术专业、自嘲为"海外打工仔"的优秀毕业生陆利雁。

为了增加从业经验，陆利雁从三一重机有限公司出来，之后去了北汽福田公司担任巴林、沙特两国的代表处经理，不久后出来自主创业。

二、普通的学生，不普通的经历

2022年已经满34岁的陆利雁，毕业于广西贵港市港口高级中学，2008年进入柳州职业技术学院机电工程系机电一体化技术专业学习。这个个头不高、相貌也不起眼的小伙子除爱笑以外，并没有给辅导员韦丽娜留下太多的印象。但就是这样一个普通的学生，后来却有了不普通的人生经历，给了母校一个大大的惊喜。

由普通到不普通，除了个人素质高，柳州职业技术学院对学生的适应能力、应变能力、学习能力以及"踏踏实实做人，认认真真做事"的培养也功不可没。

2010年10月，陆利雁和同学们被学校推荐到江苏昆山三一重机有限公司实习，之后公司对经过培训的学员又进行了技能、语言和董事长面谈3轮选拔，结果陆利雁和另外两名学员从36名学员中胜出（36选3），被分配到国际营销公司工作；不久，他又被派到郑州实训4个月。9个月的系统培训，强化了他从事挖掘机的售后服务、质量索赔和维护客户关系的能力。

由于专业技能较强，加上英语不错，2011年8月，他被公司派到三一西欧子公司任英国服务主管，常驻英、法、德、爱尔兰等地，从事维护现有客户关系、保持现有设备正常运行、培训当地代理商技术人员等工作。第一次走出国门的他，接触到了欧洲十国的文化。

2012年6月，公司将其调任三一中沙子公司沙特吉达办事处培训主管兼任代理商服务管代，负责培训代理商技术人员和管理代理商服务人员日常工作，开启了他漫长的中东之旅。

三、坚持总有回报

刚从欧洲总部转到中东，当地文化和沙特夏季60 ℃的高温让他非常难以适应，但最后他坚持下来。全靠这种坚持，让他有了当地的居住证和国际驾照。2014年2月，他获升三一中东大区沙特子公司驻南部区域服务经理，负责服务该区域代理商管理、培训、公司的产品推广和区域营销工作。

6年的中东之旅，让他认识和了解了中东文化，也认识了很多有能力的朋友，见识、眼界在拓宽，生活阅历日渐丰富。沙特虽然以石油富国著称，但基础设施比较落后，所以对于三一重机来说市场需求很大，也给予像陆利雁这样的"海外打工仔"更大的发展机会。

四、中国人在沙特比较受尊重

时差上沙特晚中国 5 个小时。记者近日用 QQ 语音采访陆利雁时，沙特正是下午。

现在，陆利雁早已学会用阿拉伯语跟当地人进行顺畅的交流。但他远在异国他乡，最害怕的还是孤独，其次是担心自身安全。虽然他没见过什么街头暴乱，但是曾领教过导弹从头顶飞过的惊险场景。当时沙特和也门正在打仗，路上经常见到坦克、战车之类的作战工具。

陆利雁工作的城市叫阿卜哈（ABHA），与广西贵港市差不多大，但没有柳州发达。在沙特，大部分城市的温度常年在 60 ℃ 左右，只有阿卜哈这个城市平均温度在 20 ℃，是个常年不用开空调的城市，有点类似我们的春城昆明，是个旅游胜地，一到夏季，沙特人就会到阿卜哈来避暑。

沙特没有制造业，而中国是制造大国，况且沙特在"一带一路"沿线的 65 个国家的名单中，中沙往来商机无限。陆利雁认为中国可以输出像土木、设备维修或网络工程师那样的技术人才到沙特，因为沙特比较缺机电机械类和会计专业技术人才。在沙特，会计这种职业基本上被埃及人垄断了（古埃及人建造了世界闻名的金字塔，在数学方面取得较高成就）。

在阿卜哈的阿拉伯人普遍比较尊重中国人，中国人的地位比别的国家的人更高些。

公司给驻沙工作人员每人配了一辆车，住地离公司约 10 分钟车程。

除了跟当地的埃及朋友和其他国家的朋友、华人朋友去海边抓螃蟹和烧烤，好像也没有多少娱乐了。陆利雁不习惯当地只有鸡、牛、羊肉的菜式，闲暇时就自己到超市或菜市场买菜做饭。除了买菜做饭，在沙特的用度开销基本上是公司报销，比如车油费。公司还给去沙特的家属一些补助，像陆利雁爱人过去，一年可享受 3.5 万元生活补助。

五、感谢所有的曾经

像陆利雁这样的技术型人才在沙特属于比较重要的岗位，比较吃香，甚至比在国内还吃香。他认为自己的成功得益于在柳州职业技术学院学到的两项最重要的技能：一个是与人沟通的能力，另一个是学到了可以谋生的技术，让他可以靠技术吃饭而生活无虞。

陆利雁的学习能力很强，能通过自我学习和向他人学习提升自己的专业技能和语言能力，慢慢从技术型人才向营销型人才转型。几年来陆利雁在公司两次获得年度岗位标兵和公司内部评定的"高级工程师"称号。

陆利雁经常回忆起在柳州职业技术学院的生活，寄语学弟学妹们："态度决定一切，习惯成就未来。在学校做任何事情都要养成良好的习惯，包括学习技能、知识或生活。"

这位高级海外打工仔打心眼里感谢母校的培育，让他有机会到海外工作。在学校学到的创新创业课程，在他的心里播下了创业的种子，点燃了他自主创业的梦想。毕业后的这些年，不管是对工作的成就感还是个人能力的提升，乃至财富的积累都让他产生了很大的满意度。他暗暗勉励自己，下一步定当加倍努力，寻找机会创出一番事业，让自己的生活更充实、经验更丰富，尽己所能回报社会，为自己、也为柳州职业技术学院增光！

2019年6月8日，记者用微信联络了陆利雁，据透露，经过6年的打拼，自主创业的一切条件均已成熟。如今，他创建了4家公司，其中一家公司在广州（员工5人），两家公司在沙特（员工16人，其中6名员工是中国人，其余皆是外国人），一家公司在巴林（员工3人，一个中国人，两个菲律宾人）。

4家公司主要负责给海外的中资公司项目供货，沙特、巴林、迪拜都是他的市场，经营项目材料、设备租赁和工程配套配件等，生意伙伴主要是中交、中石化、中海油这些央企，还有一些本地公司。2018年实现营业额1 200多万沙币（折合人民币2 200多万元），为"一带一路"国家作出贡献，也在促进我国与沙特经贸往来的同时，实现了自己的人生理想！

2022年2月21日，陆利雁告诉记者，2020年他开辟东南亚东帝汶市场，开设斯里兰卡分公司和南美洲秘鲁分公司，为中资公司开展建设分包业务。陆利雁，这位自嘲为"海外打工仔"的柳职优秀毕业生，如今已经成为活跃在国际舞台上通过国际贸易、工程和物流运输贡献中国智慧的柳职力量！

第三节　想把公司做上市的桂林仔吕文刚

2006 年，桂林仔吕文刚来到柳州职业技术学院贸易与旅游管理学院物流管理专业学习。一进校门他就感觉学校社团氛围特别好，当时他加入的是一个职业技能型社团——物流协会。社团是繁荣匠心文化的第二课堂，以其青春的张扬、年轻的调性吸引了大批求知若渴的莘莘学子，同学们在这里尽情放飞自我、畅想未来。大一时的吕文刚进入物流协会就动了做生意的念头。果不其然，这个非常有商业头脑的小伙子，目前已做到千万身家，近年积极为国家缴税，为社会提供百余个就业岗位，成为对社会有价值、有贡献的年轻创业者。

一、得益于"匠心文化"的滋养

在学校"踏踏实实做人，认认真真做事"的精神感召下，吕文刚学会了无论在学习、工作和生活中都践行踏实肯干的精神；团结、友善、活跃、宽容的社团文化让他爱上了社团；老师们言传身教、耐心细致的辅导和培训，给他的性格以非常好的滋养，让他养成了做事踏实以及凡事多留意的习惯。学校文化对学生的成长成才起到了潜移默化的作用，"匠心文化"不只形容一个人用尽心智把一件事情做到完美，它还包括很多方面，比如求真务实、追求卓越、企业家精神、创新精神和创业精神等。

二、渐成社团风云人物

2007 年，吕文刚成为物流协会会长。做会长就要谋划协会活动，当时他拉过最大一笔赞助是向奥康眼镜申请了 7 万多元的赞助费，用来为物流协会搞了一个晚会。晚会中设计了"奥康天使"营销环节帮商家做推销，然后他又在三所高校做推广，此时蓦然发现自己的统筹能力得到了增强。"当时很有点小领导的感觉呢！"小吕说。

当时，柳州市东环大道附近有个刚开业的美容美发店，也赞助了两万多元给物流协会用于物流知识竞赛。吕文刚和同学们在中间设置了两个环节让美发店人员展示技艺，现场还派发一千多张优惠券。后来那一两个月，该店挣了十几万元，这变成了一个双赢的经典案例。

三、大二学生"领导范"

大二下学期，吕文刚与 25 名同学去一家物流公司实习，这些同学都是经用人单位面试后才去的。吕文刚在那里当保管员，领教了体制内文化。

一同去实习的人在第一个月走了十几个，第二个月又走了几个人，到第三个月只有 4 个人坚持下来，到了第四个月吕文刚直接转正，并担任仓库班长。之后他又用两个月时间从班长做到了主管，一年后吕文刚还没有毕业就做到了副经理。后来发生了两件事，导致他辞职。

有一对夫妻是吕文刚的同事，他们管理的一间仓库发生火灾，国家的储备糖被烧了 1 600 多吨，冰箱、空调等价值近 4 000 万的电器也被烧了，两夫妻也落得坐牢的结局。这件事对吕文刚影响很大，后来竞选经理时，尽管吕文刚各方面条件都符合要求却最终落选，公司给出的理由是他"还没毕业"。这下受到打击的吕文刚愤而辞职。

四、有得有失，悲喜交加

2008 年，吕文刚用一个月时间考察市场，开始做手机批发。他在鱼峰山附近租了两个商铺，然后用零星打工挣得的 4 万元钱进货。不到两个月时间，这 4 万元就变成了 12 万元。

五、创业路上哪有一帆风顺？

2008 年到 2010 年，除了批发手机，吕文刚还在柳州 7 所高校搞了很多移动联通厅，这样一个月下来也有 6 万多元收入。2009 年毕业时，吕文刚开始开发人力资源，一次因过于相信合作伙伴，导致有些关系协调不下来，造成生意失败，他一股脑儿赔了 30 多万元，前面挣的全部亏进去，还不够填亏空。

六、种瓜得瓜，种豆得豆

2010年年底，两手空空的吕文刚回到家乡桂林，去竞聘一个装修公司的市场部经理，负责装修推广，半年多后他做到了副总经理。2012年，因有些关系没理顺，吕文刚就想干脆另起炉灶自己做。2012年"五一"过后，他开了家装修公司，从原公司带了一队熟练工出来。开始时小打小闹还不错，2016年公司业务做大后就遇到了瓶颈。吕文刚说："那段时间也就是买了房、车，其他的乏善可陈。"桂林的行情就是房子很多但卖不出去，所以没人装修，之后国家出台"住房不炒"政策，对于装修行业来说，算是一个利好消息。

不做装修后，聪明且有商业禀赋的吕文刚转而跟堂舅做生意，一入商海便大展拳脚。先是用90万元入股与堂舅合伙投资一个建材市场、房地产和停车场，这七七八八地下来，两年时间总共做到了营业额500万元的规模，之后还跨界做了金融。

2020年疫情发生后吕文刚发现做什么都很难，建材市场现在还在经营，有商家出价2 000万元来收地（吕文刚持股若干），他决定卖出这块地，停车场也转出去让别人做，他负责每年收租金。

吕文刚还有个售电公司，运营成效也很不错，这是吕文刚广交朋友、处处留心、善用政策的经典案例。

2018年，一个深圳的朋友跟他说，广东有个售电政策，可以做些生意。有心的吕文刚立即致电广西工信委，工信委回复说，广西刚出台《广西壮族自治区人民政府办公厅关于印发2019年深化电力体制改革降低用电成本若干措施的通知》（桂政办发〔2019〕39号），规定工业用电可享受八分四的优惠，但它必须通过第三方即售电公司来进行交易，其交易平台是广西电力交易中心，所以当时吕文刚就注册了电力工程咨询公司。刚开始做吕文刚没挣到钱，那八分四全部退补给了企业。后来吕文刚想："企业又不能自己售电给自己，必须经第三方公司之手来做，如果我做，为什么我不能跟你们分成呢？"大工商企业的电为0.621元一度，电力交易中心为0.54元一度，只要平衡好电量差，就会有每度0.081元的差价，然后和用电企业五五分成。小吕就跟企业谈五五分，这样才慢慢有了利润。2018年至今共做了一百多家企业，吕文刚的公司从电力交易中心结算回近 700 万元的利润。

这还是他生意的 1.0 版图，远没到踌躇满志的阶段，"一切还都刚刚开始"，30 出头的吕文刚轻言细语——瞧瞧，才刚刚开始人家就赚了个盆满钵满，进一步发展可不得了啰，这可是即将要有上亿身家的节奏。

七、转战食品市场

2021 年 10 月，吕文刚开始转战食品市场，跟一个有米粉专利的公司合作。这个名叫"味千粉"的公司生产的米粉只需拿开水一冲，三分钟就可以开吃了，而且有 69 种口味。目前吕文刚准备专攻全国连锁加盟店预包装这块。

1 月 11 日"粉千味"柳州店开业。这家店不光是家米粉店，它还融入了广西的多种美食，叫"粉卤酿饮"。现在比较流行的热卤有二十几种口味，像鸡翅、鸭爪、鸡爪、鸭脖之类；还有广西的十八酿，像豆腐酿、蛋皮酿、香菇酿；饮料也都是广西风味，如桂花乌梅汁、金橘柠檬汁、姜丝红枣茶、罗汉果饮等。总之，集广西美食之大成，美其名曰"粉卤酿饮"。现在除了桂林，柳州、南宁、贺州都有分店了。桂林的销售情况还不错，光米粉这一块，一个月的营业额在 200 万元。

八、知行创未来

从 2012 年创业至今已过去 10 年了，吕文刚创业步伐坚定，发展速度很快。"我准备把它做上市"，这是吕文刚现在的打算。因为目前该赛道还没有上市公司。吕文刚对"粉千味"很有信心，因为优势明显，从产品到入口过程很简单，用电磁炉加热就行，而且全部标准化、工业化，是非常有前景的行业。其中，也凝聚着许明老师的心血，许明不仅参与设计，还邀请很多创业导师帮忙参与整个设计的前期框架。

2022 年 1 月 11 日，回到母校看望老师的吕文刚鼓励学弟学妹们：要自信，基础要打牢，多看书、多拓宽视野、多学习成功人士的思维方式；盲目自信会导致失败，所以要谨慎自信。不仅对自己要谨慎，对我们认为可靠的人也要保持谨慎，这是最大的教训；做物流、仓管员要注意仓库不能用花线，花线容易起火，这是宝贵的经验。

第四节　为群众办实事的"创业百强"大学生马付恒

广西柳州皓璟电子科技有限公司总经理、今年 30 岁的柳州职业技术学院 2014 届机电系数控技术专业优秀校友马付恒，经营的充电桩业务堪称"为民办实事"的创业王牌项目。2021 年公司营业额 400 多万元，在柳州拥有付费用户 20 余万户、站点 300 余个，业务扩展到广西的南宁、来宾、桂林、河池等地。

一、入校立 Flag："练胆量＋入党"

2011 年，曾经胆小、上台不敢讲话的广西宾阳仔马付恒，一进柳州职业技术学院就给自己立下了两个 Flag，一是练胆，二是入党。

班上辅导员对学生很负责，也很信任，关心学生的学习生活，呵护好每一个学生，教学生怎么融入班集体，怎么去做表率，怎么去为班级服务，这对他养成集体观念非常有帮助，同时这也是学校匠心文化对学生的滋养。老师经常鼓励同学们要大胆做，别怕做错，别怕做不好。在这样良好宽容的环境下，马付恒也敢上台分享了，锻炼口才的机会多，口才慢慢变好了。后来他当上了班长、团支书，经常组织班级开展各种活动，慢慢显示出了很强的自控力、责任心、组织能力和集体荣誉感，形成了"认认真真做事，踏踏实实做人"的风格。

马付恒从不迟到、旷课，不管上哪门专业课，他都坐第一排。因为靠近老师，方便提问，也方便他检查谁旷课。作为班长，他自觉担负起督学责任，积极给同学们做表率。他得过励志奖学金，好多奖状现在还挂在学校里，他非常感恩学校老师教导有方，让自己敢闯敢干，练出了胆量。

马付恒受专业辅导员王大红的影响和帮助很大，两人亦师亦友。他经常去王老师的办公室讨论问题，现在都还保持联系，在专业引导、就业等方面都得到了有益的辅导。那时王老师经常带同学们去企业参观，提前了解企业文化，了解工作岗位对接何种能力需求。

2022 年 1 月 7 日的采访中，马付恒竟还能一字不漏地念出"志当高，学当勤，能必强，技必精"的校训。在他看来，学校的匠心文化营造了一种隐性的教育氛围，包括老师们的言传身教，对学生的影响很深。老师经常教导他，发现问题要有解决问题的方案。这其实就是学校一直在实践的 PDCA（计划、执行、检查、改进）无限循环工作方式，不断总结，不断纠错，不断优化，在循环往复中提升整体实力。所以在校时他就已经积累下发现问题、解决问题的经验。

马付恒一直还记得老师的教诲，走上社会后要取之于民、用之于民，所以在疫情期间得知一些果农的水果卖不出去时，马付恒马上捐了 2 000 斤水果给医院犒劳白衣天使。

二、受教于 KAB 大学生创业俱乐部

那时 KAB 社团招新，他进去才发现，好多"同道中人"。在 KAB，许明老师对他的影响很大，她见多识广，讲了好多创业案例，传授了创业的相关知识，比如创业需要的条件、市场需求，要做好 SWOT 分析，分析可行性，分析它解决什么社会痛点、分析它的行业前景及投入产出比。她教导学生，创业不能盲目地去创，要有方法和方向，还要符合可持续发展要求。参加路演时，怎么去展示自己、怎么去展示公司，其实就是推销自己的一个过程。在老师的辅导下，马付恒去参加创业大赛，凭借雄厚的实力和清晰的思路，抱走了"创业英雄百强"、广西青年创业大赛奖、中国微创业奖等多个大奖。通过比赛，马付恒学到了跟甲方谈判时的技巧。创业成功的学长也经常回来分享自己的创业故事，加上自己以前有过摆摊的经历，马付恒就想试试在校做些小生意。因为练胆光靠组织举办活动还远远不够，要来点真刀真枪的"练摊"才行；要入党，思想先要跟得上，那就是"自力更生，艰苦奋斗"。

三、艰苦奋斗的"资深"创业者

马付恒认为自己很奇葩，不安分守己，爱折腾，从小就有创业意识，这与爸爸从小给他灌输经营理念和管理知识有关。有一次放暑假，爸爸一次性给马付恒一年的学杂费、伙食费、零花钱，让他自己管理。因管理不善，他把钱花光了，花光了就得去找钱啊，然后通过摆地摊卖生活用品和打印服务，没多久他又把钱

给赚回来了。初中时他打过暑假工,高中毕业后他在"阿里巴巴"进货,三毛、五毛钱一个钥匙扣、平安豆,然后在宾阳县城摆地摊。令他自豪的是,爸爸投了600元,然后马付恒整个暑假都有收益,每天挣够150元就收摊,天天去吃夜宵,结果"夜草"吃多了,小马变肥马,一个暑假胖了十几斤。

因为同学们的很多作业、设计、论文都需要打印,而那时附近却没有一台打印机。看到了市场和同学们的需求点,爱折腾的马付恒花200元从二手市场买来一台打印机,在宿舍楼里经营打印业务,整栋楼就他一家,因此一个月就回了本。在宿舍打印有时会影响同学们休息,遇上他不在的时候还得需要室友帮忙打印,所以他每天都买很多小零食给室友吃。"我要对他们好一点"——这已经是"老板思维"了。

大二时除了在宿舍楼提供打印服务,马付恒还卖机械用图纸和绘图工具。一开始他用"扫楼"的方式,挨个宿舍去推销他的商品。后来同学们以班级为单位先付订金,让他送货,很快他就收到了几千元钱,然后直奔飞鹅市场拿货,回来就卖了几百套,那个学期的几千元伙食费就这样挣出来了,难怪马付恒很自豪:"我在学校是不差钱的。"

经过各种活动的成功实践,马付恒的销售能力得到了明显提升,具备了一定的号召力。如今,柳州的几位同学还经常聚会,同学关系好,同学们都支持、信任他。在他创业遇到困难时,同学们常常是他一开口就马上转钱,连张借条都不打,也没说要利息,也没说要他什么时候还,所谓"人品就是资源"说的就是这种吧!马付恒认为这源于在校时相互帮助、相互信任结下的深厚友情。

四、新手上路,创业失败

2014年毕业时,实现了"练胆量、入党"两个入校目标的马付恒,拿着皮箱上了公交车进了工厂,从此成为一名在社会上摸爬滚打的创业青年。

刚进厂两周他就觉得没意思了,但他从中学到了下属如何与领导沟通,如何解决生产过程中遇到的问题,如何降低成本,从进原材料,到加工工艺,到销售这些过程。

因为自己有摆地摊的经历,他觉得自己更适合创业,上班不能完全体现自己的能力。年轻嘛，就该出去闯闯，去折腾一下，试错的成本比较低。2015年他从工厂辞职，做自己想做的事情。第一次跟人合做跨境代购失败了，钱投了但事业没做起来，那时他才知道钱难挣，又不好意思厚着脸皮回去挣学弟学妹的钱。亏10万元钱的感受是心如刀割，遭到生活的毒打后他都不知道怎么挺过来，整个人沉沦了近一年时间。

五、艰苦奋斗，成就幸福

"创业就是要胆大心细脸皮厚"，这是马付恒的创业心得。

一次机缘巧合，他加入了小区物业车库灯节能改造项目。2016年年底，第一单生意就在谷埠街开张了。记得他开着电动车在柳州一年半时间跑了3万多公里，电瓶都被偷了三个，天天去"扫楼"，一个宿舍一个小区去"扫"。后来他给认识的一个老板打电话，天天打，老板觉得这个年轻人挺有想法的，然后就见面谈合作，终于，在那个下着大雨的夜晚，他幸运地签下了6万元的合同。收好合同的马付恒，开着电动车又哭又笑，带着既辛酸又开心的心情回家，最后他觉得"马付恒，你还是可以的"！此后马付恒与老板成了忘年交。

在他看来，他认识、接触的所有人全都是他的老师，全都是在教他做事情。带着一颗感恩的心生活，把每一个不管帮没帮过自己的人都当作良师益友来看待，慢慢积累起人脉。

因为太年轻，担心别人认为他"嘴上无毛办事不牢"，2016年年初建公司出去谈业务时，他只敢说自己是副总经理，故意穿着显成熟的衣服，讲话做事都扮老成，好让人放心地跟他谈生意。做完节能灯项目后，他发现跟物业相关的电动车充电桩也可以当事业来做。2017年他跑了很多业务，做了很多铺垫，认识了很多物业圈里的人。2018年，他的生意慢慢做起来了，99%的充电桩都是他自己在经营。

小区业主需要充电桩充电，但电动车充电最大的麻烦是容易着火，再就是充电不方便。看到市场需求后，他就把充电桩免费给物业公司安装，与物业公司共赢，后来在好多小区都慢慢做起来了。虽然2021年营业额达到400多万元，在柳州拥有20余万用户，柳州的一些地标如谷埠街、万达、保利、地王等处的充电桩都是马付恒公司提供的，但至今马付恒仍认为他还在创业路上，还谈不上成功。下一步他想立足柳州放眼全国，为车主服务，为物业服务，多元化发展，开发电动车后市场业务。

马付恒的充电桩业务，最大的社会价值是降低火灾事故发生率，给小区业主提供安全便捷的充电场所，至今已累计为用户提供了数百万次安全充电，创业 4 年解决了"小民生，大问题"。一是给用户提供安全保障，如漏电保护、低压保护、过载保护、断路保护等，这些保护为降低火灾发生率提供了强有力的支持。以前电动车充电容易过充，马付恒公司的充电桩是充满电后自己断电，这样防止过充、防止火灾。二是省电。三是为业主提供了多种选择，用户可以选择时间来充电。以前是包月，不管你充不充电都得交钱，马付恒公司的模式更人性化，充多少电就交多少钱。

马付恒认为自己还是一个从零到一的初级阶段，把事情做好，把服务做好，才是对社会最大的贡献。如果服务不到位、平台不稳定，则其失误可能造成十几二十万人的充电出问题，所以马付恒教育员工要特别注重"品质为主，服务至上"。优质服务成就品牌，现在越来越多的小区业主都主动找上门来要求提供充电桩服务。"做好服务的同时，还要迅速占领市场。因为钱总是不够用，每天都要投资。"马付恒说。

马付恒透露，他刚刚承包了一个停车场，这是他多元化发展的一步棋。因为遵循"鸡蛋不能都放在一个篮子里"的古训，总不会错。

第五节　赋能乡村振兴的"香蕉大王"文连军

2022 年 1 月 14 日，2012 届机电设备维修与管理专业毕业生文连军给记者发来一张"香蕉产地证明"，内容为文连军在广西南宁市武鸣区宁武镇唐村吉连强香蕉基地的 1 844 件（吨）香蕉要运往西藏拉萨东嘎农副产品批发市场。这意味着，远在北疆的西藏人民也可以吃到来自南疆的热带甜蜜水果——香蕉。一起来听听"香蕉大王"文连军的创业故事。

一、良师们的谆谆教诲仍言犹在耳

2009 年，文连军进入柳州职业技术学院机电设备维修与管理专业开始三年的学习。老师们的很多谆谆教诲至今依然清晰地留在这位"农三代"的记忆里。覃日强老师说："在学校老师就是引导你们学基础，'师傅领进门，修行看个人''实用优先，够用为度'。"还有个老师也告诫学生，到社会上，"你要记得你是大专生、是科班出身，要吃得苦、耐得劳。做机械维修就要脚踏实地，要细心，要有工匠精神。"上电工课的老师说："电这个东西，你了解它，它就是个纸老虎，你不了解它呢，它就是个电老虎。你的安全就建立在你懂电知识这个基础上。老师教书育人，不是说要教你赚多少钱，而是说做事情要放正心态、脚踏实地。"文连军印象最深的就是看到荣誉牌匾上写着："×××同学在……技能大赛上获……奖"，还写着"今天我以学校为荣，明天学校以我为傲"。他当时就想："以后我毕业了，能不能也让学校以我为傲呢？"学校文化对学生的正向引导和熏陶无处不在、无时不有，促成他萌发向先进看齐的进取心和学习动力。

优秀的师资加上他本人的努力，让文连军收获了一大波荣誉："柳州市三好学生"、柳州市"三好学生干部"、销售精英、KAB 优秀理事、"三好学生"、优秀青年志愿者、优秀团员，2021 年还荣获第七届中国国际"互联网＋"大学生创新创业大赛（广西赛区选拔赛）金奖，连续两年获得国家励志奖学金和自治区奖学金，家里基本上不用负担他的费用。

二、吃得苦耐得劳的小伙子

文连军非常能吃苦，在校做班干时就专干脏活累活。去养老院做公益活动，哪里难做他就出现在哪里，"自己先做表率，这样你说人家，人家才服你。" 家在农村，没什么收入，他就跟同学合伙摆摊，学会了记账和总结。当时 6 个同学去豆奶厂实习，最后只有文连军一个人坚持下来。老板见他能吃苦，把他调到送货岗位，慢慢地他了解到豆奶批发市场的运作流程，也获得了 3 000 多元的报酬，这成了他后来学车的费用。

那时他还萌生过制作 APP 来开展机械维修服务呢！把维修工们组织起来，

在节假日为企业提供服务。因为小厂养不起专业的高级维修工，而平台可以收20%的佣金，共同打造服务品牌。后来看师傅干了八年，也就买了个电动车，房子还是首付，他想，这不是他想要的生活。"如果我也像师傅那样干，那得干多少年才买得起房子啊？"于是他有了出来创业的念头。

在福臻车体实业有限公司实习时，公司领导也都看重这个能吃苦的小伙子，原准备让他实习完转正的，岂料"五一"长假文连军到南宁亲戚家玩，看到亲戚正用流转土地种植香蕉，他想："我一没人脉，二没资金，做什么都拼不过人家，干脆就跟着亲戚种香蕉算了。"

三、创业玩转现金流：种香蕉去！

于是，文连军进入了种植业，之后才慢慢了解到，用以色列的灌溉技术，一下子就可以浇灌一两百亩土地，自己何不尝试一下？尝试后，果然有效。

2016年以前他是单干，后来想与人抱团组建一个生产链。一是有一个得力的团队，经营中能够降低采购成本，掌握售价权，增强抵御风险的能力；二是因为香蕉成熟的时间在各地不一样。海南是4月种9月收，百色是7月种9月收，隆安是8月种10月收，南宁是10月种11月收，根据种植时间的不同让100万元投资流转起来，你就能在四个地方种植四个香蕉园，变存量为增量，共同富裕的速度将更快。原来一年只能种一造，经高效管理科学规划后可种四造，相当于玩转现金流。打时间差能够提高资金流转率，这就需要在各地都有"自己人"，在他的积极推动下，一批重质量、重口碑、在管理销售理念上志同道合的人加入了团队，"吉连强香蕉种植基地"公司建起来了。

公司经营采取资金和种蕉分开管理的方式。比如说你在海南只管种香蕉，但一百万元在南宁，你在南宁种香蕉，但钱在百色，即资金和种蕉分开管理。管事的人不拿钱，管钱的人不管事，相互制约、相互牵制，采购货品在群里公开，这种摆在桌面上的信任可避免"拥兵自重"。

这样一来，客户就更信任他们团队了。同样做一件事情，怎样把收入提高，是文连军一直思考的事情。比如海南今年亏了，但其他四五个地方挣钱，根基还是稳的，按这个模式种植销售身家很快逾千万元。许明老师当年教的KAB创业启蒙课程他很感兴趣,那个 SWOT 优劣势对比对他很有启发,每次课都没落下。许老师通过一些案例分析如何规避风险、跟人家比你有什么优势,差异化经营、做出你的亮点等知识对他也产生影响,在创业中他才意识到,这原来就是创业实践中会运用到的基础知识,是支撑事业的理论基础,KAB 提倡要有创新精神和企业家精神。

文连军认为,在岗位扎实工作,无论做什么都要有创新,不能一成不变,同样做一件事,要找准定位,做出亮点,创建一个能够提高效率的模式。文连军的爷爷、爸爸都是农民,而其他亲戚做生意个个有钱,"我们家干来干去都没赚到什么钱嘛,我还那么年轻怕什么呢?"文连军决定搏一搏。他认为第一次出来创业,最好有人带一带,这样第一桶金起码不亏本。先生存,再创新。"创业是很孤独的一件事情,你得习惯这种孤独。把团队组织起来,然后充分发挥每个人的强项和优势,就要学会用人,学会做领导。"文连军说。

在普通人眼里,香蕉是很普通的水果,到处都有,价钱也不贵,他怎么会想到把种香蕉当成创业的项目来做?文连军认为,香蕉有气候性。比如柑橘,长江以南都能种,但是香蕉就不行,你只能在广东的某一个地方,或者在广西、海南、云南的某一个地方种,中国就几个省可以种,而且还分季节。所以种香蕉还是值得好好当作事业来做的。遇上土地多的时候,他们就去盘人家的二手地。当听说哪里有一片通水电的甘蔗地或沃柑地做不下去时,文连军就去现场看,再请几个行家来分析评估土质的优劣,条件合适就盘下来,通过评估就直接分股份了。

四、理财赋能资产增值

每年 10 月卖完了香蕉,钱都回到了口袋里,于是文连军将保险、理财引进团队。一个股东就负责理财,几百万元进去,结果每天都有钱进,很稳定的那种。团队里那些长辈,他们的脑筋和反应可能没有年轻人灵活,但是他们的管理经验和种植经验比年轻人丰富,所以种植管理工地事务就交给他们,年轻人就负责采购、调动资源、包装和代办等事项。比如说股东有 100 万元本金,过了年回来就有差不多一万元的利息,即用员工的钱来生钱,这样大家都高兴。文连军调动了所学的知识和认知、经验,将资源整合成了现在这个模式。

五、香蕉种植赋能乡村振兴

现在文连军在百色、海南、南宁、隆安、武鸣等地都有香蕉园。"这么多香蕉，销不销得出去？""销路不愁啊，每年四毛、八毛都能卖！"这个架势，让不了解行情的记者吃了一大惊。文连军说这就是抱团的优势。比如采购上千吨的农药和有机肥，你就有话语权跟厂家谈价格。以前单干时一次只能采购 20 吨化肥，量少，厂家不会给你优惠价；现在你一次可采购 500 吨，厂家就会给你最优惠的价格，采购成本被摊薄了。原来单干时产品没有形成规模、销量小，质量不稳定，只能卖每斤 1 元；现在志同道合的人组建了团队，产品有了销量，且香蕉实行标准化生产，质量有保证，获得了市场认可，可为经销商提供 500 车（一车 25 000 公斤左右）香蕉的销量，你就拥有了销量定价权，售价可在每斤 1.1～1.2 元或更高。经销商也喜欢跟一个有质量保证的商家进货，因为这样比跟很多商家进货要减少很多联络成本，还减少质量参差不齐的担忧。事实证明，大家抱团比一个人单打独斗发展得更快更好。

现在文连军 11 人的团队，为社会解决了数千个就业岗位。只要去村屯种蕉，都有一大堆的工作给村屯的农民干。文连军给记者算了一笔账。比方说农户老张家有 5 亩地，种玉米一年收获 500 斤/亩，玉米每斤卖 1.2 元，相当于每亩收入 600 元，一年种两次也才 1 200 元。如果出租耕地的话，单租金就 1 100 元，租 5 亩地就有五六千元的收入，有 4 个劳动力的家庭，不用去种玉米也有钱，而且还能出去打工，赚另外一份工钱。如果再帮他种香蕉，比如套个袋子九毛钱，一天套 400 个就有 300 多元，然后帮买肥料什么的，无形中就多出很多收入了。

一对夫妻可以种植管理 80 亩蕉园，文连军现有 5 238 亩蕉园，能够为社会提供的固定岗位就有 130 个，一年一对夫妻就有 12 万元的固定收入，而且这 12 万元还只是干 8 个月的活得到的收入，剩下的 4 个月又可以外出打散工，又赚得一份收入。这样一来，共同富裕真的不是梦！

在种苗的时候，需要人工种苗、撒肥、包装等，是另外叫村屯的临时性劳动力做的。到一个工地，基本上会用到一百多个人，十多个工地就要用一两千人。文连军最开心的是香蕉种植的事业与国家的利益、与乡村振兴同频共振，个人的创业与国家的发展紧密相连，个人的幸福与国家的兴旺紧密相连。

手上有了钱，文连军也积极参与捐款捐物、修路、敬老等公益活动。实施现代化的管理后，现在海南、百色、南宁等地的 12 个工地共 5 238 亩香蕉园，一亩地的成本为 4 500 元，平均亩产 8 000 斤，销量仍然供不应求。

六、下一步打算

从创业 10 年的经验来看，文连军说："如果不算进口，目前整个中国都没有多少香蕉啊！原来广西有 180 万亩蕉园，现在估计连 40 万亩都不到了。"现在土地紧张，地还是那些地，种过的又不能再种，能开发的地就更少了。下一步，文连军打算留一些好地来种香蕉，一些气候合适的地用来开发新品种。

今年 32 岁的文连军，其种植的香蕉事业成为乡村振兴的主力，他感觉做这个事业挺不错的。现在种植香蕉的村屯里留守老人或孩子少了，因为他们的儿女或父母不用外出打工，在村里就有一份能给家庭增加收入的工作，对此文连军心里挺欣慰，有时候他想："我自己都实现不了的梦，却能通过自主创业帮别人实现陪伴家人的梦，哎，挺感慨的。"

文连军的爷爷 87 岁，奶奶也 80 多了，都在桂林，父亲在南宁，和他一起看工地，老婆、孩子在钦州，一家人聚少离多。文连军想着未来财务自由后能够多回家，多陪家人。

他打算以后慢慢做一些指导性的工作，招新人然后辅导，让他们自己管理自己。现在他在一线指挥坐镇，公司才能稳定发展，不出纰漏。创新管理方式，让每个员工和利益挂钩，这样老板不用去工地看，员工也会卖力。

第六节 从"90 后"高职生到企业 CEO 的肖杰夫

别说刚出校门的大学生，就是在生意场上摸爬滚打几十年的"前浪"，也大多还在生存和求生存的道路上狂奔。而他，刚创业 4 年，就早早实现了财务自由，26 岁就拥有了 6 家公司。

听了他的故事，你不得不感叹有些人就是天赋异禀，天生具有直达金字塔顶端的实力。他说："可能是我对人特别好吧，所以在想做任何事情的时候，总是有很多兄弟朋友和长辈的帮助和支持。"其人格魅力所散发的强大磁场，使与跟他交往的人乐意施以援手。

即使有众人的帮助，也会遭遇人生低谷。"有时一夜之间人不见、设备厂房也不见了，因为老板跑路或疫情等各种因素，至今公司还有一千多万元的外债没办法收回来。"说到创业中资金链断裂的艰难，他显得云淡风轻。爷爷、父亲做的是布匹和服装生意，他这个"富二代"却像个邻家大男孩，并未因富而骄——2020年7月15日，我校优秀校友、广西玉林信荣服装有限公司（以下简称"信荣"）董事长肖杰夫回校参加"互联网＋"创业大赛时，轻言细语地跟记者讲述他创业的故事。

一、在柳职打下创业基础

从柳职校园至创业成功，肖杰夫一直秉承"踏踏实实做人，认认真真做事"的柳职精神，用心做好分内事。曾任大学生KAB创业俱乐部销售部部长的他，得到了KAB导师许明教授的悉心指导，学习创新创业企业构思、资源整合、优势挖掘、风险掌控、商业计划等步骤和流程，结合家族企业实践和经济发展趋势，创造性地分析出牛仔水洗的市场变化，为企业的形成与完善打下坚实的基础。这令从小就对生意感兴趣的他更加坚定要做一名企业家的信心。高中、大学时他就特别留意周围人，看看谁更适合成为自己的生意合伙人，进入KAB后，更是处处找机会"试水"自己的组织能力和领导能力。

许明说，肖杰夫腼腆羞涩，其实也乐观开朗，有教养懂规矩，不轻易承诺，承诺了就会很认真地去做，比一般的孩子更成熟更理智。都说"穷人的孩子早当家"，但在肖杰夫身上，其吃苦耐劳的拼劲一点儿也不输给穷人家的孩子。他的辅导员黄海林评价他的时候，是这么说的："肖杰夫这孩子对人真诚、懂礼貌，热情开朗，他从来不会因为自己家境殷实而骄矜。"

二、危机中站对了风口

2015年6月，肖杰夫接手家人认为是"夕阳产业"的牛仔裤企业，家人转战其他行业，肖杰夫无奈将设备贩卖后得到的 200 万元资金，创建了牛仔裤系列产品远销东南亚和非洲的广西玉林信荣服装有限公司。

2016 年，中央环保巡视组到玉林严查排污，发现玉林市南流江污染严重，污染源被锁定在养殖场和水洗行业。当时福绵区没有一家牛仔裤生产企业能达到污水零排放，60 余家企业被勒令停产，原本机声隆隆的车间瞬间一片寂静。

可肖杰夫认为，危机危机，危中有机，并认为"这是企业转型升级的好机会"！

为实现既要金山银山，又要绿水青山的愿景，政府在远离市郊的一片荒地建起了中滔环保产业园，将所有牛仔裤企业全部纳入该园区中统一管理。杂草丛生的荒地能生出金子来吗？正当牛仔裤老板们对着荒无人烟的一大片草地将信将疑时，肖杰夫却早已谋定而后动，他积极响应政府号召，第一个进园！用 23 万元一亩的价格盘下了两块地（如今已升至 40 万元一亩），为此，他获得了政府颁发的一次性奖励 20 万元，同时还获得政府的设备补助 165 万元；因为信荣年产值达两千万元，又被政府评为"上规企业"而获奖 25 万元！肖杰夫轻描淡写地笑着说："我自己都有点佩服我自己当时的眼光！"

入园后，肖杰夫按照先发展后规划的思路做好排污工作，比别人多花了 200 万元，在两亩多土地上建起了污水集中处理池。污水先经过处理，才能往外排放。彼时很多同行因为停产，都还在园外犹豫徘徊。入园的企业仅十余家，这给肖杰夫无形中制造了一个相对较好的变现环境。那时每天都有十几万元的货上门要求水洗，"即使水洗一条牛仔裤加价一元钱，都挡不住源源不断的货源。"就在大多数牛仔裤老板还没有"醒"来的一到两个半月时间，"信荣"就创造了近千万元的利润！这成了肖杰夫人生中赚到的"第一桶金"。

经历过生死考验的水洗企业，不仅没有死掉，而且迎来了更好的发展前景。如今，信荣拥有 4 条生产线，牛仔裤年产量达 3 000 万条，年产值 7 155 万元。

三、做负责任的企业家

2018 年的一天，20 多个熟人来到信荣，想在信荣谋生，由于人手已够，公司一时半会安排不下这么多人，肖杰夫便想了个折中的办法：让他们在厂里培训 15 天，培训结束即能在同行业中找到工作机会。疫情期间，500 名信荣员工无一裁员，其中 300 多户贫困户在信荣就业解决了温饱问题。

信荣旗下还有金旺水洗厂、建筑材料公司、农业公司、布匹公司及投资公司等多家企业。2019 年，信荣纳税 109 万元，肖杰夫获评"玉林市企业家协会优秀会员"，公司被玉林工信委评为"上规企业"。

"做有社会责任感的企业"是肖杰夫的理想。他乐于捐资助学、修桥补路、帮贫助困、疫情期间赠送口罩等防疫物资等这些社会公益活动，公司被评为"爱心公益单位""爱心单位"。

肖杰夫还心系母校，关心母校发展，他一直保持着与母校、老师及同学间的联系。

今年 1 月，肖杰夫被我校玉林校友服务工作站聘为会长。该服务工作站以"联络校友、服务母校、回报社会"为宗旨，凝聚校友情感，搭建资源共享平台。下一步，肖杰夫将与环境与食品工程学院教师石少明合作，改良牛仔裤水洗配方，降低废水对环境的污染，达到清洁生产的目的；还将与艺术学院的马践大师合作，将少数民族的扎染技艺移植到产品上。

肖杰夫的副手胡方正也是我校 2012 级汽车检修专业的毕业生，他将管理刚成立的至庸教育管理有限公司；除胡方正以外，还有其他 4 名柳职毕业生也在肖杰夫开办的公司工作。

但凡人所取得的成就，大多离不开天资、运气和自身的努力。肖杰夫的小有成功，除了有家人朋友的加持，也有时代裹挟而来的机遇，更少不了他个人的努力。在他看来，想要把一件事做成，需要全力以赴，发挥个人全部的天赋优势，智商情商都要在线。

千万不要小看了那些你眼里的毛头小伙，说不定人家就是一枚妥妥的"霸道总裁"！

参考文献

[1] 陈强胜,高俊山.中美高校创业教育的比较及启示[J].湖北社会科学,2018(9):147-151.

[2] 谢萍,石磊.英国创新创业教育的现状及其启示[J].世界教育信息,2018(14):42-47.

[3] DRUCKER P F. Innovation and entrepreneurship: practice and principles[M]. Routledge,2015.

[4] 刘学春,徐红玉.发达国家创新、创业教育的经验及其启示[J].湖北成人教育学院学报,2018(6):59-63.

[5] 王波,张崎静,方学良,等.高职创新创业教育与专业教育深度融合的路径[J].宁波职业技术学院学报,2021(6):15-18.

[6] 施广东.国外大学生创新创业教育探究及启示——以英国、澳大利亚、美国部分大学为例[J].常州信息职业技术学院学报,2019(4):65-68.

[7] 廖康平.我国职业教育与产业发展研究回顾与展望——基于CNKI数据库相关文献的可视化分析[J].武汉职业技术学院学报,2021,20(2):24-32.

[8] 余泳泽.新发展格局下中国产业高质量发展:现实困境与政策导向[J].宏观质量研究,2021,9(4):78-98.

[9] 肖建华. 价值共识、技术确定与新兴产业发展 [J/OL]. 科学学研究，2022，40（5）：830-840.

[10] 丁玲. "人本"理念下高校双创教育课程建设的思考 [J]. 辽宁教育行政学院学报，2021，38（3）：10-13.

[11] 李肖鸣. 中国高校创新创业教育发展蓝皮书 2016 [M]. 北京：机械工业出版社，2017：13.

[12] 刘丽君，等. 高职院校创业课程建设的困境与思考 [J]. 行政事业资产与财务，2021（20）：119-120.

[13] 徐司晴. 基于创新创业的课程教学改革 [J]. 现代交际，2018（21）：180-181.

[14] 李亚员. 大学生创新创业教育的目标、原则及路径优化 [J]. 思想理论教育，2015，（10）：83-87.

[15] 谢光，大学生创新创业教育的目标、原则及路径优化 [J]. 学生工作，2018（1）：165-166.

[16] 刘行. 大学生创新创业教育的目标、原则及优化路径探讨 [J]. 教育改革与发展. 2020，3（21）：74-76.

[17] 王永生，屈波，刘拓，等. 着力模式改革 培养创新人才 [J]. 中国高等教育，2009（5）：42-44.

[18] 朱卫芳，柏平. 高职院校素质教育理念下大学生实践创新能力的培养 [J]. 教育与职业，2014（5）：175-176.

[19] 李伟. 论高职院校创新人才培养的影响因素及优化路径 [J]. 武汉船舶职业技术学院学报，2011，10（1）：8-10.

[20] 田秀萍. 先有创新的教师 后有创新的学生 [J]. 中国高等教育，2015（17）：18.

[21] 樊东，裴海英，王晓云，赵奎军. 新世纪高等农业创新人才培养模式的研究 [J]. 高等农业教育，2002（11）：35-38.

[22] 龚向哲. 以就业为导向高职学生创新意识和实践能力培养研究 [J]. 继续教育研究，2015（5）：76-78.

[23] 倪尔妍，李青. 多元智能理论融入高职创新能力培养的实施路径研究——以广东轻工职业技术学院为例 [J]. 职业技术教育，2020，41（35）：42-45.

[24] 刘月云，施华，刘碧俊. 基于导师制科研项目引导的"专接本"学生实践创新能力培养模式研究 [J]. 现代职业教育，2020（48）：68-69.

[25] 檀祝平. 以"自主学习中心"为载体的高职创新型人才培养模式研究 [J]. 教育与职业，2014（14）：114-116.

[26] 赵建，程丹. 高职人才培养与企业需求匹配度研究——基于珠江三角区域的实证分析 [J]. 2015（12）：103-106.

[27] 肖红宇. 高职学生实践创新能力培养 [J]. 教育评论，2014（11）：66-68.

[28] 刘明芹，文西芹，宁晓明，等. 基于企业需求的地方工科院校创新型人才培养方法研究及实践 [J]. 教育现代化，2016，3（40）：308-310.

[29] 张海燕，张小晴. 面向企业需求的电子商务专业实践教学体系探讨 [J]. 教育现代化，2019，6（27）：110-112+120.

[30] 国务院办公厅. 国务院办公厅关于进一步支持大学生创新创业的指导意见 [EB/OL]. [2021-10-12]. http://www.gov.cn/zhengce/content/2021-10/12/content_5642037.htm.

[31] 傅伟，岳金方，唐菲. 高职教育学生实践创新能力的培养 [J]. 职业与教育，2012（29）：90-92.

[32] 林徐润. 产教融合背景下高水平专业群建设路径研究 [J]. 现代职业教育，2020（50）：1-3.

[33] 沈海娟，申毅，孙霖，宣乐飞. 关于高职教材建设的思考 [J]. 教育与职业，2006（36）：117-118.

[34] 苏秦，谢金海. 基于"校企合作、工学结合"的高职教材建设研究 [J]. 镇江高专学报，2014，27（3）：18-20.

[35] 许鑫涛，沈建东. 对高职校企合作开发教材的思考 [J]. 中外企业家，2015（32）：204-205.

[36] 宋跃芬，潘文华，田起香，等. 国内创新创业教育评价研究现状及主题述评 [J]. 黑龙江高教研究，2020，38（6）：126-131.

[37] 柳春. 基于层次分析法的高职学生创新创业能力评价体系研究[J]. 成人教育, 2015, 35（4）: 55-57.

[38] 刘兴凤, 刘国成. 高职院校教师创新创业能力评价指数研究——基于多层次灰色关联的分析[J]. 职教论坛, 2021, 37（3）: 90-94.

[39] 王伟, 易新. 高职学生创新创业能力素质综合评价指标体系构建[J]. 教育理论与实践, 2020, 40（33）: 19-21.

[40] 张淑梅, 刘珍. 基于CIPP的高职院校创新创业教育评价体系构建[J]. 中国职业技术教育, 2017（26）: 53-55+66.

[41] 李欣旖. 高职院校创新创业教育评价模型构建及应用研究[D]. 秦皇岛: 河北科技师范学院, 2019.

[42] 陈楚瑞. 社会资本理论下高职双创教育保障机制研究[J]. 岭南师范学院学报, 2019, 40（5）16-23.

[43] 李冰, 钱誉. "双创"背景下高职双创教育质量保障机制的研究[J]. 科教, 2019（10）: 242.

[44] 朱卫芳, 柏平. 高职院校素质教育理念下大学生实践创新能力的培养[J]. 教育与职业, 2014（5）: 175-176.

[45] 傅伟, 岳金方, 唐菲. 高职教育学生实践创新能力的培养[J]. 教育与职业, 2012（10）: 90-92.

[46] 肖红宇. 高职学生实践创新能力培养[J]. 教育评论, 2014（11）: 66-68.

附录
柳州职业技术学院创新创业管理制度

一、大学生创新创业导师管理办法

为贯彻落实《国务院关于进一步做好新形势下就业创业工作的意见》（国发〔2015〕23号）和《国务院办公厅关于深化高等学校创新创业教育改革的实施意见》（国办发〔2015〕36号）等文件精神，根据《柳州职业技术学院关于深化创新创业教育改革实施方案》要求，充分激活校内资源，与社会各界广泛合作、协同创新，建立并完善大学生创新创业教育体系，提高大学生的创新创业能力和创业成功率，特制定《柳州职业技术学院大学生创新创业导师管理办法（试行）》。

第一条 创新创业导师是帮助学生创新创业就业、指导就业上岗人员，通过各种思路引导、多种正规渠道来帮助创业者实现创新创业和就业，为全校学生及在孵企业、创业者提供导向性、专业性、实践性辅导服务的导师。创新创业导师在国家法律、法规以及学校规章制度许可的范围内开展工作，业务上接受柳州职业技术学院创新创业学院的领导。

第二条 创新创业导师的人员构成：

（一）成功的创业企业家；

（二）行业、高等学校、科研院所的技术、管理专家；

（三）投资、金融、法律、咨询等专家；

（四）其他科技领域具有丰富经验的实践工作者。

第三条 创新创业导师的聘任条件：

（一）致力于帮助学生提高自主创新能力，愿意为学生创新创业的进步和社会经济发展提供公益性服务。

（二）志愿贡献时间、精力、智慧和经验，增加学生的创新创业知识，培养学生的创新创业意识，提升学生的创新创业潜力与能力；志愿提携和帮助创业者，追求创业企业成功运作所获得的精神回报和成就感。

（三）熟悉企业管理和市场运作，对科技、经济、市场发展有准确的预判；或经历创业过程并已经获得成功，具有对创业企业进行实际辅导的能力与经验，能对创业企业及创业者提供导向性、专业性、实践性辅导服务。

（四）有资金资源，愿意对初创企业进行小额资金扶持；对适合进行投资的项目和企业，愿意率先投入，并积极向创业投资机构推荐。

第四条 创新创业导师的职责：

（一）对柳州职业技术学院在校生开展与创新创业主题相关的课程、讲座、沙龙、论坛或其他创新创业实践活动。

（二）对柳州职业技术学院所属的大学生科技园、众创空间、创新创业基地等寻求咨询的教师、学生、入驻企业，给予专业的指导帮助。保持与创业者的沟通交流，并针对其困惑和问题给予指导。

（三）企业导师应向柳州职业技术学院在编的创新创业指导课程教师及项目指导教师提供企业见习锻炼的机会。

（四）及时与柳州职业技术学院创新创业学院沟通工作进展情况，提出意见和建议。

（五）对有预期成功概率大的项目和企业，愿意风险投入，并向创业投资机构推荐。

（六）保守企业商业秘密。

第五条 创新创业导师的权利：

（一）获得由柳州职业技术学院颁发的创新创业导师证书。

（二）根据柳州职业技术学院创新创业学院工作安排，创新创业导师开展课程、讲座、沙龙、论坛或咨询，学校将根据相关规定对导师给予一定的酬金。

（三）享有参与创新创业学院项目路演及组织开展的各类交流活动与研讨项目的权利。

（四）在与二级学院、学生创新创业指导对接工作中，二级学院、学生有权选择导师，导师有权选择目标二级学院、学生。

（五）创新创业学院每年对导师绩效进行评估，评选出本年度校内"十佳创新创业导师"、校外"十佳创新创业导师"共20名，由学校颁发荣誉证书及奖金。

（六）根据导师需要和学校实际情况，对导师及导师企业进行形象展示与宣传，优先安排参加招聘活动，帮助企业选聘优秀人才。

（七）对为在校生提供创新创业见习（实习）的企业，可授予"柳州职业技术学院大学生创新创业实践基地"牌匾。

（八）利用高校产学研优势，进一步建立校企合作关系。

第六条 创新创业导师的工作方式：

（一）创新创业导师为学校提供课程讲座的方式：创新创业学院根据工作计划至少提前半个月与导师商定主题并预约时间，由专人负责与导师对接，并对活动结果进行记录反馈且按规定存档。

（二）创新创业导师为入孵企业提供咨询辅导的方式：

1. 创业咨询：企业的一般性问题，可采取与导师一对一的交流方式，达到请教、咨询的目的。

2. 专题诊断：企业较为复杂的问题，由创新创业学院组织专家专题研讨、诊断，为企业出谋划策。

3. 一对一辅导：企业若需要一个相对固定的导师在一段时间内就专项问题进行请教与辅导，需与相应的导师进行双向选择，双方达成一致后，可由企业与创新创业导师签订一对一辅导协议，对企业进行深度辅导。

第七条 创新创业导师聘任程序及聘期：

（一）创新创业学院对拟聘创新创业导师进行考察后，报学校批准，组成创新创业导师团。

（二）每位创新创业导师聘期3年，聘期结束经考核后，根据其履行职责情况，决定是否续聘。

第八条 创新创业导师在聘任期内，有下列情况之一的，将予以解聘：

（一）无正当理由连续 3 次不接受柳州职业技术学院创新创业学院安排的创新创业指导工作。

（二）以柳州职业技术学院创新创业导师名义在社会上从事创新创业导师职责范围之外的活动。

（三）泄露企业商业秘密。

（四）由于其他原因，不能履行创新创业导师职责。

第九条 本办法自发布之日起施行。本办法由创新创业学院负责解释。

二、创业活动管理办法

柳州职业技术学院大学生创新创业活动管理办法

第一章 总 则

第一条 为贯彻国家创新创业教育方针，培养和提升大学生创新精神、创业意识和创新创业能力，加强大学生创新创业活动管理工作的科学性、规范性、有效性和可操作性，依据《普通高等学校学生管理规定》（教育部第 41 号令）和国家有关政策，特制定本办法。

第二条 大学生创新创业活动是进一步强化创新创业实践教学环节，探索创新创业型人才培养模式的改革与创新，吸引和鼓励广大大学生为全面提高自身综合素质所开展的具有创新性的科学研究、科技发明、创新创业实践等活动，是教学活动的延伸和提升。

第二章 创新创业活动组织与管理

（一）组织管理

第三条 大学生创新创业活动主要包括大学生创新创业训练计划项目、大学生创新创业竞赛、创新创业课程与培训、科学研究活动以及创业实践等。

1. 大学生创新创业训练计划项目：指主持或参与国家级、省级和校级组织立项的大学生创新创业训练计划项目。

2. 大学生创新创业竞赛：指学生参加由上级教育主管部门、专业教学指导委员会、行业学会或协会主办的学科或创新创业竞赛并获得相关奖项。

3. 创新创业课程与培训：学生按学校要求修完有关创新创业模块的课程，或参加政府部门和学校组织的创新创业培训，课程及培训考核合格须有证书或成绩证明。

4. 科学研究活动包括学生参与科研、撰写学术论文和取得发明专利等。参与科研是指学生参与教师的各类科研课题，或开展设计型、研究型实验，作为正式代表受邀参加国内外学术交流活动等；学术论文是指学生在国内外正式刊物（以科研处公布的期刊目录为准）发表的学术论文；发明专利是指中国专利法规定可以获得专利保护的发明创造，发明专利分为国家发明专利、实用新型专利、外观设计专利、软件著作权证等。

5. 创业实践是指学生在校学习或休学期间自主创建企业，完成企业登记注册并顺利运营。学生自主创办注册的企业，需审核正常运营 8 个月以上的财务台账、报表、企业年营业收入证明、企业纳税证明、就业人员与企业签订的劳动合同或工资台账等有关证明。

第四条 学生创新创业活动实行多部门协同、校院两级联动的运行机制。学校创新创业学院负责统筹管理大学生创新创业活动，二级学院成立相应的大学生创新创业活动工作领导小组，负责具体开展本学院的创新创业活动。

第五条 立项制度：二级学院对大学生创新创业活动项目每年进行一次立项评审工作。经过个人或团队申请、专家审核推荐、学校审批后予以立项资助。具体立项数目根据项目总体实施情况，结合学校实际另行确定。

第六条 项目申报条件：

1."大学生创新与创造项目"面向在校全日制专科生申报，原则上要求申报者在毕业前完成项目。申请者必须学业成绩优秀、善于独立思考、实践动手能力较强，对创新创业训练、创业实践项目等有浓厚的兴趣，具有一定的创新意识和创业实践能力，具备从事创新创业的基本素质，有强烈的求知欲和严谨的工作作风，有良好的职业道德和团结协作精神。

2. 申请者可以是个人，也可以是团队，每个团队不超过 6 名学生。鼓励跨系、跨专业、跨年级，以团队形式联合申报。项目必须选择一名相关专业的教师作为指导教师。

第七条 立项步骤：

1. 学生申请：学生填写《大学生创新与创造项目申请表》并提交二级学院。

2. 二级学院初审：组成评审小组对申报项目进行评审，必要时可组织现场答辩。根据初审结果对所有申报项目进行排序，并在全院进行公示。

3. 学校复审：二级学院将申报项目汇总报送创新创业办（学院），创新创业学院复审，公示后报送教务处。

第八条 评审标准：评审专家组依照立项原则与范围，主要从如下几个方面对项目进行审查和评价，确定能否立项和资助：

1. 项目选题的目的、意义和设计思路是否明确；

2. 项目是否具有创新特色以及预期目标实现的现实可能性；

3. 是否已有相同和类似项目并完成；

4. 设备、人员及经费等条件是否保证项目完成需要。

（二）项目运行管理

第九条 项目实行主持人负责制。学生开展创新创业活动必须在该项活动负责人毕业前一个学期完成，并由负责人提交结题报告或有关研究成果，如项目计划书、调查报告、研究成果报告、学术论文、专利、获奖证书等，由柳州职业技术学院创新创业项目评审小组对项目进行评估、结题验收。

第十条 申请结题的项目必须符合以下条件：

1. 已提交结项报告及有关研究成果；

2. 已归还所借用的场地、仪器设备、工具装置、资料等；

3. 如申请结题的项目有资助经费，必须保证所资助的经费已经结算清楚。

第十一条 凡出现下列情形之一者，学校将视情节轻重收回部分或全部资助经费，扣除学生已取得的学分，并予以全校通报。情节严重的给予当事人以及相关负责人纪律处分。

1. 违反学校财务政策或经费使用不当；

2. 抄袭他人的研究成果、作品或其他弄虚作假的行为；

3. 管理不善，造成国家、学校财产巨大损失；

4. 无故或无正当理由不完成项目研究或随意放弃项目；

5. 在申报创新创业教育学分或者资助经费过程中弄虚作假。

第十二条 项目中期检查：

1. 项目立项后，项目负责人定期提交《项目进展报告》，主要内容包括任务完成情况、困难和问题、下一步工作计划等。创新创业学院将组织中期检查，提出项目的改进建议。

2. 对于实践项目进展顺利、资金使用合理、创新效果显著的项目，负责人可申请国家大学生创新训练计划。二级学院组成评审小组进行现场答辩或网评对申报项目进行评审，评审结果应在全院（系）进行公示。最后，二级学院将申报项目汇总报送创新创业学院，创新创业学院审核后报教务处的实验实践教学科。

3. 对项目计划执行不力，项目工作无进展，难以取得成果的，学院视其性质和情节，分别予以限时改正、缓拨、减拨或停拨项目余款，撤销项目或撤换负责人，取消以后项目申请资格等处理。

4. 二级学院定期组织参加项目的学生开展创业经验交流，为学生创新创业训练和创业实践提供交流经验、展示成果和共享资源的机会，并定期组织项目指导教师开展经验交流。

第十三条 项目变更：项目运行过程中因各种原因出现的项目参与人员变动、更换创新创业训练内容或者创业实践项目等情况，项目负责人应在中期检查时将相应变更的书面申请（经指导教师签署意见）与中期检查报告一并提交到二级学院项目管理小组，中期检查通过后由二级学院签署意见并报创新创业学院审核，教务处备案。中期检查结束后不允许再进行任何变更。

项目执行期内，项目组因无法克服原因终止项目活动的，应由项目负责人在中期检查前向所在二级学院项目管理小组提交书面申请，经二级学院项目评审小组同意后报创新创业学院。未办理终止手续的按擅自终止项目活动处理，并进行相应的处罚。

第三章　创新创业档案管理

第十四条　学校鼓励、支持和指导学生参加社会实践、创新创业活动，建立完善的学生创新创业档案机制。创新创业档案是学生学分管理、学籍管理的依据，也是学校支持与奖励创业的凭证。

第十五条　学生创新创业档案记录的情况，将作为学校评优评先、创业资金扶持、推荐就业、评定创新创业奖学金、表彰创新创业优秀学生以及确定能否享受大学生创新创业有关优惠政策的重要依据。创新创业大学生在创新创业期间争取资金支持和融资担保、税费减免、申请小额担保贷款时，创新创业档案的完善有利于提高学生的信誉。

第十六条　鼓励学生在校期间休学创业，对休学创业的学生单独规定最长学习年限，并简化休学批准程序，具体学习年限和流程参见《柳州职业技术学院学生学籍管理办法》。创新创业档案记录休学创业学生的客观情况，是学校对创业学生进行学籍管理和学生复学完成学业的重要凭证。

第十七条　学校将通过校园网、论坛报告会、项目沙龙、成果展示展览、优秀科研成果集等形式开展大学生创新创业训练项目的宣传与经验交流，通过辐射作用，促进学校创新创业文化氛围的形成。

第四章　创新创业活动奖励办法

第十八条　对批准立项的大学生创新创业训练计划项目，学校将给予一定的经费支持。具体经费支持额度以下发立项通知文件为准。

第十九条　学生参加创新创业竞赛获奖，学校给予奖励；获得创新创业竞赛国家级奖项的在校生，在奖学金评定和评优等方面予以优先考虑。

第五章　创新创业活动经费管理

第二十条　大学生创新创业训练计划项目、大学生创新创业竞赛由学校按上级文件精神划拨专项资金支持，项目及竞赛资助资金管理由创新创业学院负责。

第二十一条　项目及竞赛资助经费分为两阶段报销，即项目及竞赛立项后和中期检查合格后，未通过中期检查的项目停止继续使用资助经费。

第二十二条 资助经费主要用于创新创业活动的图书资料费、调研费、实验材料费、简单仪器费、印刷费、论文版面费、专利申请费等必要开支（包括耗材费、差旅费、出版费、资料费、印刷费、数据采集费、文献检索费、邮费等），由创新创业活动负责人在指导教师的指导下自主使用。

第二十三条 创新创业活动经费报销工作应严格按照学校财务制度。创新创业活动经费是活动实际所需经费，须由活动负责人及成员集体支配。

第六章　政策支持与保障

第二十四条 对各级创新创业活动的经费匹配，原则上按照有关文件规定执行，学校每年年初拨付专项经费支持，经费数额视创新创业活动的规模、质量逐年递增，根据年内经费总额制定各级创新创业活动经费的匹配额度。鼓励教师利用科研经费资助学生开展创新创业训练计划项目，对有导师经费配套的活动在评审时优先考虑。

第二十五条 学校规划设计创新创业教育课程，建立大学生创新创业活动中心，确保创新创业课程的开课质量。

第二十六条 以学生为第一作者在国内外正式期刊（以科研处公布的期刊目录为准）发表论文，且成果署名单位为柳州职业技术学院的，凭录用通知可以申请版面费；以学生本人为第一申请人在国内外申请专利，且成果署名单位为柳州职业技术学院的，凭专利受理书可以申请专利申请费。

第二十七条 建立学生创新创业活动与毕业实习和毕业设计有效结合机制。

第二十八条 学校设立创新创业专项奖，对创新创业活动组织管理较好，项目较多、质量较高的二级学院，在下一年度二级学院创新创业活动指标分配上将予以倾斜，各二级学院可以参考本办法制定本学院配套奖励政策。

第七章　附　　则

第二十九条 本办法由创新创业学院负责解释。学校原有文件与办法定不一致的，以本办法为准。

第三十条 本办法自公布之日起执行。

三、创业竞赛管理与奖励办法

柳州职业技术学院大学生创新创业竞赛管理与奖励办法

第一章 总 则

第一条 为进一步深化创新创业教育改革，培养学生的创新精神、创业意识和创业能力，调动广大师生参与创新创业竞赛的积极性，充分展示学校创新创业教育成果，进一步规范大学生创新创业竞赛的组织管理工作，营造"以赛促教、以赛促学、以赛促创"氛围，特制定本办法。

第二章 竞 赛 分 级

第二条 大学生创新创业竞赛类别划分如表1所示。

表1 大学生创新创业竞赛类别

竞赛类别	竞赛项目	重点支持典型赛事
A类	国家部委主办的创新创业赛事、国际组织主办的重大国际创新创业赛事	中国国际"互联网+"大学生创新创业大赛、"挑战杯"全国大学生课外学术科技作品竞赛、"挑战杯"大学生创业计划竞赛等
B类	国家部委下属司主办，自治区级职能部门主办，国家级行业或专业课程教学指导委员会、行业协会、学会主办的创新创业赛事	中国国际"互联网+"大学生创新创业大赛选拔赛、"挑战杯"全国大学生课外学术科技作品竞赛选拔赛、"挑战杯"大学生创业计划竞赛选拔赛、全国职业院校创业技能大赛、全国大学生创新方法应用大赛、中国大学生微创业大赛、"创青春"中国青年创新创业大赛、中国青年公益项目大赛、金砖国家技能发展与技术创新大赛、促进金砖工业创新合作大赛、"中国创翼"创业创新大赛等
C类	教育厅主办的其他创新创业大赛、国家级行业或专业课程教学指导委员会、行业协会、学会下属分会主办的创新创业竞赛	全国大学生创业综合模拟大赛等

续表

竞赛类别	竞赛项目	重点支持典型赛事
D类	柳州市政府各职能部门主办，企业举办、广西职业教育教学指导委员会、行业协会、学会主办的创新创业竞赛	柳州市创新创业大赛等
E类	学校主办的创新创业竞赛	"匠心杯"大学生创新创业大赛

第三章 竞赛组织

第三条 成立学校和学院竞赛领导小组。

学校大赛领导小组成员由学校分管创新创业教育的校领导、教务与实训管理处（创新创业学院）、科技开发与校企合作处、学生工作处、校团委、人事处、招生就业处（校友办）、财务处、宣传部、资产管理处、后勤保障处、二级学院主要领导组成，负责各类创新创业大赛的组织、执行、宣传、推广、沟通、协调、推进等工作。领导小组办公室设在教务与实训管理处（创新创业学院），负责日常竞赛组织协调、集训安排、具体实施工作，办公室主任由创新创业学院院长担任。

二级学院大赛领导小组由各单位结合实际成立，统筹协调本单位大学生创新创业竞赛的组织实施工作。一是做好导师队伍组建，配备教师进行大学生创新创业竞赛活动的指导，每个参赛项目（团队）配备多名指导教师，原则上每位指导教师最多指导3个参赛项目（参赛项目必须是大学生创新创业训练计划项目立项申报的项目）；二是组建参赛学生团队；三是做好学生动员、报名，以及参赛选手的选拔、培训等工作；四是做好竞赛相关资料的整理和汇总等工作。

第四条 创新创业竞赛活动信息由创新创业学院统一向全校发布，并负责创新创业竞赛的选拔赛项工作，做好竞赛的组织、协调、交流、总结等工作。

第五条 创新创业竞赛原则上实行逐级选拔，教学单位组织大学生创新创业比赛初赛、项目筛选、推荐参加学校竞赛，获奖项目参加自治区级竞赛选拔，以此类推。

第六条 设立专家委员会，由校内外专家组成，负责参赛项目的评审与指导工作。

第四章 参赛要求

第七条 参赛申报人须为学校全日制在校生（含中高职联合培养学生），或毕业5年以内的校友（参赛当年）。

第八条 创新创业竞赛以团队为单位报名参赛。鼓励跨学院、跨专业组建团队，鼓励师生共创。每个团队的参赛成员不少于3人，须为项目的实际成员。

第九条 参赛项目要能够将人工智能、大数据等新一代信息技术与经济社会各领域紧密结合，培育新产品、新服务、新业态、新模式；发挥新技术在促进产业升级以及信息化和工业化深度融合中的作用，促进制造业、农业、能源、环保等产业转型升级；发挥新技术在社会服务中的作用，创新网络化服务模式，促进新技术与教育、医疗、交通、金融、民族文化、区域经济、消费生活等深度融合。

第十条 参赛项目须为本团队策划或经营的项目，真实、健康、合法，无任何不良信息，弘扬正能量，践行社会主义核心价值观。不可借用他人项目参赛，不得侵犯他人知识产权；所涉及的发明创造、专利技术、资源等必须拥有清晰合法的知识产权或物权；抄袭、盗用、提供虚假材料或违反相关法律法规一经发现即刻丧失参赛相关权利并自负一切法律责任。

第五章 奖励政策

第十一条 指导学生团队获得参赛资格，学校一次性给予项目指导教师团队教学工作量补贴。指导教师工作量实行项目管理制，"限定总量"和"实际发生"相结合的计算方法。即一个参赛赛项指导教师工作量超过最高标准的按限定总量发放，未超最高标准的按实际发生发放，计算实际发生的工作量时按照副教授职称的课酬标准。指导教师工作量标准如表2所示。

表2 指导教师工作量标准

标准级别＼指导工作量	三等奖（或铜奖）以上	未获奖
A类	金奖：260学时/项 银奖：240学时/项 铜奖：200学时/项	100学时/项

续表

标准级别 \ 指导工作量	三等奖（或铜奖）以上	未获奖
B 类	90 学时/项	50 学时/项
C 类	50 学时/项	40 学时/项
D 类	35 学时/项	20 学时/项
E 类	15 学时/项	—

同一项目参加不同类别的比赛，获得多个级别奖项的，按最高级别计，不重复发放。项目工作量一般在年终结算，计算时限按当年教学工作量计算办法的规定执行。项目工作量的分配由第一指导教师所在二级学院根据教师参与指导情况确定，无异议后报教务与实训管理处（创新创业学院）进行审核。

第十二条 给予创新创业竞赛获奖项目部门奖励和人员奖励。

（一）部门奖励

对在自治区级赛、国赛中获奖的项目，对部门进行奖励，奖励标准如表 3 所示。二级学院奖励每年核算一次，列入下一年的经费预算中。奖励经费主要用于部门创新创业相关设备耗材、创新创业培训、聘请校外专家、创新创业实践活动、参赛费用等。

表 3　部门奖励标准

级别 \ 奖项	金奖/一等奖	银奖/二等奖	铜奖/三等奖
A 类	50 000 元	20 000 元	10 000 元
B 类	8 000 元	5 000 元	—
C 类	—	—	—
D 类	—	—	—
E 类	—	—	—

注：

1. 同一项目在不同级别的比赛获奖的以最高级别发放奖励，不重复发放。

2. 对于跨二级学院组合的参赛赛项，奖励资金的分配方法为：第一指导教师所在二级学院 30%，第二指导教师所在二级学院 15%，第三至第五指导教师所在的二级学院分别为 8%、5%、2%（累计 15%），队长所在二级学院 20%，第二至第五选手所在的二级学院分别为 10%、6%、4%（累计 20%）。

（二）人员奖励

人员奖励是对参赛学生、指导教师、赛项实施工作团队的奖励，直接作为人员经费发放。参赛获得的人员奖励统一由学校经费支出，如表4所示。

表4 人员奖励标准

级别＼奖项	金奖/一等奖	银奖/二等奖	铜奖/三等奖
A类	50 000元	13 000元	8 000元
B类	7 500元	5 000元	4 000元
C类	4 000元	1 500元	800元
D类	900元	400元	200元
E类	—	—	—

注：

1. 同一项目在不同类别的比赛中获得不同等级的奖励，按最高级别奖励。
2. 同一年度同一项目参加不同赛项获得多项奖励时，按最高级别奖励。
3. 如果竞赛中获得上表以外的等级，则由教务与实训管理处根据赛事实际情况组织相关人员审核确定奖励发放办法。
4. 参赛学生（团队）的奖励金额不低于标准的40%，指导教师奖励金额不高于标准的50%，实施工作团队奖励金额不高于标准的10%。
5. 获奖赛项依据获奖证书或文件、竞赛工作方案提交奖励及工作量发放申请流程，办理审批发放手续。
6. 各类竞赛中，若主办方设有奖金，由管理部门确定分配方案。

（三）其他奖励

1. 教师奖励：

（1）获得国家级、自治区级奖励的指导教师，在参加职称评审时，可计入个人重要科研成果或教学成果之一，按相应级别予以认定。

（2）获得国家级金奖、银奖项目的指导教师（均为排名前三），在学校自主职称评审时，分别按照国家级教学成果奖一等奖、二等奖级别计入指导教师个人教学成果，优先推荐破格申报正高或副高职称。

（3）对指导学生参赛项目获得A类大赛铜奖及以上的指导教师（排名前五），可优先推荐申报下一年度符合指南的教学改革项目以及广西高校中青年基础提升项目。

（4）在各类创新创业竞赛项目中（除校级外）获奖的指导教师，学校按学年度授予"柳州职业技术学院优秀指导教师"荣誉称号，并计入个人档案，优先推荐为市级以上优秀教师。

（5）将各类创新创业竞赛项目，纳入二级学院绩效考核中，对获奖项目的指导教师，学校在各级各类评优、评比等方面给予优先照顾。

2. 学生奖励：

（1）学生所获奖励可计入个人学分认定，获得自治区级金奖及以上奖励的，可用获奖项目材料（需与本专业相关）按照毕业设计（论文）规范用于申请学位论文答辩；获自治区级铜奖以上奖励的，可用获奖成绩申请创新学分认定，具体参照学生"第二课堂成绩单"的管理办法。学生参加竞赛获得奖励，参照《柳州职业技术学院创新创业活动学分奖励管理办法》执行。

（2）对于获得A类竞赛二等奖以上奖励的学生，可以参加由学校资助的海外文化交流活动的选拔。

（3）对学生的活动分、学分奖励：

① 第二课堂活动分。积极参与创新创业竞赛的学生均可获得第二课堂活动分，具体标准参照《柳州职业技术学院学生第二课堂素质教育活动及学分管理办法》执行。

② 奖励学分。对于在各类创新创业竞赛项目中获奖的学生（团体），可获得相应的竞赛奖励学分，奖励学分可以替代相关选修课程学分。每名学生在籍期间，竞赛学分奖励累计不超过5学分。免修免考及加分奖励的课程，不能再申请学分奖励。

每学期末，由学生持获奖证书或文件向所在二级学院申请（也可以由指导教师统一申请或各二级学院统一核计），由二级学院初步审核后，交教务与实训管理处审核，确认无误后计入学分。奖励学分的标准如表5所示。

表5　创新创业竞赛级别及类别对应的学分奖励标准

项目类别和等次	学分奖励		
	第一名/一等奖	第二名/二等奖	第三名/三等奖
A	5学分	4学分	3学分
B	3学分	2学分	1学分
C	2学分	1学分	
D	1学分	0.5学分	
备注：替代的选修课程期评成绩按90分记录。			

（4）对获得自治区银奖以上的项目团队，优先支持申报大学生创新创业训练计划项目及申请入驻学校创新创业孵化基地；获得自治区金奖以上的项目团队，免费入驻学校创新创业孵化基地不低于5年。

第六章　附　　则

第十二条　参赛对象、参赛项目、参赛项目类型的具体要求，以当年的大赛文件为准。

第十三条　同一项目获得不同级别的奖项（工作量），仅按最高级别奖励，不重复奖励。

第十四条　已申报"匠心奖"奖励的项目，不重复申报创新创业大赛中的同项目奖励。

第十五条　项目负责人和指导教师根据团队贡献情况，给出参赛团队成员排序方案，学校最终审核确认。

第十六条　各二级学院要认真做好各大赛的组织、宣传和发动工作，营造良好的竞赛氛围和舆论导向，鼓励师生积极参赛；加强学生参赛组织力度，开放实训场地给学生进行创新创业实践和训练，为参赛团队提供必要的支持和服务。

第十七条　本办法由教务与实训管理处（创新创业学院）负责解释，自发布之日起执行。

四、创业社团管理办法

柳州职业技术学院学生社团管理章程

第一章 总 则

第一条 为了规范我校学生社团的登记与管理，维护学生社团的正当权益，促进我校校园文化建设，制定本章程。

第二条 本章程所称学生社团，是由我校学生在共同志向、兴趣爱好的基础上自愿组织起来的依照其章程开展活动并自行承担相应责任和义务的非营利性群众组织。

第三条 柳州职业技术学院学生社团必须遵守国家法律法规，遵守学校规章制度。不得危害国家统一、民族团结，不得损害社会公共利益和学校利益以及其他学生组织和学生的正当利益，不得违背社会道德风尚。

第四条 柳州职业技术学院学生社团的基本任务：遵循和贯彻党的教育方针，积极开展健康有益、丰富多彩的校园文化活动，推动我校学生综合素质的全面提高。

第五条 柳州职业技术学院学生社团的成员应当是具有柳州职业技术学院在校学籍的全日制学生。

第六条 柳州职业技术学院学生社团的活动经费通过会费缴纳、学校学生活动经费、参与社会实践及企业赞助等其他合法方式获得。学生社团不得从事营利性经营活动。

第七条 柳州职业技术学院学生社团由学校党委领导、校团委宏观指导，在挂靠单位、指导教师的指导下开展活动。

第二章 学生社团的成立

学生社团共分为社会服务、职业技能、文化艺术、体育锻炼、兴趣学习五类，各社团登记成立时，均需按照以上各类进行申请。一个社团只能进行一类申请登记。

第八条 成立学生社团，应当具备下列条件：

（一）20名及以上的学生联合发起，发起人应当具有开展该社团活动所必备的基本素质，思想品德端正，政治面貌至少为共青团员，且未受到校纪校规处分。

（二）有规范的名称和相应的组织机构。学生社团的名称应冠以"柳州职业技术学院××协会/俱乐部/社/团/队/"等字样，不得违背校园文明风尚，不得带有营利性质的称呼，且应当与其性质相符，准确反映其特征。

（三）有固定的社团指导教师和挂靠单位。社团指导教师应当是我校教师；社团挂靠单位应当是我校素质教育基地下属各个中心、学院各部门。指导教师和挂靠单位须熟悉该社团的活动内容并能胜任对其工作的指导。学生社团可以聘请校内外专家、学者、教师、企业家等担任社团的名誉职务，但必须事先征得校团委同意。

（四）有比较固定的活动场所。

（五）有规范的章程。

（六）有一个明确的发展目标和发展计划。

第九条 申请筹备成立学生社团，发起人应当在学院团委的指导下向校团委提交下列文件：

（一）筹备申请书；

（二）章程草案；

（三）发起人和拟任责任人情况登记表；

（四）挂靠单位、社团指导教师情况登记表；

（五）学生社团的策划书和简介；

（六）学生社团拟任责任人的汇总表。

第十条 学生社团章程应当包括下列事项：

（一）名称；

（二）宗旨、活动范围和活动方式；

（三）学生社团类别；

（四）社团成员要求及其权利、义务；

（五）组织管理制度、执行机构的产生程序及权限；

（六）财务管理、经费使用的原则；

（七）负责人的条件、权限和产生、罢免的程序；

（八）章程的修改程序；

（九）社团的终止程序；

（十）应当由章程规定的其他事项。

第十一条 校团委在收到筹备申请一周之内作出批准或不批准筹备的决定；不批准的，应当向发起人说明理由。

第十二条 有下列情形之一的，不予批准筹备：

（一）申请筹备的学生社团的宗旨、任务不符合本章程第三条、第四条的规定；

（二）已有性质宗旨相同或者相似的学生社团；

（三）发起人、拟负责人受过纪律处分；

（四）在申请筹备时弄虚作假；

（五）有校规校纪禁止的其他情形。

第十三条 经批准筹备成立的学生社团，应当自批准筹备之日起一个月内召开动员大会或者会员代表大会，通过章程产生执行机构和负责人，并申请成立注册。筹备期间不得开展筹备以外的活动。

第十四条 社团成立之后正常运行一年方可参加学校组织的招新活动，其他时间不得私自组织招新。

第三章　学生社团的监督管理

第十五条 学生社团开展活动，应当在社团成员内部依照其章程在校内外进行。学生社团活动应当奉行公开原则，出具广告、公告等需要署名，任何学生社团不得盗用挂靠单位或其他组织的名义开展活动。学生社团活动的相关责任和义务由学生社团和社团负责人自行承担。

第十六条 学生社团开展活动，需要提前一周将有指导教师和社团负责人签字的活动方案，视其活动规模提交给挂靠单位或校团委审核备案。对于不符合学院和学生社团有关规定的活动，挂靠单位或校团委将不予以备案，该活动不得举行。

第十七条 学生社团经费由各学生社团自行管理和支配，社团经费必须全部用于社团举行活动所需的各项合理支出。社团的财务工作接受校团委和社团会员（代表）大会的监督，实行财务公开。社团负责人和财务人员需要定期向校团委和该社团会员（代表）大会报告财务工作，社团的年度预决算应当经会员（代表）大会审定。社团成员可对自己认为不合理的财务收支情况质疑，社团负责人需要予以准确回复。

第十八条 学生社团有下列情形之一者，由校团委给予警告并责令限期整改，并撤换社团负责人；情节严重的，予以注销登记并追究相关负责人的责任。

（一）活动范围、内容与社团宗旨、章程不符；

（二）拒不接受或者不按照规定接受校团委监督检查；

（三）从事营利性的经营活动；

（四）侵占、私分、挪用社团资产或者所接受的捐赠、资助；

（五）违反规定收取费用、筹集资金或接受、使用捐赠、资助；

（六）由于保管不善，导致社团资产严重损失；

（七）财务制度混乱；

（八）社团执行机构有严重违纪行为；

（九）社团成员滥用社团名义进行活动；

（十）社团在一学期内未进行活动；

（十一）有其他违纪行为；

第十九条 未经批准，擅自开展学生社团的筹备活动，或者未经登记，擅自以学生社团名义进行活动，以及被撤销登记的学生社团继续以学生社团的名义进行活动的，由校团委会同学工部及其他有关部门予以取缔并对相关人员进行相应的处理。

第四章 学生社团的评优与精品活动的立项

第二十条 学生社团评优：每学年度末根据本学年度社团活动的开展情况、承办校级活动等相关情况，对表现优秀的社团和个人予以表彰。

第二十一条 十佳社团、优秀社团：在学校管辖的学生社团范围中进行，由校团委指导校学生会组织社团进行评选，参评社团应遵守学校社团管理规定，无任何违反规章制度现象。在每年 4 月至 5 月进行学年度社团工作评选评优，通过评比选出前 10 名社团为"十佳社团"；在每年 12 月学期末进行本学期工作总结汇报，按照评分细则进行排名，前 10 名为优秀社团。评比结果都需报校团委审批，公示无异议后方可进行表彰。

第二十二条　有以下情形之一者，取消评优资格：

（一）社团连续两月不开展社团活动；

（二）社团活动开展扰乱正常教学秩序；

（三）社团违规开展社团活动导致事故；

（四）社团外出活动不经校团委批准；

（五）会长例会无故缺席 3 次（含）以上；

（六）社团不按规定交接；

（七）社团拒不服从校团委工作安排；

（八）未按照规定上交学期财务报表、学期活动开展计划等相关资料。

第二十三条　在校团委的监督下，校学生会社团工作部成立社团精品系列活动评议委员会（以下简称：评委会）。其职责是：本着公正、公平、公开的原则，按照《柳州职业技术学院学生社团精品活动管理办法》全面开展工作，负责考评参评学生社团活动的整体实施，全程监控并定期进行综合评定。

第二十四条　社团精品活动申报程序：

（一）每学期末提交下学期活动计划，欲申请精品活动立项的，需附上学生社团精品活动申请表、申报书（包含活动性质、活动对象、前期成果、活动进程、活动预算、预期成果等相关信息）；

（二）校学生会社团工作部组织申报社团进行答辩，根据现场答辩情况及递交材料确定是否予以立项，并将结果上报校团委审核；

（三）活动一经立项，开展过程中需有学生会社团工作部进行监督，并将活动开展情况备案；

（四）活动验收：活动开展完毕，需递交活动反馈至校团委，校团委结合校学生会社团工作部备案材料（60 分）及社团递交的自评表（40 分），综合评定精品活动。学生社团年度十大精品活动评比结果最终以各奖项相应评分标准选定，同时规定每个学生社团活动每年最多只能得到一个奖项。最终评选结果如下：

1. 取总分前 3 名为"学生社团年度最具品牌效应精品活动"；

2. 取总分前 5 名中具体活动评分最高的活动为"学生社团年度最具推广价值精品活动"。

第二十五条 校团委将在活动结束验收完毕后，根据活动开展情况予以相应奖励。

第五章 学生社团的注册、变更与注销

第二十六条 学生社团注册：学生社团须在每学期初到校团委办理注册，未参加注册的社团不得不开展社团活动。

第二十七条 学生社团注销：

（一）对于违反国家法律法规及学院管理制度的学生社团或持续一学期不开展活动的学生社团，校团委将责令其解散，并追究该社团负责人及相关人员的责任；

（二）会员大会决议解散；

（三）分立、合并；

（四）被责令关闭或解散；

（五）由于其他原因终止。

第二十八条 学生社团在提出注销申请后，校团委将对其财务进行审核。审核期间，学生社团不得进行与审核无关的活动。学生社团应当自审核结束之日起 7 个工作日内向校团委办理注销登记并向审批部门备案。办理注销登记，应当提交由社团负责人签名、指导教师或挂靠单位签名盖章并经会员大会通过的《柳州职业技术学院学生社团注销申请表》。

第二十九条 对于违反学校规定，不按照要求开展社团活动，情节严重者，校团委将直接予以注销。

第六章 社团挂靠单位及指导教师

第三十条 指导教师的权利与义务：

（一）社团指导教师须本着对社团工作认真负责的原则，以知识素养为基础，对社团给予正确指导，同时倡导以社团一分子的身份参加社团活动；

（二）社团指导教师要积极参与学生社团的建设和管理，指导社团的学生负责人制定社团章程、规章制度、工作计划、工作重点及学期总结等，搞好学生社团的发展；

（三）对学生负责人进行业务和思想品德考核，协助校团委选拔培训思想政治素质过硬的、有能力的学生社团负责人；

（四）社团指导教师有指导学生课外活动的职责，应尽自己最大努力帮助社团解决各种技术难题、组织难题；且每学期至少组织学生社团承办和开展符合社团特点、丰富校园文化生活、参与社会实践的社团活动；

（五）社团指导教师有责任监督活动中的经费使用及学校财产保护，并责成学生负责人定期向校团委社团工作部和社团全体成员汇报经费及物资使用情况；

（六）指导教师对社团的指导时长可计入本学期课时数，正常发放课酬。

第三十一条 挂靠单位的权利与义务：

（一）挂靠单位具有对挂靠社团开展常规活动进行审批、监督和管理的权力；

（二）挂靠单位对所挂靠社团的各项评先评优工作具有审核权；

（三）挂靠社团所得成绩或所获荣誉，作为挂靠单位的工作业绩，享受年终考评加分；

（四）挂靠学生社团换届时，挂靠单位可对挂靠社团的主要负责人提出建议人选，经社团会员会议选举产生新的社团负责人；

（五）挂靠学生社团负责人出现违纪违法行为或其他不适宜担任本社团负责人的行为，挂靠单位和校团委均可免除该负责人职务，后经社团全体会员选举产生新的社团负责人；

（六）挂靠单位和校团委校学生会对学生社团实行双重管理；

（七）挂靠单位应为挂靠学生社团给予一定的经费、活动场地、设施设备、指导教师等方面的支持；

（八）挂靠单位不得强令所辖学生社团从事与其社团性质和宗旨不相符的活动。

第七章　附　　则

第三十二条　本章程适用于柳州职业技术学院校内所有经合法程序审批成立的学生社团。凡与本章程相抵触的，以本章程为准。

第三十三条　本章程的解释权在共青团柳州职业技术学院委员会，校团委可以根据本章制定具体的管理细则。

第三十四条　本章程自 2019 年 7 月 1 日起执行。

五、创业项目管理办法

柳州职业技术学院大学生创新与创造项目管理办法（试行）

第一章　总　　则

第一条　为了响应国家"大众创业，万众创新"的号召，落实学校"素养·管理·创新"复合型技术技能人才培养目标，激发学生参与创新与创造的积极性，鼓励和引导学生开展创新与创造活动，培养学生的创新与创造意识和能力，提高学生的综合素质，特制定本管理办法。

第二条　大学生创新与创造项目是指在校学生从事的创新与创造研究、制作和发明，具有新颖性、创造性和现实性，并经学校创新创业学院批准予以立项资助的项目。

创新项目，成果侧重为能够代表学生科技创新水平的发明专利、技术攻关方案，或体现组织管理创新水平的策划方案、解决方案、调研报告等。

创造项目，成果侧重为小发明、小制作等具有一定实际应用价值的实物作品。

第三条　学校创新创业学院（教务与实训管理处合署办公），是创新与创造项目的归口管理部门，负责学生创新与创造项目评审立项、经费核拨、结题验收等。

第四条　申报创新与创造项目的学生个人、学生团队，应按本办法的有关规定提交书面资料，开展创新创造活动和履行相应的手续。

第五条 大学生创新与创造项目的评荐工作坚持公开、公平、公正的原则，倡导竞争，择优资助。

第二章 项 目 申 报

第六条 学生申请创新与创造项目可以是个人，也可以是 2 至 8 人组成的团队。每个项目均应配备至少 1 名指导教师。

第七条 大学生创新与创造项目的项目负责人应符合以下条件：

（一）我校全日制高职或联合培养的本科学生，学籍必须在校；

（二）遵守校纪校规，学习认真，学有余力；

（三）善于独立思考问题，动手能力较强，具有团队合作精神；

（四）项目负责人限 1 人，项目负责人最多只能申报两个项目，有未按时结题项目的项目负责人不得申请新项目；

（五）每名学生申报或参与的项目不得超过 2 项。

第八条 大学生创新与创造项目的指导教师应符合以下条件：

（一）指导教师应为我校教职工，包括外聘教师；

（二）应具备项目相关工作经历及特长；

（三）指导教师应具有较强的工作责任心，保证投入足够的时间指导学生；

（四）每位指导教师同时指导的项目数不超过 5 个；

（五）学生创业项目鼓励实施学校指导教师和企业指导教师共同指导的"双导师制"。

第九条 优先予以立项的项目：

（一）与最新技术结合，且符合学校的办学定位，如与"智能+""互联网+"相关的项目；

（二）与校外的重要比赛相结合，如"互联网+"大赛、机械创新大赛、全国职业技能比赛；

（三）能够结合专业方向，或者跨专业组队，优先资助团队合作项目和跨年级、跨专业、跨学院合作项目；

（四）项目与指导教师承担项目的选题相关。

第十条 申报创新与创造项目的学生个人、团队，在指导教师的指导下填写并提交《大学生创新与创造立项申请书》。

第三章 项目立项

第十一条 每年安排一次申请立项，一般每年立项项目数不超过30项。

第十二条 申请立项时，学生与导师填写《大学生创新与创造项目立项申请书》，向二级学院提出立项申请。二级学院组织评审组进行立项评审，评审组成员不少于5人，其中1人为二级学院中层领导，1人由创新创业学院委派。

第十三条 二级学院汇总推荐立项的项目，提交创新创业学院。创新创业学院审查，确定予以立项的项目和等级。

第十四条 已获校级以上项目立项的，不设立同类校级项目。推荐申报校级以上项目但未能立项的，将作为校级项目予以立项。

第十五条 创新与创造项目的等级与资助标准：

（一）理工科类创新与创造项目：重点项目资助3 000元/项，一般项目资助1 500元/项；

（二）文科及艺术类创新与创造项目：重点项目资助2 000元/项，一般项目资助1 000元/项。

资金超过资助标准的特别项目，需特别申请和说明。

第四章 项目管理和结题

第十六条 学生创新与创造项目由项目指导教师和项目负责人共同管理。项目负责人和项目组成员要做好项目的管理，按计划进度和目标要求如期完成项目任务。

第十七条 创新与创造项目确定的目标和成果、研究内容、项目组成员、结题时间等，不能随意变动。如需作重大变更，必须填写《大学生创新与创造项目变更申请表》，向所属二级学院申请，经创新创业学院审核同意后方可继续进行；否则将撤销项目，追回资助经费。

第十八条 在项目中期，立项的创新与创造项目填写《大学生创新与创造项目中期进度报告表》，由指导教师审核后，上交至二级学院办公室。

第十九条　创新创业学院根据《大学生创新与创造项目中期进度报告表》对立项的创新与创造项目进行中期检查，并依据检查结果对项目进行分类处理。

（一）重点支持项目：进展情况很好，取得突出成绩，根据申请和项目推进需要可追加经费予以支持；

（二）继续进行项目：按计划开展工作，同意继续使用剩余经费；

（三）终止项目：未按计划开展工作，或存在违规情况，终止该项目的研究工作。

第二十条　立项的项目因客观原因无法继续进行，或无法按计划完成，项目负责人应写出详细的书面报告，经指导教师签字后上报二级学院，经创新创业学院审核后确定该项目的延缓或终止。

第二十一条　经批准立项的学生创新与创造项目原则上应在一年内完成，最长不得超过两年。上一年度项目结题后方可申报下一年度项目。

第二十二条　创新与创造项目申请结题，必须符合以下基本条件：

（一）在研究期限内，研究计划已实施，实现研究目标；

（二）项目成果实物符合项目方向，与立项承诺的目标相符；

（三）反映项目过程和成果的资料整理齐全，并按要求上交。

第二十三条　申请结题的项目应提交以下材料：

（一）《大学生创新与创造项目立项申请书》；

（二）项目批准文件；

（三）《大学生创新与创造项目中期进度报告表》；

（四）《大学生创新与创造项目结题申请表》；

（五）项目成果。

第二十四条　大学生创新与创造项目结题工作，一般每年安排在5月及11月进行。二级学院组织评审组进行结题评审，评审组成员不少于5人，其中1人为二级学院中层领导，1人由创新创业学院委派。学校创新创业学院审查批准结题，并发文公布。

第二十五条　鼓励大学生创新与创造项目与毕业设计（论文）结合，在项目达到同等要求的情况下，可以用项目作为毕业设计（论文）的选题，二级学院在配备指导教师时给予优先支持。

第二十六条　学校每年从结题的项目中评比"优秀大学生创新与创造项目"。

第五章　经费管理

第二十七条　学校设学生创新与创造项目专项经费。项目立项后，项目经费划拨二级学院，二级学院负责项目的经费监管。

第二十八条　经费报销必须遵守国家和学校的财务管理制度规定。立项项目的经费采用凭票据实报销，由项目指导教师负责所指导项目的经费报账手续。二级学院应对每个立项项目设立经费使用备查明细账，做到支出明晰和掌握支出进度。

第二十九条　采用固定时段集中的报账方式，一般一个项目可以集中报账三次，分别是项目立项、中期检查、验收以后进行。

第一次报销，在立项后的一个月内进行，支出一般不超过总经费的50%。

第二次报销，在中期检查合格后的一个月内进行，累计支出一般不超过总经费的80%。

第三次报销，在项目结题审查合格后的一个月内进行，累计支出达总经费的100%。未能按期结题者，剩余的经费不再审批。

第三十条　符合下列条件之一者酌情追加经费：

（一）项目成果申请发明专利；

（二）项目成果参加校外成果评比；

（三）以独立或第一作者在期刊公开发表论文；

（四）其他需要追加经费。

第三十一条　项目经费使用范围：项目经费限于本项目工作直接需要的开支，实事求是，勤俭节约，应充分利用已有条件和可以利用的协作条件。使用范围包括图书资料费、制作材料费、调研差旅费、数据采集费、专利申请费、专家咨询劳务费、印刷费、版面费、其他合理的经费开支。

项目经费原则上不得购置任何设备，不得发放校内人员经费。

第三十二条 大学生创新与创造项目经费实行专款专用,有下列行为之一的,视不同情况分别给予撤销项目、停拨项目经费等处罚。情节严重者,建议学校给予处分。

(一)项目未能通过中期检查,或未通过验收,整改后仍未能通过;

(二)发生剽窃、抄袭他人成果及其他侵犯知识产权等不端行为现象;

(三)与批准的课题设计严重不符;

(四)逾期不提交延期申请,或延期到期仍不能完成;

(五)违反财务制度等。

第三十三条 指导教师的指导工作量,由各二级学院根据本学院的工作量自主分配办法核定并发放。

第六章 附 则

第三十四条 参加大学生创新与创造项目的学生,可按照《柳州职业技术学院创新创业活动学分奖励管理办法》申请学分奖励。

第三十五条 本办法自公布之日起实施,由柳州职业技术学院创新创业学院负责解释。

附件：

柳州职业技术学院大学生创新与创造项目工作流程

流程	流程说明	负责人	支持性文件及记录
填写项目立项申请书	学生个人、团队，在指导教师的指导下填写《大学生创新与创造项目立项申请书》	学生，指导教师	《大学生创新与创造项目立项申请书》
提交项目立项申请书	学生向二级学院提交《大学生创新与创造项目立项申请书》	学生，指导教师	
项目评审	二级学院对大学生创新与创造项目组织评审组，评审项目。汇总提交创新创业学院	二级学院分管领导	大学生创新与创造项目评审标准
学校审核	学校创新创业学院审核	创新创业学院干事	
项目立项	发布立项文件，落实经费支持	创新创业学院干事	
项目过程管理	项目组实施项目：二级学院建账记录经费使用	学生，指导教师，二级学院	
中期检查 项目结题申请	1. 项目中期检查。项目组向二级学院提交《大学生创新与创造项目中期进度报告表》。 2. 二级学院填写审查意见。 3. 创新创业学院填写审查意见。 4. 报销项目支出。 5. 追加经费	学生，指导教师/二级学院分管领导/创新创业学院领导	《大学生创新与创造项目中期进度报告表》
结题评审	项目验收：项目组向二级学院提交《大学生创新与创造项目结题申请表》	学生，指导教师	《大学生创新与创造项目结题申请表》等
项目结题	1. 二级学院组织评审； 2. 创新创业学院审核	二级学院分管领导/创新创业学院领导	
	1. 发文结题； 2. 报销项目支出； 3. 奖励学分申请及审核	创新创业学院干事	《创新创业活动学分奖励管理办法》

附件：

柳州职业技术学院大学生创新与创造项目评审标准（试用）

序号	指标	内涵	权重/分	备注
1	价值和定位	（1）项目的目标、内容和预期成果等方面有理论和实践创新价值； （2）项目选题、目标和内容符合高职高专学生层次的定位	35	此分项未达21分不予立项
2	思路和方法	（1）项目方案比较翔实，工作措施具体； （2）采用的创新创造方法、路径等可以获得； （3）项目实施的思路严谨、明晰	30	此分项未达18分不予立项
3	可行性	（1）实施方案科学合理，可操作性强； （2）团队成员的专业、能力结构合理； （3）有达到要求的实验实训条件； （4）项目的实施有足够的时间保障，进度安排可行； （5）有比较充分的前期准备基础	30	此分项未达18分不予立项
4	格式规范	申报书及其相关佐证材料的格式规范	5	

注：总分≥60分，可以推荐立项；60≤总分＜80，可以推荐为一般项目；80≤总分＜100，可以推荐为重点项目。

六、创业学分管理办法

柳州职业技术学院创新创业活动学分奖励管理办法

为全面深化学校创新创业教育改革，不断强化学生创新创业意识，提升创新创业能力，根据《国务院办公厅关于深化高等学校创新创业教育改革的实施意见》（国办发〔2015〕36号）、《广西壮族自治区人民政府办公厅关于深化高等学校创新创业教育改革的实施方案》（桂政办发〔2016〕50号）的文件精神和《柳州职业技术学院学生学籍管理规定》等管理制度的要求，特制定本办法。

第一章 总　则

第一条 创新创业活动学分奖励是指我校在籍学生参与创新创业活动后，可以申请获得相应的学分奖励。

第二条 创新创业活动学分奖励旨在进一步培养学生创新精神、增强创业意识、提高创新创业能力，促进学生个性发展，提高人才培养质量。

第三条 教务与实训管理处、科技开发处、学生工作处、团委以及通识教育学院等部门作为创新创业活动学分奖励认定的主要责任部门，其他相关职能部门和二级学院协同管理。

第四条 创新创业活动的奖励学分可申请记为选修学分（包括公共选修学分和专业选修学分），也可申请记为必修学分（用于置换相应的必修课程学分，包括公共必修学分和专业必修学分）。若申请记为必修学分，学生需在申请时确定拟置换学分的必修课程（该课程内容应与学生参与的创新创业活动内容相关），经二级学院、相关责任部门及教务与实训管理处审核认定。审核通过的，课程成绩按90分记录。

第五条 每名学生在籍期间，奖励学分累计不得超过5学分。

第二章 创新创业活动的认定范围

第六条 本办法认定的创新创业活动主要包括科学研究、发明创造、技能竞赛、创新创业竞赛、创业培训以及创业实践等。

（一）科学研究：学生主持或参与校内外各级各类科研项目并取得成果，或参与教师科研项目并取得成果，或在国内外正式刊物或重大活动上发表的论文或艺术作品。

（二）发明创造：指发明专利、实用新型及外观设计专利等。

（三）技能竞赛：包括专业技能竞赛和通用技能竞赛，是指学生参加由政府教育行政主管部门或专业学术团体，或专业教学指导委员会等组织主办的技能竞赛，并获得相关奖项。

（四）创新创业竞赛：指学生参加各类型创新创业大赛或主持、参与学校设立的大学生创新与创造项目，并获相应奖项。

（五）创业培训：指学生参加国家大学生创业训练项目并结业，或学生选修学校开设的各类创业培训课程并获得结课证明。

（六）创业实践：包括完成创业基金项目和自主创业。完成创业基金项目是指学生成功申请各级各类创业基金，并完成项目、通过验收；自主创业是指学生创建公司，完成公司登记注册并顺利运营。

第三章　创新创业活动学分奖励的认定程序

第七条　创新创业活动学分奖励由学生本人报所属二级学院；各二级学院汇总、初审后报对应责任部门；各责任部门复核后将认定结果报教务与实训管理处，由教务与实训管理处登记。其中，科学研究、发明创造类活动奖励学分由科技开发处负责认定，各二级学院配合认定，由科技开发处汇总认定结果并报教务与实训管理处登记；技能竞赛、创新创业竞赛类活动奖励学分主要由教务与实训管理处审核认定，校团委、通识教育学院及各二级学院配合认定；创业培训、创业实践类活动奖励学分主要由校团委负责审核认定，通识教育学院和各二级学院配合认定，由校团委汇总认定结果并报教务与实训管理处登记。

第八条　创新创业活动奖励学分申报及认定工作在每学年的下学期（该学期简称"申报学期"）进行，具体程序如下：

（一）学生申报：在申报学期的1～4周，由学生本人参照《创新创业活动学分奖励认定参考标准》填写《创新创业活动学分奖励申请表》，向所属二级学院提交申报材料，并按要求准备证明材料原件和复印件待查。

（二）二级学院上报：各二级学院汇总申报材料，审核材料的真实性，并在申报学期第5周前将申报材料提交相应的认定责任部门：科学研究、发明创造类活动申报材料交科技开发处；技能竞赛、创新创业竞赛类活动申报材料交教务与实训管理处；创业培训、创业实践类活动申报材料交校团委。

（三）创新创业活动奖励学分审核、认定：

1. 科学研究、发明创造类活动奖励学分由科技开发处认定，并在申报学期第8周前将认定结果汇总至《创新创业活动学分奖励认定汇总表》送教务与实训管理处登记，学生提交的认定材料、认定结果等资料视同试卷，由科技开发处留存入档，对不符合认定标准的申请项目予以回退。

2. 技能竞赛、创新创业竞赛类活动奖励学分主要由教务与实训管理处认定，校团委、通识教育学院协助审核、认定，并将认定结果汇总至《创新创业活动学分奖励认定汇总表》(附件4),在申报学期第10周前完成登记。学生提交的认定材料、认定结果等资料视同试卷,由教务与实训管理处留存入档,对不符合认定标准的申请项目予以退回。

3. 创业培训、创业实践类活动奖励学分主要由校团委认定,由通识教育学院协助审核、认定。校团委于申报学期第8周前将认定结果汇总至《创新创业活动学分奖励认定汇总表》(附件4)送教务与实训管理处登记。学生提交的认定材料、认定结果等资料等同于试卷,由校团委留存入档,对不符合认定标准的申请项目予以退回。教务与实训管理处于申报学期第10周前汇总各责任部门报送的认定结果,并将数据录入教务管理系统。

第九条 学生参加同一竞赛,或同一成果在一次赛事(含不同分段赛)中获得多个奖项的,以最高奖项认定奖励学分;同一项目跨学期再次获得更高档次奖励的,以补差值的方式记录学分;个人或团队参赛获奖的,所有成员均获得奖励学分(获奖团队中的每个参赛选手均可获得同样的奖励学分);个人奖项与团队奖项有重复的,取最高值计奖励学分,不重复计算。

第十条 学生应如实填写创新创业活动学分奖励申请各项内容,提交的相关证明材料必须真实。凡弄虚作假者,取消所获得的相关学分和待遇,并以作弊论处;因项目或活动组织部门及相关教师管理不严,造成不良影响的,予以通报批评;认定的学分违背本办法或与实际不符的,需重新认定;认定中出现违规问题的,视情节追究当事人责任。

第四章 附 则

第十一条 本办法执行过程中遇到争议事项,报教务与实训管理处及相关学分认定责任部门协调处理。

第十二条 本办法自2018年1月起开始与人才培养方案及教学计划配套执行。学校原有文件与本办法不一致的,以本办法为准。各学分认定责任部门及相关二级学院可根据各自工作的特点制定实施细则。

第十三条 本办法由教务与实训管理处、科技开发处、学生工作处、校团委以及通识教育学院负责解释。

第十四条 本办法自发布之日起施行。

七、创新创业学院建设方案

柳州职业技术学院创新创业学院建设实施方案

为响应党和国家推动"大众创业、万众创新"的号召，贯彻《国务院办公厅关于深化高等学校创新创业教育改革的实施意见》（国办发〔2015〕36号）、《教育部关于大力推进高等学校创新创业教育和大学生自主创业工作的意见》（教办〔2010〕3号）精神要求，落实学校"管理、创新、素养"人才培养要求，经研究决定，成立"柳州职业技术学院创新创业学院"。具体建设方案如下：

一、建设目标

成立"柳州职业技术学院创新创业学院"（以下简称"学院"），旨在全面整合校内外优质创新创业资源，系统科学地开展学生创新创业方面的培训、指导和实践工作，有力推动学校学生创新创业教育工作，形成新亮点、取得新成效，助力创新创业人才培养和特色鲜明高职名校建设。

二、学院定位

契合柳州及广西经济社会发展需求，着力构建特色鲜明并具有示范带动效应的创新创业与实践平台。通过培养具备创新创业精神与职业素养的技术技能人才，有力助推区域经济建设与发展。充分有效衔接第一课堂，着眼于学生创新创业教育、创新创业培训、创新创业实践、创新创业孵化以及创新创业活动各环节，精心打造大学生创业孵化基地、创客空间等创业工作载体。学院的建设与管理挂靠教务与实训管理处。

三、组织架构

（一）机构设置

创新创业学院在学校党委和行政统一领导下，围绕目标，突出重点，全面开展大学生创新创业教育工作。设立"一学院四中心",即学院下设创新创业人才培养与专业技能训练中心(含日常管理办公室)、创新创业教学与发展中心、创新创业活动服务中心、创新创业孵化中心,如图1所示。

```
创新创业学院
院长1名：由分管创新创业的副校长兼任
执行院长1名：教务处处长兼任
副院长11名：相关职能部门负责人、基础部主任、二级学院院长
├── 创新创业人才培养与专业技能训练中心 —— 教务与实训管理处兼,含办公室
├── 创新创业教学与发展中心 —— 公共基础部、就业创业教学团队
├── 创新创业活动服务中心 —— 学生工作处、团委兼任
└── 创新创业人才孵化中心 —— 科技开发处、校企合作处、就业处兼任
            │
         二级学院
```

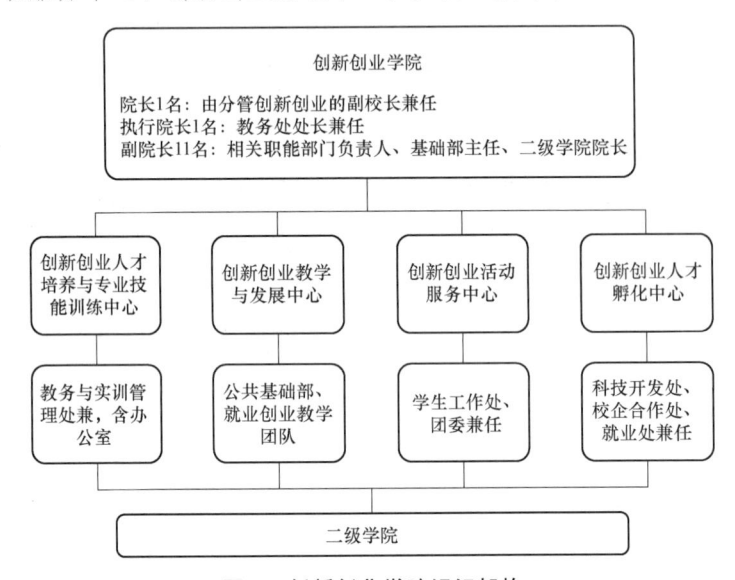

图1　创新创业学院组织架构

(二)人员构成及职能

1. 创新创业学院成员及职能

院　　长：鞠红霞

执行院长：韦　林

副 院 长：安掌明　何志忠　杨小浒　陈文勇　韦林华　韦小波　黄　宁　冯雪萍　黎渝林　李　革　陈　芳

职能：

(1) 开展创新创业人才教学与研究。针对全日制在校生,通过专业授课、学术讲座、专家报告、参观学习、模拟实践、创业沙龙等形式,为相关专业在校生生提供学习机会;研究创新创业发展趋势,开发相应课程,总结提炼创新创业成果;负责各级各类创业比赛的业务指导和训练。

(2) 组织创新创业专项培训指导。整合 SYB 培训、创业模拟实训等方面资源,有计划、分层次地提供普惠式免费专项训练,为大学生创业实践团队提供全

程化的跟踪指导。组织师资开发契合本校校情、契合区域需求的专项培训课程，培养创新创业型人才。

（3）推进创新创业孵化与扶持。建设校内大学生孵化基地，打造学校学生创新创业教育的"新名片"。建设"创客空间"，充分发挥学校专业特色优势，学生在创客空间自由展示创意，交流碰撞出更多创新创业成果。引入企业和社会资金解决大学生创业成果转化难的问题。推进"一站式""保姆式"创业实践服务支持。整合校内外资源，确保优质创业项目无缝对接校外优质孵化器，助力学生成功创业。

（4）营造创新创业型校园文化氛围。组织学生参与各级各类创新创业赛事，以赛促学，锻炼能力。总结凝练学校创新创业工作经验与特色，加强宣传推广，争取更多社会资源投入，以求获取更大工作实效。

（5）开展比赛训练和指导。负责组织各级各类创业竞赛活动，开展赛前训练和辅导。

（6）对接各级政府相关工作。按照上级主管部门的工作要求，全力完成工作任务。配合支持地方政府开展创业工作，加强学校在校生就业创业工作，实现校地深入合作，互利共赢。借力挖掘各级政府相关资源，服务区域经济社会发展。

2. 各中心成员及职能

（1）创新创业人才培养与专业技能训练中心：

主任：韦　林（兼）

职能：统筹全校相关部门开展创新创业教育；负责创新创业学院的组织协调、会议安排、材料总结、对外联络等日常管理，负责创新创业学院经费管理；负责创新创业教育纳入学校人才培养方案的制定、顶层设计及方案执行效果的监控；负责组织指导二级学院创建与专业相关的创新创业工作室、创客空间及运行管理等；二级学院负责创新创业工作室、创客空间的管理及学生创新创业专业训练方面的实战指导，指导学生开展与专业相关的创新创业活动。

（2）创新创业教学与发展中心：

主任：许　明

职能：组织开展创新创业教育教学与理论研究工作；负责创新创业专职与兼

职教师队伍建设工作；负责组织指导学生各级各类通用方面的创新创业竞赛与学生的创新创业实战指导和训练等；负责公共性创新创业教学基地、训练场地建设与管理。

（3）创新创业活动服务中心：

主　　任：安掌明

副主任：杨小浒

职能：将学生创新创业活动统一纳入学生素质活动，协助创新创业教学与发展中心开展创新创业活动，重点负责组织学生、第二课堂活动分管理等；负责组织指导学生社团开展活动，如 KAB、商务实战协会等。

（4）创新创业孵化中心：

主任：何志忠（兼）

职能：负责搭建校内及校企合作的创新创业实战平台，监控平台的实施效果；负责组织进驻企业对在校生创业进行创业指导和实战；通过搭建学校与企业平台，促进学生创新成果转化；二级学院负责组织指导学生开展专业方面的创业实战活动。

设办公室工作人员 1 名，人选另行选拔。

四、保障机制

（一）组织保障

学校将创新创业教育纳入学校发展战略，成立由副校长担任院长的创新创业学院。根据创新创业教育工作需要，具体统筹推进相关专项工作。召开年度创新创业工作会议，校领导和各部门、二级学院负责人参加，形成教务处牵头统筹，各相关单位联动配合、协调发展的创新创业教育工作机制，统筹开展全校学生创新创业教育工作。原则上各二级学院要成立创新创业工作小组，院长、书记任组长，分管副院长任副组长，把学生创新创业纳入二级学院工作日程。

（二）制度保障

创新创业学院整合各职能教辅部门和二级学院资源，对学生创新创业教育实行全程指导和支持服务。出台相关激励制度，同时把创新创业教育相关情况列入教学质量年度报告和毕业生就业质量年度报告，对外公布并接受社会监督。学校将根据本实施方案要求，把创新创业教育和人才培养质量作为衡量二级学院发展和办学水平、考核二级学院的重要指标，检查和督促各单位落实情况，并逐步纳入绩效考核内容，稳步推进全校创新创业工作。

（三）经费和条件保障

学校进一步优化经费支出结构，多渠道统筹安排资金，每年列出创新创业经费预算，加大创新创业经费投入，支持创新创业教育教学和实践。在经费投入上重点对创新创业能力培养项目予以倾斜，用于支持相关课程建设、改进教学条件、建设实践基地、支持学生科研训练等创新创业教育教学和实践活动。

八、创业园（基地）管理工作方案

柳州职业技术学院大学生科创园管理工作方案

一、指导思想

柳州职业技术学院创新创业教育历经 20 余年发展，取得丰硕的成果。学校领导高度重视，确立了创新创业教育生态圈理念，并以此为契机，成立了创业教育学院，坚持在完善素质教育体系中推进创新创业教育的指导思想，建立了完善的创新创业教育体系，以学分制为平台，从基础层面（教育教学）、操作层面（教育实践）、制度层面等全方位地体现创新创业教育思想和理念。在操作层面，学校以各院系的创业实践基地及校企合作基地为依托，于 2020 年建设大学生创新创业孵化园，以倡导创新意识、培养创造精神、提高创业素质为根本宗旨，多层次、全领域引导学生开展创新创业实践活动，为学生创新创业提供一个孵化和实训教育的基地，使实训者在经营管理、资本运营、团队协作、公共关系、风险竞争、法律契约、技能创新等方面得到锻炼和提高。

二、定位与功能

大学生科创园是以专业为依托开展创新创业项目的实训基地，是深化双创教育教学改革的"试验田"，是以培养个性化人才为指向的创新创业教育"实训实学空间"。学生创新创业项目团队秉承"以学带练、以练带学、务求拓展"的方针,开展创新创业实训活动。创业园坚持专业知识与专业实践相结合、专业技能与专业应用相结合、创业意识与创业运营相结合的原则,确定和塑造知识型、科技型创业园的定位和形象。学生携创新创业项目入园开展真刀真枪的商业运营,为此学生成立以学科交叉、年级互补的创新创业项目团队,在创业园进行管理和运营,培养学生团队协作、商业运营管理能力等众多技能。

大学生科创园功能主要包括创业实践教育功能、项目管理功能、孵化器功能和创业培训功能。创业实践教育功能是学生创业园的主要功能,通过一部分学生的创业实践带动其他学生感受创新创业氛围,通过举办企业家论坛、创业之星论坛,请企业家和学生创业者现身说法,从而使广大学生得到启发,培育创新创业意识和增加创新创业激情。项目管理功能是指学生以创新创业项目组建团队,申请入驻大学生科创园,并通过项目申报、审核、批准、检查等一系列流程规范团队运行和项目管理,从而达到团队运营和项目开展的合理性。资金管理功能是指管理企业赞助基金和创业风险投资基金等,按照各类基金管理条例和实施办法,对符合条件的项目通过申报、审核给予资金资助,提高团队周转资金保障项目运营的能力。孵化器功能是指对科技含量较高并具有广阔市场前景的应用性项目给予大力扶持,使之成长壮大并努力实现转化。创业培训功能是指开设 KAB 等创业培训课程,学生掌握创办企业的基础理论知识和操作技能,并结合专业和学科特色,配备专业导师,使项目团队运营项目得到长期有效的智力支持和能力建设。

三、奋斗目标

为科学规划大学生科创园发展,完善管理服务体系,营造好学生创新创业实战平台,构建大学生科创园短期(1年)、中期(2~3年)和长期(4~7年)三个阶段的工作目标,以明确大学生科创园的发展方向和奋斗坐标。

(一)短期目标

建立健全大学生科创园的各项管理制度、服务体系,探索适合与学生创新创业项目团队成长壮大相关的运营机制。组建一支责任心强、富有激情活力且具有较好的小企业管理、运营、发展策略的学生管理服务团队;经过一年的努力实现基地内实战实训团队 50 个，重点扶持示范项目团队 7 个；努力争评自治区级支持的大学生创新创业实训基地，以及自治区教育厅、自治区团委、自治区中小企业局等单位扶持的大学生创新创业实训基地。

（二）中期目标

完善大学生科创园的各项管理制度、服务体系和各项功能，构建与学生创新创业项目团队成长壮大的运营机制。建立长期合作的校企合作基地 20 家，拓展大学生科创园的规模，形成"小园区，大基地"的模式，即在现有大学生科创园基础之上，融合学校的创新实验室、开放性实验室，以及外围校企合作基地的实验场所，开展全方位的学生创新创业实训活动，扶持重点项目团队开展科技研发、专利注册、成果转化等工作；重点扶持示范项目团队 15 个，实现成果转化 3 项；努力争评国家级大学生创新创业园区，塑造柳州职业技术学院大学生科创园的品牌形象；孵化创新创业项目团队 3 个，使其能够进入到较高一级的孵化基地进行商业运作；努力吸引外国风险投资机构和企业投资，促进大学生科创园的项目成果转化，力争建立以园区项目成果转化为依托的创新型小企业 3 家以上。

（三）长期目标

构建大学生科创园的实体化运行机制，使其成为产、学、研三位一体的科研、教学、生产实体机构，完善商业化运作模式，全方位对接各级各类孵化基地和融资机构，使其创新创业项目团队大规模孵化成长；建立长期合作的校企合作基地 50 家以上；力争获得省级、国家级重点扶持的大学生科创园；保持创业园实战实训团队 80 个，重点支持项目团队 20 个，项目转化、申请专利每年各 3 项以上；每年通过创业园注册成立的科研型、创新型小企业 3 家以上；对已孵化的创新型小企业实现投融资，完善创新型小企业快速长期增长的运营模式，整合资源力争至少有 1 家创新型小企业在创业板块上市。

四、创业园运行

（一）项目团队申报与入驻

1. 项目申报

2021 年，大学生科创园利用学校校园网、校广播台、宣传单、海报等多种形式，面向在校生进行项目征集，介绍柳州职业技术学院大学生科创园和申请入驻的相关规则，申请入园项目团队必须依托专业学科设置项目，并填写入园申请表和提交商业计划书，组建具备梯队级的项目团队和指导教师组。

2022年，召开面向学生的科技创业园推介会，对大学生科创园的各项管理规定作详尽介绍，聘请创业课程教师针对项目团队创业计划书写作的样式与内容进行培训指导。

2. 专家审核

2022年3月5日至6月30日，学生提交项目团队申请表和项目创业计划书；7月1日至5日大学生科创园组织经济、市场营销、就业指导、创业指导的专家和教师对申请入园的项目团队进行答辩考核，7月10日公布审核结果。

3. 团队入驻

2022年7月30日，大学生科创园进入试运营阶段。

4. 项目分类

大学生科创园根据项目团队项目属性，分为科技研发、信息技术、营销服务三类。其中科技研发类的项目团队主要是依托专业学科知识开展研究、发明、制造、设计等实践实训活动；信息技术类的项目团队主要从事信息咨询、广告策划、翻译、培训等实践实训活动；营销服务类的团队主要从事与学生学习、生活、娱乐等密切相关的产品和服务。

（二）大学生科创园运行和项目团队推介

为确保大学生科创园顺利运行和各项目团队正常运营发展，大学生科创园项目团队严格遵守《柳州职业技术学院大学生科创园管理办法》《柳州职业技术学院大学生入孵企业管理办法》《柳州职业技术学院大学生出巢企业管理办法》、《柳州职业技术学院大学生科创园物业管理办法》等文件的规定，在用电用水、防火防盗、环境卫生、作息时间、梯队建设、项目运营等诸多方面予以明确。

大学生科创园利用校园网、广播、条幅、海报、团队推荐卡、户外广告、报纸杂志等多种媒介载体，对大学生科创园和项目团队进行宣传报道，并结合"企业家论坛""创业之星论坛"等活动进一步宣传报道入园项目团队，让更多学子感受创业的激情、迸发创业的灵感、体会创业的艰辛和快乐。

五、服务体系

大学生科创园结合柳州职业技术学院的办学特色以及园区的实际情况，秉承"服务于师生、造福于社会"的理念，为入园的项目团队提供综合培训、信息咨询、团队孵化、基金扶持、政策支持等五个模块的服务，努力构建大学生科创园的服务体系。

（一）加强综合培训服务

大学生科创园的项目团队不仅要依托本专业学科知识，更需要掌握小企业创办的基本理论操作手段和运营管理技巧，加强项目团队的培训工作。创业园组织创业培训教师根据项目团队特点，开展国际劳工组织的"大学生KAB创业培训"工作，针对市场调研、人力资源管理、团队构建、财务管理、市场营销等内容帮助项目团队成长发展，并努力拓展外围资源，聘请创业导师为项目团队提供智力支持。

（二）完善信息咨询服务

针对项目团队运营发展的情况，创业园组织专家、领导、外围机构人士组成经验丰富的咨询服务机构。结合每个项目团队所需，建立定期的创业教师指导制度，帮助项目团队较为合理地开展实践实训活动。信息咨询服务主要提供工商、税务、投融资、财务、法律等诸多方面团队运营的咨询服务。

（三）推进团队孵化服务

项目团队的成长和孵化是大学生科创园的根本任务，有效地帮助项目团队孵化进入高一级创业孵化园区或者到市场实体运营是创业园的重要工作。为此，大学生科创园将遵循"三个结合"的原则，建立起"产、学、研"三位一体的孵化机制，并与地方各级各类众创空间、科技孵化园、加速器等机构密切配合，共同打造项目团队的孵化成长。大学生科创园还将针对能够形成成果转化、专利注册的项目团队，提供重点资金保障和综合扶持。

（四）保障基金扶持服务

如何有效地利用有限的资金扶持好项目团队，尤其是重点扶持示范项目团队，是大学生科创园的难点工作之一。大学生科创园将针对有资金扶持需求的团队开展申请、答辩、担保的程序，落实相应的种子基金，努力争取学校外围机构、企业、风险投资等资金投入，帮助项目团队资金管理运用。

（五）落实政策支持服务

落实好对学生项目团队的各项政策，是创业园的重要工作。大学生科创园在完善校内各项管理制度和扶持制度的前提下，将积极与政府就业系统、教育系统、中小企业管理系统等部门合作，做好政策支持服务的各项工作，对孵化团队在工商、税务、投融资等方面提供政策支持保障。

六、三级管理运行机制

大学生科创园的主体是大学生，充满着创新创业的激情和活力，有着对创业的追求和梦想。为了有效地使项目团队更快地成长和长期发展，学校以实施"我与团队共成长计划"为核心，以落实五个服务体系为辅助保障，以争评自治区级和国家级大学生创业孵化基地为目标，建设创业园管理服务体系和管理服务队伍。大学生科创园本着"学生园区、学生管理、教师指导"的思想，建立三级管理服务运行机制，成立大学生科创园专家指导委员会、大学生科创园管理办公室及大学生科创园学生管理委员会。专家指导委员会由主管校长任主任，配以学校相关职能部处负责人组成，负责把握学生创业园的运行方向和宏观管理指导。管理办公室由创新创业学院的院长牵头，负责指导大学生科创园的具体运营和管理服务工作。学生管理委员会下设综合培训部、咨询宣传部、企划外联部、安全管理部和基金服务部五个部门，管理人员均从学生中选拔，主要对学生创新创业项目团队的具体活动进行管理，并提供相关服务支持。大学生科创园通过学生自主管理、专家坐镇指导、学校支持保障，形成全方位培养创新创业型大学生的管理服务运行机制。"加强管理、提高服务、整体推进、重点扶持"是管理服务运行机制的宗旨。

"创新与激情共舞，挑战与梦想齐飞"是每个团队的心声。创业园为学生创新创业团队配备技术专业指导教师和创业运营指导教师，指导学生把"三个结合"合理运用，务求培养大学生成为引领未来社会经济发展的复合型人才。

三级管理机制组织机构图如图2所示。

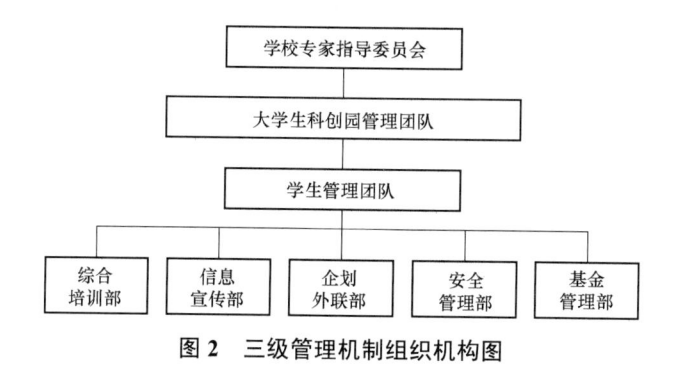

图 2　三级管理机制组织机构图

七、组织领导

为加强对大学生科创园的组织领导和日常管理，学校成立柳州职业技术学院大学生科创园专家指导委员会、管理办公室和学生管理委员会。

九、科技成果转化管理办法

柳州职业技术学院科技成果转化管理办法（暂行）

为贯彻落实国家创新驱动发展战略，加强科技成果管理，加快科技成果转化，规范科技成果使用、处置和收益管理，加强产学研合作，充分调动学校师生创新创业积极性，加快推进科技成果向现实生产力转化，增强学校科研实力与核心竞争力，提高学校社会服务能力与影响力，根据《自治区党委办公厅》自治区人民政府办公厅印发〈关于深化高校和科研院所体制机制改革的实施意见〉〈关于加强高层次创新型人才队伍建设的实施办法〉的通知》（桂办发〔2016〕42号）、《广西壮族自治区人民政府办公厅转发科技厅财政厅关于事业单位科技成果使用处置和收益管理暂行规定的通知》（桂政办发〔2015〕135号）等文件精神，坚持规范管理、公平公正、公开透明、权责一致、利益共享、激励与约束并重的原则，结合学校实际，特制定本办法。

第一章　总　　则

第一条　本办法所指的"科技成果"，是指学校所属各部门、二级学院（部）

或者个人，履行本职岗位的工作，执行学校的工作任务，或者利用学校的物质技术条件完成的职务科技成果。职务科技成果主要包括：发明、实用新型、外观设计专利，软件著作权，集成电路布图设计权，植物新品种，中药品种，农作物品种，国防专利，专有技术，各类创意设计作品等以及法律法规规定的其他科技成果。职务科技成果所有权归属学校，学校拥有使用权、处置权和收益分配权。完成以上成果的项目（课题）组和个人在本办法中统称为成果完成人。

有以下情形之一，即可视为完成职务科技成果：

（一）师生员工在校期间，由学校安排的工作任务所取得的科技成果。如承担国家、地方、企业和学校项目（课题）的科学研究和技术开发课题所完成的成果；履行本岗位的职责所完成的技术成果；本岗位职责外，由学校安排的其他工作任务所取得的科研成果等。

（二）毕业、调离、辞职或者其他原因离开学校的师生员工，包括退休后不再参与学校相关工作、任务的职工，自离校一年内作出的与其在学校期间承担的本职工作或者是学校分配的任务有关的科技成果。

（三）利用学校的物质技术条件所完成的技术成果。如免费利用学校的设备、零部件、原材料、实验条件、场地或者不对外公开的技术资料、技术基础，以及利用学校的名义筹集或获得的资金、设备、零部件、原材料、实验条件、场地等所完成的科技成果。

第二条 本办法所称"科技成果转化"，主要是指为提高生产力水平，而对科学研究与技术开发所产生的具有实用价值的科技成果所进行的后续试验、开发、应用、推广直至形成新产品、新工艺、新材料，发展新产业等活动。学校积极鼓励各部门、二级学院（部）和个人开展多种形式的科技成果转化活动。

第三条 本办法所称"为科技成果转移转化作出重要贡献的人员"，主要是指在科技成果的后续试验、开发、应用、推广直至产业化等活动中作出突出贡献的管理人员。

第二章 组织实施

第四条 科技成果主要转化方式：自行投资；转让他人；许可使用；合作转

化；作价投资；其他方式。

学校鼓励采取转让、许可或者作价投资等方式，向企业或者其他组织转移科技成果。

第五条 科技成果转让、许可、合作和投资遵从市场定价，可以采用协议定价、市场挂牌交易、拍卖等方式确定市场价格。

实行协议定价的流程：

（一）由科技开发处牵头，召开科技成果转让估价会议，组织成果完成人以及相关部门人员形成议价意见和会议纪要，报学校审核批准。

（二）经学校审批同意后，7个工作日内，成果完成人做好相关成果转让公示准备工作，公示主要内容有科技成果名称、受让单位、拟交易价格、成果简介等，提交科技开发处。

（三）科技开发处组织公示，公示期为15日。如公示期内无异议的，所公示的价格、受让单位即为最终成交价格、最终受让单位，按学校分级审批管理的原则办理成果转让相关手续。如公示期内有异议的应中止交易，待核实相关情况后重新公示。

以持有的科技成果合作实施、作价入股的，学校应当与受让方或者合作方签订投资协议，明确约定科技成果的权属、作价、折股数量或者出资比例等事项，明确无形资产投资退出方式。

成果完成人向学校提出技术入股申请的，如学校接到申请之日起15个工作日内无明确答复，视为同意。

交易价格应充分考虑各方利益，综合参考前期成本投入与未来收益预期进行核定。

第六条 涉及国家安全、国家利益和重大社会公共利益的科技成果转移转化，依照相关法律规定管理和实施。与中国境外的企业、其他组织或者个人合作进行科技成果转化活动，须依法按照规定的程序进行。

第三章 合同签订管理

第七条 科技成果转化合同签订的相关程序：

（一）技术转让合同样本由科技开发处提供；

（二）在公示结果的基础上，由成果完成人与成果需求单位在充分协商的基础上提出合同文本初稿；

（三）合同文本经学校审批同意后，报科技开发处备案。

合同一式4份，即：受让单位1份，成果完成人2份，科技开发处1份。

合同一经签订，即产生法律效力，成果完成人必须严格履行合同条款，以确保学校信誉和维护学校正当权益。

第四章 收益分配管理

第八条 属于学校的科技成果，学校拥有使用权、处置权和收益分配权。属于学校的科技成果转移转化，必须征得学校同意。成果所有权为学校与其他单位、个人共同所有的，须按照相关合同或者协议执行。

第九条 本办法所指"收益"主要体现为根据合同实际到付学校财务账号的金额（简称"合同到账金额"）。

第十条 在收益分配上，学校充分保障成果完成人的合法权益，同时兼顾学校利益。科技成果转移转化，所得收益的主要部分，用于对成果完成人，以及为科技成果转移转化作出重要贡献的相关人员、技术转移机构等相关方的奖励，奖励支出安排要与实际贡献挂钩。收益剩余部分学校留存使用，主要用于科学技术研究开发与成果转化等相关工作。

第十一条 收益分配方案具体由成果完成人与相关人员及相关方协商确定，制定收益分配的过程、内容应当公开、公正、透明、协商一致。

第十二条 根据科技成果转化的不同形式，收益按下列标准给予奖励与报酬：

（一）以合同到账金额形式将该项科技成果转让、许可给他人实施的，收益总额按学校2%、成果完成人及为成果转化作出重要贡献的人98%的比例一次性分配；

（二）利用该项科技成果作价投资的，其成果完成人和为成果转化作出重要贡献的人可享有科技成果入股时作价金额80%的股份，其余20%股份归学校；

（三）成果完成人自行投资实施转化的，且该成果一次性转让给成果完成人的，成果完成人享有转让收益80%的奖励，其余20%归学校。

第五章　收　益　发　放

第十三条　成果转化收益资金进入学校账户后，成果完成人提交科技成果转化收益发放申请报告，经收益方所有成员签字，并根据财务处相关流程结算。

第六章　政　策　措　施

第十四条　学校以科技成果作价投资，如未与科技人员约定奖励、报酬的方式和数额，将该项科技成果作价投资股份或者出资比例的一部分，给予科技成果研发团队和完成人股权奖励的，其分配方式与比例方案应当经学校领导班子集体讨论决定。对担任学校领导职务的科技人员给予股权奖励的具体办法，由自治区另行规定。

学校正职领导，是科技成果的主要完成人或对科技成果转化作出重要贡献的，可按照规定获得现金奖励，原则上不得获取股权激励。其他担任领导职务的科技人员，是科技成果的主要完成人或对科技成果转化作出重要贡献的，可按照规定获得现金奖励或股权激励，但获得股权激励的领导人员不得利用职权为所持股权的企业谋取利益。对领导干部违规获取科研成果转化相关权益的行为，按照有关规定严肃处理。对担任学校领导职务的科技人员的科技成果转化收益分配实行公开公示制度。

第十五条　符合《财政部国家税务总局关于促进科技成果转化有关税收政策的通知》（财税字〔1999〕45号）规定的，转化职务科技成果后，以股份或出资比例等股权形式给予个人奖励，获奖人在取得股份、出资比例时，暂不缴纳个人所得税；取得按股份、出资比例分红或转让股权、出资比例所得时，应依法缴纳个人所得税。

第十六条　对成果完成人，以及为科技成果转移转化作出重要贡献的人员、技术转移机构等相关方的奖励支出，计入事业单位绩效工资总量外项目管理，不受事业单位当年绩效工资总额限制，不作为绩效工资总额基数。

第十七条 鼓励教职员工进行科技成果转化，将科技成果转化作为专业技术人员职称晋升、绩效考核和岗位聘任的业绩条件。

第七章　相关人责任与义务

第十八条 为做好科技成果宣传推广工作，促进成果转化，成果完成人在取得成果后，有义务及时按下列要求撰写详细成果介绍，并报送科技开发处。

成果介绍包括该成果所属技术领域及主要用途，主要性能特点及与其他相关技术、产品的对比，市场调查和需求预测，成果的实施方案，投产条件、主要工艺、设计规模、经济效益和社会效益分析（包括生产成本和销售收入估算、年利润额及投资回收期），环境保护与劳动安全，合作方式及转化价格等。

第十九条 成果完成人应对成果的合法性、真实性、合理性、效益性及相关性负全部责任，承担直接经济和法律责任。

转化过程中，存在下列情形之一的，学校将根据不同情况，对当事人给予批评、追究行政责任，直至移送司法机关，追究民事或刑事责任。

（一）违反国家有关法律法规和学校相关规定，侵犯学校知识产权，擅自对外转化或者变相转化职务科技成果；

（二）将职务科技成果及其技术资料据为己有，并阻碍学校科技成果转化；

（三）在科技成果转化过程中，转化收入不入学校统一账户；

（四）除所签订合同条款约定外，私自向受让方索取或接受现金和其他物品；

（五）除不可抗拒因素，未能履行合同，造成合同纠纷，严重损害学校声誉和权益；

（六）未经许可，向成果受让方提供超出合同规定的技术资料；

（七）故意夸大技术成熟度和技术水平，或提供虚假技术资料，引起合作纠纷；

（八）科技人员提供非专有技术，造成知识产权纠纷；

第二十条 科技成果转化中产生的经济赔偿（或补偿）等经济责任，结合成果转化进展程度，由获益各方按本办法第十三条规定的分配比例各自承担。

第八章　附　　则

第二十一条　本办法由科技开发处负责解释。如遇到本办法规定以外的其他情形，由科技开发处提出解决办法，经学校审批同意后执行。

第二十二条　本办法自公布之日起实施。学校原有相关文件与本办法有抵触的，以本办法为准。

十、双创工作考核管理办法

柳州职业技术学院大学生创新创业工作考核办法

第一章　总　　则

第一条　毕业生就业是学校人才培养质量的"试金石"，大学生创业是社会发展的"助推器"，为进一步做实做优大学生创新创业工作，充分发挥学校在大学生创新创业中的主体作用，促进高质量创新创业，根据《国务院关于进一步做好新形势下创新创业工作的意见》（国发〔2015〕23号）等文件精神，结合学校实际，制定本考核办法。

第二条　大学生创新创业工作是"一把手"工程，实行"领导主抓、学校统筹、学院为主、全员参与"的工作体制机制。各学院成立学院大学生创新创业工作领导小组，指定人员负责本学院的大学生创新创业工作，院长和书记承担领导责任，副院长、副书记承担直接责任。

第二章　考核对象及项目

第三条　本办法的考核对象为培养普通全日制学生的教学单位（以下简称"学院"）。

第四条　各学院大学生创新创业工作的考核项目包括组织领导、人数权重、创新创业指导、就业管理、就业市场和创新创业质量六个方面（详见附件），重点核实各学院毕业生的协议就业率、升学出国率和自主创业率。

第三章　考核程序及方法

第五条　大学生创新创业工作考核的时间跨度为当年9月至次年的8月,考核工作在次年的11月进行。

第六条　考核方式采取统计各学院在创新创业网上适时发布的各种信息,查看各学院人才培养方案、会议记录及工作日志,以及调查访谈等方式进行。考核分三个阶段进行:

第一阶段：学院自评。各学院按照考核项目逐项进行自评;写出自评报告,按照考核项目,详述创新创业工作现状、工作成效、主要经验和存在的问题及整改措施等,并将自评报告(含电子版)报送学生工作处。

第二阶段：学校考评。组织专家评估,必要时现场抽查;学校大学生创新创业工作考评小组审核。

第三阶段：公布结果与表彰。考评组向学校报送考核结果,经校长办公会审定后予以公示;学校发文公布考核结果,予以表彰和奖励。

第四章　工作职责和组织领导

第七条　教务处负责贯彻落实大学生创新创业的各项政策与规定;协调、指导各学院做好大学生创新创业工作;加强各学院就业创业工作的督促、检查与考核。

第八条　学院作为人才培养和创新创业工作的主体,主要职责是:深化人才培养模式改革,创新人才培养的体制机制,适时调整学科、专业结构和师资配备,改进教学内容与教学方法,做实大学生实习,切实提高人才培养质量,增强大学生创新创业能力;统一谋划,加强顶层设计,建立符合学院实际、切实有效的创新创业工作体系;推进"三全三化"工程,实现创新创业指导的"全员、全过程、全方位"推进和"专业化、信息化、个性化"管理;做好校友工作,整合、开发、利用校友(包括教职员工)等各种资源,拓宽毕业生就业渠道;做好本学院就业方案编制、就业状况核查和毕业生档案整理等工作,加强痕迹管理。

第九条 考核工作在学校大学生创新创业工作领导小组统一领导下进行，具体工作由教务处组织实施。教务处组建考核专家库，报创新创业工作领导小组审核。考核工作组成员由教务处从专家库中随机抽取。

第十条 各学院大学生创新创业工作领导小组全面负责本学院的自评工作。

第五章 考核评价及结果应用

第十一条 考核结果分为合格（80分及以上）和不合格（80分以下）。根据考核结果，每学年评选一批毕业生创新创业工作优胜单位和先进个人。优胜单位数量不超过全校学院总数的40%，各学院推荐毕业生就业工作先进个人的数量不超过毕业班班主任、辅导员总数的30%。学校、各学院对推荐毕业生就业作出重大贡献的个人可以单独给予一定的奖励。

第十二条 大学生创新创业工作列为各学院年终考核的核心指标之一。若考核结果不合格，负领导责任者扣除当年50%的年终绩效奖励，负直接责任者扣除当年30%的年终绩效奖励。

第十三条 将协议就业率（含劳动合同）、升学出国率和自主创业率作为制订各专业招生计划的重要参考依据，对协议就业率、升学出国率和自主创业率三项之和低于60%的专业，实行逐年减招或隔年招生。

第十四条 在就业材料收集、整理以及就业率统计等方面，严禁弄虚作假，一经查出，考核结果直接为不合格并追究当事人责任。

第六章 附 则

第十五条 研究生的创新创业工作考核参照本办法执行。

第十六条 本办法自颁布之日起施行。

第十七条 本办法由教务处负责解释。

附件：

大学生创新创业工作考核评分表

考核项目	考核要点及评分标准	得分	考核方式
组织领导（3分）	成立了学院大学生创新创业工作领导小组，落实了"一把手"工程，0.5分		查看文件
组织领导（3分）	建立了符合本院特色、切实有效的大学生创新创业工作制度，制度具有较强的激励功能与相应的惩罚措施，1分		查看文件，随机调查
组织领导（3分）	制订了学院年度大学生创新创业工作计划，大学生创新创业工作列入学院工作的重要日程，0.5分		以每年9月份报送的工作计划为准
组织领导（3分）	定期召开党政联席专题会议，研究、部署大学生创新创业工作（一学期至少两次），1分。缺一次扣0.5分，扣分总数不超过1分		以会议记录及发布在创新创业网上的信息为准
人数权重（3分）	600及600人以上3分；500～599人，2.7分；400～499人，2.4分；300～399人，2.1分；200～299人，1.8分；100～199人，1.5分；100人以下，1.2分		按照毕业生人数计算
创新创业指导（13分）	将大学生创新创业融入人才培养方案，融入人才培养全过程，2分		查看各学院最新版人才培养方案
创新创业指导（13分）	人才培养方案中明确规定了学生必须学习就业、创新创业方面的课程，2分。缺一项，扣1分，扣分总数不超过2分		查看各学院最新版人才培养方案
创新创业指导（13分）	在本院各级学生干部组织中设置了创新创业信息员（可分开设置），1分		随机抽查学生
创新创业指导（13分）	分别建立了就业、创业学生信息沟通的载体和机制（QQ群、微信群、班级博客或论坛等），开展日常咨询服务工作并及时推送信息，2分。缺一项，扣1分，扣分总数不超过2分		查看相关载体
创新创业指导（13分）	每学年针对不同年级、不同发展规划的学生开展创新创业指导活动：（1）在一年级上学期、下学期分别请校内教师和校外职场人士对大一学生进行职业生涯辅导，让学生尽早定向、定位，1分；（2）指导二年级学生进行职场人物访谈，访谈校外职场人士，了解未来职业角色应具备的素质，提升职业技能，0.5分；（3）请已考取研究生		以各学院在就业创业网上发布的新闻为准（要求图文并茂）

续表

考核项目	考核要点及评分标准	得分	考核方式
创新创业指导（13分）	的校友与决定考研的大二学生进行交流，0.5 分。（4）在三年级上学期、下学期分别请校友、企业专家来校对学生进行就业技巧指导，提升就业能力，1分；（5）每学期面向本院学生至少有两次关于创业方面的讲座或交流等活动，请校友或其他创业者来校对学生进行创业指导，1分。以上活动，每缺一次，扣 0.5 分，累计扣分不超过 4 分		以各学院在就业创业网上发布的新闻为准（要求图文并茂）
	每学年组织学生分别开展职业体验、创业体验等课外实践活动，2分。每缺一项，扣1分，累计扣分不超过 2 分		
就业管理（4分）	按时完成生源统计且无差错，0.5 分。出现一例错误，此项 0 分		查看学生工作处关于各学院日常工作情况的记录
	按时编制就业方案且无差错，1.5 分。每错一位学生信息扣 0.5 分，扣分总数不超过 1.5 分		
	无弄虚作假、私自更改成绩、伪造证件、证书及推荐表、违约被单位投诉等现象，0.5 分。出现 1 例问题，此项 0 分		
	认真核查就业材料和就业状况，就业数据及时更新，无虚假就业材料和虚假就业状况出现，0.5 分。出现 1 例问题，此项 0 分		
	按时按要求装封和移交毕业生档案，0.5 分。出现一例错误，此项 0 分，取消该学院评选就业工作优胜单位的资格		
	按时按要求参加学校组织的创新创业活动，0.5 分。无故缺席 1 次，此项 0 分		
就业市场（12分）	定期收集用人单位岗位需求信息，建立用人单位资料库，运用多种形式及时公开发布就业信息。每学年发布用人单位需求信息的岗位数量不低于最低标准（用人单位岗位需求总数:毕业生总数=2:1），3 分。此项若未达标，扣分数=1.5（2-X），其中 X 为实际达到的比例		以各学院发布在学校就业网上的信息为准

续表

考核项目	考核要点及评分标准	得分	考核方式
就业市场（12分）	每学年到各学院招聘毕业生用人单位总数：毕业生总数的比例不低于最低标准1:40（200及200人以上学院）、1:20（200人以下学院），9分。此项若未达到最低标准，200及200人以上的扣分数＝9（1－40X），200人以下的扣分数＝9（1－20X），其中X为实际达到的比例		
创新创业质量（总分不超过65分）	协议就业得分＝65分×签约率×1.1（包括正规的劳动合同、公务员、三支一扶、选调生、村官、应征义务兵、西部计划等）		以自治区毕业办核定的就业数据为准
	灵活就业得分＝65分×灵活就业率×0.6		
	升学出国得分＝65分×升学率×1.1		
	自主创业得分＝65分×创业率×1.2		

后　记

新职业教育法于2022年5月1日起施行，明确职业教育是与普通教育具有同等重要地位的教育类型，是国民教育体系和人力资源开发的重要组成部分，是培养多样化人才、传承技术技能、促进就业创业的重要途径。职业教育要坚持立德树人、德技并修，坚持产教融合、校企合作，坚持面向市场、促进就业，坚持面向实践、强化能力，坚持面向人人、因材施教。职业学校应当建立健全就业创业促进机制，采取多种形式为学生提供职业规划、职业体验、求职指导等就业创业服务，增强学生就业创业能力。

《产创耦合　专创融合——基于企业一线问题库的高职双创教育研究与实践》在国家大力发展职业教育，推进职业教育改革，提高职业教育质量，增强职业教育适应性的关键时期出版，以期为高职院校推进创新创业教育改革提供借鉴。本书反映了柳州职业技术学院在创新人才培养的20余年工作经验与总结，凝聚了几代柳职人在创新教育领域的耕耘收获，在地方高职院校人才培养如何接轨地方产业、突出地方产业特色，助推地方产业转型升级，最终实现校企相长等方面作出了有益的探索与实践。希望通过此书的出版，能够将基于企业问题清单的学生实践创新能力培养特色经验与做法推广出去，为推动高职院校创新型人才培养和深化创新教育、实现毕业生更高质量就业创业，开创产教融合、校企合作培养创新人才工作新局面提供思路启发和经验借鉴。

本书是柳州职业技术学院鞠红霞教授及其研究团队长期研究所取得的一个重要成果，由鞠红霞教授统筹策划完成。本书各章节的编写者分别是：第一章编者写为刘晶、江其霞、袁诗铭、潘峰、许明、陈晓萍、邵丹；第二章编写者为黎华、刘晶、江其霞；第三章编写者为鞠红霞；第四章编写者为鞠红霞、孙平、曾韬；第五章编写者为刘柳、谭欣、韩霄、江其霞、覃会喆、刘晶、高翠瑾；第六章编写者为李东航、刘晶、李松、江其霞；第七章编写者为刘柳、黎华；第八章编写者为许明、梁国健、韦晓丽、吴丽萍、谭新曲、黄鹏超、陆进、马云、林建国、陈波、刘琼霞、周冰、陈颖、李上田；第九章编写者为王富春、吴星、许明、谭欣；第十章编写者为刘晶、李松、孙平；第十一章编写者为韩霄、高翠瑾；第十二章编写者为石玉丹、许明、崔爱华。

本书的编写同时得到了共青团柳州市委员会、柳州市总工会、柳州市发展和改革委员会、柳州市工业和信息化局等政府部门的大力支持与协助。本书在编写过程中得到柳州职业技术学院创新创业学院、各二级学院、北京理工大学出版社高职分社的大力支持与帮助，有的地方直接引用了其他作者已发表的论著，在此一并表示衷心感谢！

本书力求通过高职创新教育改革经验的总结与提炼，进一步推动高职院校创新人才培养高质量发展。由于作者水平有限，书中难免有疏漏之处，敬请各位专家、学者以及广大读者批评指正。

编著者
2022 年 12 月